楞嚴經講記

——第十三輯

——平實導師　述

ISBN 978-986-6431-23-4

以離念靈知心爲眞如心者，是落入意識境界中，與常見外道合流，名爲佛門常見外道；以六識之自性（見性、聞性、嗅性、嚐性、觸知性、警覺性）作爲佛性者，是與自性見外道合流，名爲佛門自性見外道。近代佛門錯悟大師，不外於此二類人之所墮。

以六識論而主張蘊處界緣起性空者，與斷見外道無二；彼等捨壽時若能滅盡蘊處界而入無餘涅槃，彼涅槃必成斷滅故，名爲佛門斷見外道。此類人恐生斷見之譏，隨即益以「意識細心常住」之建立，則返墮常見之中；一切粗細意識皆「意、法因緣生」故，不脫常見外道範疇。此等人，皆違聲聞、緣覺菩提之實證，亦違佛菩提之實證，即是應成派中觀之邪見也。

《楞嚴經》既說眞如心如來藏，亦同時解說佛性之內涵，並闡釋五蘊、六根、六塵、六識、六入全屬如來藏妙眞如性之所生，附屬於如來藏妙眞如性而存在及運作。如來藏心即是第八識阿賴耶識，妙眞如性即是如來藏心體流露出來之神妙功德力用，諸菩薩目之爲佛性。

此經所說法義，迥異諸經者，謂兼說如來藏與佛性義，並將蘊處界入等一切法攝歸如來藏妙心與其功德力用之中。其中法義甚深、極甚深，謂言詞古樸而極簡略，亦謂其中妙義兼含地上菩薩之所證，絕非明心後又眼見佛性之菩薩摩訶薩所能意會，何況尚未實證如來藏之阿羅漢？更何況未斷我見之應成派及自續派中觀師？其餘一切落入意識境界之當代禪宗大法師，皆無論矣！有大心之眞學佛而非學羅漢者，皆應深入熏習以求實證之。

目次

第十輯：

第十一輯：

第十二輯：

第十三輯：

第十四輯：

第十五輯：

自序

《楞嚴經講記》是依據公元二〇〇一年夏初開講《楞嚴經》時的錄音，陸續整理為文字編輯所成，呈獻給讀者。期望經由此經的講經記錄，利益更多學佛人，藉以生起對大乘法教的仰信，願意景行景從而發起菩薩性；亦藉此書熏習大乘法義，漸次建立正知正見，遠離常見外道意識境界，得斷我見。同時可由深入此書中所述法義的如實理解，了知常住眞心之義，得離斷見外道邪見；進而可以明心證眞，親見萬法都由如來藏中出生，成爲位不退之實義菩薩，親自觀察所證如來藏阿賴耶識心體，絕非常見外道所墮之神我。並能現觀外道所墮神我，實由其如來藏所出生之識陰所含攝，不外於識陰範疇。乃至緣熟之時可以眼見佛性，得階十住位中，頓時圓成身心世界如幻之現觀，不由漸修而成，一時圓滿十住位功德，或能得階初行位中，頓超第一大阿僧祇劫三分有一。如是利益讀者，誠乃平實深願。

然而此經之講述與整理出版，時隔九年，歲月淹久，時空早已轉易；當時為令學人速斷我見及速解經中如來藏妙義而作簡略快講，導致極多佛性義理略而未說，亦未對部分如來藏深妙法義加以闡釋，已不符今時印書梓行及流傳後世之考量，不符大乘法中菩薩廣教無類及顯示勝妙眞如佛性義理之原則。是故應當加以深入補述，將前人所未曾言之如來藏深妙法義中，可以梓之於文者，以語體文作了大幅度增刪，令讀者（特別是已悟如來藏者）得以前後再三閱讀思惟而深入理解經義。由此緣故，整理成文之後，於潤色之時特地作了補述及大幅度增刪，令讀者得以一再閱讀深思而理解之，藉以早日轉入菩薩位中，遠離聲聞種性；並能棄捨聲聞法義之侷限，成眞菩薩。此外，本講記是正覺同修會搬遷到承德路新講堂時所講，當時新購講堂之錄音設備尚未完善，更無錄影設備，是故錄音時亦有數次漏錄情況，只能在出版前另以語體文補寫，一併呈獻給讀者。

大乘經中所說法義，單說如來藏心體者，已經極難理解，是故每令歷代名聞諸方之大師難以理解，更何況《楞嚴經》中非唯單說如來藏心，實亦兼涉佛性之實證與內涵。如來藏心體對六塵離見聞覺知，而如來藏的妙眞如性—佛性—則對六塵不離見聞覺知，卻不起分別，亦非識陰覺知心之見聞覺知；欲證如來藏心體及眼見佛性者，修學方向與實證條件差異極大，苟非一一實證者，縱使讀懂此經文義，亦無法實證之。何況此經文句極為精鍊簡略，今時人之文言文造詣亦低，何能眞實理解此經眞義？而欲證知經中所說如來藏心與佛性義，欲求不起矛盾想者，極難、極難矣！特以佛性之實證、內涵、名義，古今佛教界中所述紛紜，類多未知佛性、或未實證眼見佛性現量之凡夫所說者；如斯等人或讀此經，必然錯會而誤認六識之見聞知覺性為常住之佛性；以是緣故，亦應講解此經而令佛教界廣為修正舊有之錯誤知見。

然而此經中有時亦敘述如來藏具足令人成佛之體性，如同世親菩薩所造《佛性論》之意涵，並非《大般涅槃經》中世尊所說十住菩薩眼見佛性，亦非此經中所說佛性—妙眞如性—現量境界之實證眞義；由是緣故，凡未親證如來藏又未眼見佛性者，往往誤會此經中所說十八界六入等境界相即是佛性境界，墜入六識之見聞知覺性中。是故九年前講述此經時，已依此經所說佛性眞義而略述之，並依此經所說第二月眞義，略加旁述佛性之理；然未盡說，預留讀者將來眼見佛性之因緣，故已隱覆佛性密意而略述佛性之義。藉此覆護佛性密意之宣演佛性方式，促使讀者將來明心之後更有眼見佛性之因緣，得以漸次成熟；或於此世、或於他世，得以一念相應而於山河大地之上，親見自己的佛性，頓時成就世界身心如幻之肉眼所見現量境界，不由漸修而得，一念之間頓時圓成第十住滿心位之身心世界如幻現觀。

又，地上菩薩由無生法忍功德所成就之眼見佛性境界，能由如來藏直接與眾生心相應；雖然凡夫、賢位眾生之心仍不知已被感應，但地上菩薩往往已經於初次相見之時，即已感應其如來藏所流注之種子，由此而知彼眾生往世曾與菩薩結下善緣或惡緣。未離胎昧之已入地菩薩眼見佛性時，具有如是功德，故能由此直接之感應，作出對彼凡夫位、賢位等菩薩應有之開示與因應，此即是三地以下菩薩隨順佛性以後，在無宿命通、天眼通之情形下，仍能妥善因應眾生根性之緣由所在。如是，諸地菩薩於眼見佛性之後所得智慧，迥異十住菩薩之眼見佛性境界智慧，非十住位至十迴向位菩薩所知。一切未眼見佛性而已明心之賢位菩薩，更未能知此。

至於尚未明心而長處無明長夜中之意識境界凡夫菩薩，更無論矣！皆名凡夫隨順佛性。聲聞種性僧人及諸外道，總將識陰六識之見聞知覺性錯認爲佛性，據以誣謗十住菩薩之眼見佛性境界，何況能知諸地菩薩所隨順之佛性智慧境界？唯能臆想而妄加誹謗爾。然諸佛所見佛性，又異於十地、妙覺、等覺；謂諸佛眼見佛性後，成所作智現前，能以五識各自流注而成就無量利益眾生之事，化身無量無邊，非等覺及諸地菩薩所能臆測。故知眼見佛性者，層次參差不一，各各有別，少聞寡慧者並皆不知，乃至已經眼見佛性之十住菩薩仍不能具知也！如是眼見佛性境界，則非此經之所詳述者；故我 世尊已於別經再作細說，以令圓滿化緣，方得取滅而以應身方便示現進入涅槃。如斯佛道意涵，深邃難知，苟非已有深妙智慧者，難免誤會而成就大妄語，或因難信而生疑，以致施以無根誹謗，未來捨壽後果堪憂；是故平實於此序文中預爲說之，以警來茲，庶免少聞寡慧凡夫閱後惡口謗法，捨壽之後致遭重報。

此外，時值末法，每有魔子魔民身披佛教法衣演述常見、斷見外道法，轉易佛門四眾同入常見外道、斷見外道知見中；更有甚者，身披法衣而住於如來廟堂之中，實行印度教外道性力派—坦特羅「佛教」—譚崔瑜伽男女雙身合修之意識貪觸境界，夜夜乃至白晝公然宣淫於寺院中，成爲彼等眾人寺院中的公開祕密，唯獨淺學信徒不知爾。如是邪說邪行，已經廣行於末法時代之學密佛教寺院中，台灣海峽兩岸亦皆已普及，極難扭轉其勢，豈符世尊法教眞義而不違　佛制戒律？身披僧衣而廣行貪淫之行，墮落識陰境界中，豈能相應於眞心如來藏離六塵貪愛之清淨境界？眼見如斯末法現象，平實不能不喟嘆**末法眾生**之福薄：**屢遇如是宣揚外道法之邪師而不自知，更隨之暗地實修雙身法而廣違佛戒，日日損減自己每年布施眾生、供養三寶所得福德。**

更有甚者，一心追隨邪師而認定邪法爲正法，不知邪師每每身現好相，佯爲實證及清淨之人；學人由無明所罩故，以護法之善心而與邪師共同造下破法之愚行，將了義勝妙之正法謗爲外道神我、外道自性見；亦將弘揚正法之賢聖謗爲外道、邪魔，坐令邪師勢力增廣，導致邪法弘傳益加普及。是則因於無明及名師崇拜，以善心而造惡業；然猶不能自知眞相，每以**壞法**及**謗賢聖**之惡行得以成就，而沾沾自喜爲**護法大功**焉，實可憐憫。今此經中，佛陀對此廣有開示，讀者若能摒棄以前追隨名師所聞之先入爲主觀念，客觀地深入此書中，一一比對佛語而能深細檢驗；然後一一加以深思，並依本經所說蘊處界功能本質及生滅性之現量加以現觀，即可遠離既有之邪見而轉入正知正見之中；若能正確了知之後，益以正確之護法善行而積功累德，何愁此世無有實證如來藏而悟入大乘菩提之機緣？乃至福厚而極精進者，亦得眼見佛性而圓滿十住位之世界身心如幻現觀。

末後，令平實不能已於言者：對於中國佛門中已存在百年及密宗已存在數百年之宗喀巴外道法因緣觀及菩提道次第，亦應由此經義而廣破之。謂百年來常有大法師遵循日本學術界中少數人的錯誤觀點，一心想要以學術研究所得取代佛法特重實證的經中教義；而日本近代此類所謂佛學學術研究者，本質仍屬基督教信仰者急於**脫亞入歐**而提升日本在國際上之學術地位，想要與歐美學術界分庭抗禮；於是出之以嘩眾取寵方式而極力批判佛教，冀離中國佛教而且上於中國佛教，於是乃有批判中國傳統佛教如來藏教義之舉——三十年前日本「批判佛教」學派於焉誕生。於是專取四阿含文字表相法義，並扭曲四阿含法義，宣演外道六識論爲基調之因緣觀，取代佛教四阿含所載八識論之因緣觀，自謂彼之謬論方屬眞正佛法，主張一切法**因緣生**故無常，誣指中國傳統佛教如來藏教義爲外道神我。然而，如來藏屬第八識，能出生外道神我，而法界中亦無一法可破壞之，此是一切親證如來藏者皆可現觀而證實之現量；外道神我則屬第六意識或識陰六識，被如來藏所生，乃生滅法；一主一從，二者天差地別，焉可等視齊觀？由此證知日本袴谷憲昭、松本史朗創立批判佛教之學說，純屬無明所言戲論，並無實義。

六十年來台灣佛教則由印順及其派下門人，奉行印順源自天竺密宗之宗喀巴六識論應成派中觀，採用基督教信仰者反對實證之西洋神學研究方法，曲解四阿含中所演八識論因緣觀正理，刻意否定中國禪宗法教之如來藏妙義，貶爲野狐禪及外道神我；藉此表相建立其不落「俗套」而異於傳統佛教之「超然、不迷信」假象，然後佛光山、法鼓山、慈濟追隨印順而奉行之。

然而印順派之思想本質，乃外道六識論之因緣觀，近承日本不事修證之學術研究學說，遠紹宗喀巴、阿底峽、寂天、月稱、佛護等六識論諸凡夫論師；謂彼等因緣觀外道如是主張：**純由根、塵作爲因緣，即能出生六識：不必有本識如來藏持種，只藉六根六塵作爲因緣即能出生六識**。又主張意識常住不壞，公然違背聖教。如是外道因緣觀，全違法界現量——違背現象界中可以現見之事實——諸法不自生、不他生、不共生、不無因生之事實，全違龍樹中觀之教示。

而印順派所闡釋之因緣觀、應成派中觀，正屬龍樹所破之**他生**與**共生**之外道因緣觀；復又違背四阿含中處處隱說、顯說之八識論因緣觀——由第八識如來藏藉所生根塵爲因緣，出生識陰六識（詳見拙著《阿含正義》七輯之舉述），本質正屬外道六識論邪見之因緣觀。今此《楞嚴經》中更出之以**五蘊、六入、六界、十二處、十八界皆屬如來藏妙眞如性所出生**之深入辨正，以九處徵心八還辨見之細膩法義，令知「**識陰六識不能自生，根不能獨生識，塵不能獨生識，根塵不能共生識，虛空不能無因生識**」等正理，完全符契四阿含諸經所說義理，而更深入闡述正義。如是深入辨正已，阿含聲聞道所述佛門因緣觀正理即得以彰顯，突顯佛門八識論因緣觀異於印順及宗喀巴之外道六識論因緣觀所在，則佛門學人即可遠離外道因緣觀邪見，疾證聲聞菩提乃至佛菩提，終不唐捐諸人一世之勤修也！

佛法特重智慧，是故成賢證聖而入實義菩薩位中，世世悅意而修菩薩道；或者捨壽後速入三塗永爲凡夫而受苦難，多劫之中常與眞實菩提絕緣，世世苦修仍不得入門，茫然無措；如是二類迥異之修學果報緣因，端在當前一念之中：**是否願意客觀分辨，及實地理解諸方名師與平實所說法義之異同所在，不依道聽塗說而盲從之，實即憑以入道或下墮之樞紐及因由也！**願我佛門四眾弟子皆能冷靜客觀而深入比較及理解，然後理智而不盲從地作出抉擇。審能如是，則此世即已建立修學佛道之正確方向；從此一世開始，佛道即能快速而悅意地修學及實證，非唯永離名義菩薩位，亦得永斷三塗諸惡因緣，眞成實義菩薩，何樂不爲？

此書既然即將開始潤色而準備梓行，於潤色前不免發抒感想、書以爲文；由是而造此序，以述平實心中感慨，即爲此書印行之緣起。

佛弟子 平實 敬序於竹桂山居

時值公元二〇〇八年 春分

第十三輯：

《大佛頂如來密因修證了義諸菩薩萬行首楞嚴經》卷八

【「復次阿難！鬼業既盡，則情與想二俱成空，方於世間與元負人怨對相值，身為畜生酬其宿債。物怪之鬼，物銷報盡生於世間，多為梟類。風魃之鬼，風銷報盡生於世間，多為咎徵一切異類。畜魅之鬼，畜死報盡生於世間，多為狐類。蟲蠱之鬼，蠱滅報盡生於世間，多為毒類。衰癘之鬼，衰窮報盡生於世間，多為蛔類。受氣之鬼，氣銷報盡生於世間，多為食類。綿幽之鬼，幽銷報盡生於世間，多為服類。和精之鬼，和銷報盡生於世間，多為應類。明靈之鬼，明滅報盡生於世間，多為休徵一切諸類。依人之鬼，人亡報盡生於世間，多為循類。阿難！是等皆以業火乾枯，酬其宿債，傍為畜生；此等亦皆自虛妄業之所招引；若悟菩提，則此妄緣本無所有。如汝所言寶蓮香等，及琉璃王、善星比丘，如是惡業本自發明，非從天降亦非地出，亦非人與；自妄所招，還自來受；菩提心中，皆為浮妄虛想凝結。」】

講記：「復次阿難！鬼業的果報既然受盡了，那麼自身的情與想二個部分就全部報盡而正業已經空無了，然後才於人間與原來被負欠的人，藉著往世相怨的因緣來相遇，色身要成爲畜生來酬還很久以前積欠的債務，就會因爲不同的前因而成爲十類不同的畜生。若是貪愛財寶的物怪之鬼，當他所依附的寶物銷毀時，而他的鬼道業報也正好已經償盡了，就會出生於人間，大多成爲夜梟一類畜生。淫風不息者從地獄出來而生爲旱魃之鬼，當他的淫風心性銷滅而使鬼道的果報償盡，出生爲人間的畜生時大多爲象徵惡兆的一切異類。寄身於畜生的魅鬼，當他的鬼業正報已經報盡時，在他所寄附的畜生死亡後，他的鬼業正報便受盡而出生於世間，這類鬼道眾生大多出生爲狐狸野狼之類。附託於毒蟲的蠱毒鬼，當他的鬼道正報受盡時，會在最後一世所寄身的毒蟲死亡時，使他的鬼道正報受盡而出生於人間，這一類鬼大多出生爲有毒一類的畜生。乘著別人氣運衰微時來附身的災癘鬼，當他心中的衰氣窮竭而使他的鬼業受報完畢時出生於人間，大多會出生爲蛔蟲一類畜生。因貪傲而領受虛氣的餓鬼，當他心中的傲氣銷盡，使餓鬼業報受盡而出生於人間時，大多爲被人所食的一類畜生。往昔貪罔爲罪而誑習成因的綿幽之鬼，當他幽隱難知而隱藏眞相的心性銷亡了，所以使鬼道中的正報受盡而出生於人間，大多出生爲可以被人製作成身上披服用的一類畜生。和合草木金石精氣的鬼類，當他的鬼業正報受完時，若是遇到他所和合的精氣物質被人採取而破壞原來的精明之氣時，他的鬼業正報就正式銷盡而出生於人間，這一類鬼道眾生大多出生為應時出現的一類畜生。明靈之鬼，當他由枉習因成就的因果受報完畢時，正好他所依的持明者也立誓遠離所持明咒時，或者那一位持明者正好捨壽時，身為役使鬼的鬼道正報苦果也就跟著報盡而出生於人間，這種明靈鬼大多出生為象徵吉兆的各類畜生。依人而生存的傳送鬼，當他的鬼道正報受盡時，而他所依的人也死亡而確定鬼身報盡，然後他出生於人間時，大多出生為依循人類而生存的畜生。阿難！這些鬼神道有情都是因為地獄業火及鬼道的業火已經乾枯了，接著為了要酬償往世負欠於別人的宿債，所以往生在與人類並存的畜生道中，一世又一世償還負欠的債務。而這些地獄、鬼道與畜生道眾生也都是由自己的虛妄想而造了惡業，才招引了地獄、鬼道、畜生世間的境界；如果悟得佛菩提時，這種虛妄受生的因緣便都不存在了，也不會再造作這些惡業了，那麼地獄、鬼道、畜生世間本就不可能繼續存在而無所有了。如同你所說的寶蓮香比丘尼等人，以及琉璃王、善星比丘，像他們這樣的惡業本來就是自己妄見而發生明現的，不是諸天降給他們災殃，也不是由地下湧出給他們，更不是其他的人或神給與他們的；正是自己虛妄想而妄造惡業所招來的，所以返還給他們自己來承受。在眞實菩提心如來藏的境界中看來，都只是由浮動虛妄的不實想像凝結而成的。」

「復次阿難！鬼業既盡，則情與想二俱成空，方於世間與元負人怨對相值，身為畜生酬其宿債。」前面講的是鬼神道的正報，當鬼神道的正報報完了以後，還不可能隨即生爲人類；因爲地獄報與鬼神報只是針對心性而受的正報，但往世以各種方法害人取財的負欠債務，都還沒有償還給受害人，因此還有償債的餘報要受。所以因貪而生的惡業眞的很嚴重，應該儘早捨棄世間法中的種種貪，尤其是不正當的貪心。最好還是小心避免因貪而造惡業，因爲地獄道與鬼道的苦果受盡以後的餘報，是要當畜生來還債的；在畜生道中還債是要還很多劫的，而且畜生當完時剛回來當人以後還有餘報，就是前五百世盲聾瘖啞，難遇正法及善知識，所以眞的不能輕忽。

惡人所受的地獄業和鬼業，都只是依心性而受的正報，並未償還往世被欺枉、負欠的人，所以地獄報及鬼報受盡以後，還得要出生在畜生道中，償還以前在人間所造的宿業。所以，地獄道與鬼道的苦果，只是因爲自己的心性所引生的正報；還必須出生在畜生道中償還負欠於別人的債務，才能完債而回到人道中。由此可知，地獄報及鬼報都是肇因於惡劣的心性而產生的，不是由於造業而產生的。當惡人在地獄及鬼道中受盡種種苦楚而漸漸懊惱悔改自己往世的惡業時，心性漸漸轉變；當他的心性到了不能與地獄相應時，就是地獄中的「業火燒乾」了；當他的心性經由悔改而不與鬼道境界相應時，就是鬼道的「業火乾枯」了。這種「業火燒乾、業火乾枯」的原因，都是由於懊惱與悔改的緣故，使「情」的比例減少成為「六情四想」了，於是適合當畜生了，才能往生在人道的傍生中，成為畜生類有情，來償還負欠於別人的宿債；所以生在地獄與鬼道中的原因，是心性惡劣而不是造惡業。會造作地獄惡業，其實是心性惡劣達到能夠成就地獄業；會造鬼業，是因為心性惡劣到足以成就鬼性而造鬼業；所以業是心性的示現，業本身無惡，而是心性惡。至於心性惡劣的根本原因，其實是因為「純情無想」或者「七情三想」，所以心性極惡劣，才會造地獄業或鬼業。如今「業火乾枯」而成為「六情四想」時，就適合當畜生來與人類共住了，這時才往生畜生道而開始償還往世負欠別人的宿債。這時惡劣心性的情執已經銷亡了，「情」執與惡「想」（譬如「食父母想」）「二俱成空」，才能回到人間當畜生。當畜生時就會與往世所負欠的人「怨對相值」——在有怨因的情況下相逢——以畜生身來酬還牠往世所累積下來的宿債。這時才是開始還債，但這不是由心性導致的正報，而是由業罪而導致的餘報，所以就稱爲餘報。

「**物怪之鬼，物銷報盡生於世間，多為梟類。**」從地獄出來經過鬼道而成爲畜生以後，要怎麼還債呢？當然會有不同種類的惡行與心性而產生了不同的還債方式。「**物怪之鬼**」是往昔「**貪物爲罪**」而下地獄，後來成爲魃鬼，當他們受完鬼報以後，要受生爲土梟或夜梟一類動物，不必再依附於無情物上成就鬼形。梟類都是由於「**盜貪**」餘習所以「**附塊爲兒**」，如同向別人強盜珍寶堆積成山而送給兒女一般。這一類強盜世間珍寶而殺害良善的惡人，或者爲了貪財而大量殺害眾生的惡人，被害者生起極度瞋心而墮落惡道以後，當這種惡人從地獄、鬼道受報完畢回到人間當畜生時，就得以身肉來償還以前加諸於其他有情的債務，所以生爲梟類養育子女；子女長成以後，還食其肉，成爲懷怨報仇，這就是「**食父母想**」眾生的由來。至於「**多爲梟類**」所說的「**多爲**」，是說大多數是如此；但是造因的情形變化多端，不會完全一樣，所以說是「**多爲**」，也就是大部分成爲梟類的意思。

「**風魃之鬼，風銷報盡生於世間，多為咎徵一切異類。**」如果是「**風魃之鬼**」，屬於「**遇風成形**」一類，是往昔在人間被淫風所牽引的邪淫之徒，最喜歡對世間所有美女—特別是針對有姿色的良家婦女—加以引誘的邪淫者，具體代表就是貪著女色的密宗行者。尤其是喇嘛們，他們只要看見女信徒有姿色，就誑言傳授即身成佛的祕密法門，一個又一個加以引誘成功，所以喇嘛們都是被淫風所動的貪淫者，破壞人倫、破壞家庭、破壞佛戒、破壞正法，成就阿鼻地獄業。將來受報完畢離開地獄後，經歷鬼道時就是「風魃之鬼」，是「遇風成形」一類。後來「風銷報盡生於世間」時，便成爲畜生道有情：「多爲咎徵一切異類」，專門爲大眾預報凶兆。

「咎徵」是作爲世間即將產生災難前的預報者，所以有一些動物會示現異象而作出預報。譬如老人家往往會傳說，假使有動物產生某種特殊狀況，大概就會地震了，這些預報的動物就是「咎徵異類」。譬如有很多人說：「突然有很多蚯蚓爬出土地，滿地遊走，大概就要地震了。」所以蚯蚓也是「咎徵」之類，但牠們不是報喜，而是預報不吉祥的事，就成爲「咎徵」類的動物。「徵」是徵象，「咎」是不吉祥的事。譬如投生爲老鼠或麻雀、烏鴉一類動物，特別是麻雀，在古時，如果突然間出現了一大群麻雀，數量難以計算，老人家就說：「快要災荒了。」或者看見一大群老鼠開始成群遷移離去了，就說這裡將要出現災荒了。這一類動物都是報咎，牠們預報的是不吉祥的徵象，所以這類動物是「咎徵異類」。又譬如古人說，有一種特殊的鶴，當牠們一大群同時不斷地跳躍時，就表示快要鬧水災了。這一類顯示不好的預兆，都叫作「咎徵」。凡是這些不祥的動物示現時，都表示會有特定的不吉祥事相出現，這類動物就是「咎徵」類的畜生，與瑞相相反。

若是「**風魃之鬼**」，譬如喇嘛們在人間常常勾引別人的女眷合修雙身法，將來在阿鼻地獄受報完畢來到鬼道時，「**遇風成形**」成為鬼道眾生而且受報完了，在人間出生為畜生時，大多數會成為不吉祥的象徵，名為「**咎徵異類**」，專門預報特定的不吉祥事。譬如即將要出遠門時，才剛準備要踏出門，卻有烏鴉一大早在屋頂上呱呱叫，人們就認為這是不吉祥的象徵，改天再走。所以烏鴉也是「**咎徵異類**」；有許多鬼道眾生報盡來到畜生道時，就是受生為烏鴉。那麼「**咎徵一切異類**」，為什麼會成為凶事的預兆呢？都是因為往昔生在人間時，由於邪婬習氣而造孽為妖，害得別人家庭分散，所以這一類人活在人間時對別人其實是不吉祥的，死後經歷阿鼻地獄及鬼道而來到畜生道時，自然成為不吉祥的象徵了。

「**畜魅之鬼，畜死報盡生於世間，多為狐類。**」如果是「**畜魅之鬼**」，以前在人間是「**貪惑為罪**」的惡人，以「**詐習為因**」；經歷阿鼻地獄等所有地獄而來到鬼道時「**遇畜成形**」成為「**畜魅之鬼**」，附在畜生身上；然後鬼報受盡而來到畜生道時，大多成爲狐類等多疑的畜生。當他的鬼報還沒有受盡以前，一旦他所依附的畜生死了，就必須另外再找別的畜生據以成形而依附著；因爲鬼的壽命很長，畜生的壽命很短，常常要尋找別的畜生再依附，一直到他的鬼道業報酬盡，然後才能往生到畜生道來。當這種鬼報盡而往生在畜生道中，大多會成爲狐類，狐類當然包含狸、狼等等。爲什麼會成爲狐類呢？聽說狐狸是動物中最狡詐的，所以有時罵人說：「你這隻老狐狸！」在禪宗裡，如果沒有悟而裝出一副證悟聖僧的模樣，知道他未悟裝悟的人就會罵他是野狐。

狐是指稱不老實的人，或者專門籠罩別人的人。譬如有一種空心大老倌，專門裝闊，說大話，欺騙別人的錢財。這種人在世間爲了貪名聲、貪財物、貪恭敬供養、貪人家的男女色，所以擺出架勢，讓人覺得他應受恭敬供養；而他藉著裝腔作勢說假話，欺詐別人、籠罩徒眾，正是「詐習爲因」，是個「貪惑爲罪」的人。迷惑於世間法而起貪，以「詐習爲因」，幹下騙取大量錢財及許多女色等大惡業。這種人離開阿鼻地獄而經歷無間地獄等，一一受苦完畢而往生鬼道受完鬼道痛苦之後，回到人間就是受報生爲狐狸一類狡詐動物。狡詐一類的動物，當然也包括猴子等等，都是狡詐不馴的。如果你有很好的天眼，一定可以看見某些猴子過去是學佛人，就能判斷牠們以前是「**貪惑爲罪**」，以「**詐習爲因**」而騙取別人錢財與美色。我這並不是胡說，而是指陳事實；而且仍然有許多佛教界人物正在繼續造作這種業，是現在進行式而不是過去式。可是我說這些話，他們是每一個人都聽不進去的，永遠都會置若罔聞，因爲他們不信因果報應，不像我怕因果怕得不得了。

「**蟲蠱之鬼，蟲滅報盡生於世間，多為毒類。**」如果是「**蟲蠱之鬼**」，離開阿鼻地獄而經歷所有地獄來到鬼道中，「**遇蟲成形**」而成爲鬼道中的「**蟲毒鬼**」，受盡鬼報苦受以後，在最後一隻被附身的毒蟲死後，他的鬼報便正式告終，離開鬼道而出生在人間，成爲與人類同時共住於人間的畜生，大多受生爲有毒類的動物，譬如毒蛇、毒蠍、蜈蚣一類攻擊別人的有毒動物，或者身上有毒自保的蛤蟆、河魨、刺魟一類；而且會攻擊的有毒動物大多心腸狠毒，繼續以毒液殺害其他動物而加以吞食，成爲肉食類動物，這就是「**毒類**」畜生。因爲牠們是由「**蟲毒鬼**」的心性受生過來的，都因爲以前在人間時「**貪恨爲罪**」，心中記恨不捨；往往只是一件小事阻礙了他貪財，於是就設下計謀暗中惡毒地報復不小心擋了他財路的人，所以是「**貪恨爲罪**」心中藏毒；所以從「**蟲毒鬼**」報盡來到人間當畜生時，就與毒蠍、蜈蚣、毒蛇……

等類眾生的心性相應，牠們的瞋恚習性非常深重。

「衰癘之鬼，衰窮報盡生於世間，多為蛔類。」「衰癘之鬼」是依附在氣數衰弱而引生疾病的眾生身上，藉氣數衰微的眾生來散播疾病，所以名爲「衰癘之鬼」。他們身上散發出強盛的衰氣疾疫，爲害別人。當他們的鬼報受盡時，正好被寄宿的業主也壽終報盡了，於是他的衰氣便告窮盡而出生到人間來，成爲畜生。可是這種有情還是會繼續惱亂眾生，所以出生爲蛔蟲等一類動物，包括絛蟲、蟯蟲等等，凡是寄生在眾生身上的寄生蟲都是此類。這一類有情以前都是乘人之虛而籠罩別人，貪求名聞與利養；一遇到高明的人，就遠離而不敢接觸；若是遇到不懂的人，他就乘虛而入，所以說這種人衰氣很強。而蛔類寄生於別的動物身上，也是乘虛而入，如果動物身強力壯，牠的卵就被胃酸消蝕而無法害人了。

這類有情對其他動物乘虛而入，則是基於往世熏習的怨習瞋習，都是**「貪憶爲罪」**的惡人。由於因貪而被阻礙時，心中生起嚴重的「貪憶」而與地獄相應；當時瞋心大發而挾怨報復，並且造下大惡業，所以生在阿鼻地獄中，經歷鬼道而成爲「衰癘之鬼」；然後報盡來到人間時成爲畜生，習性仍然是想要害人，所以生爲蛔類畜生；但牠們的果報是無法再看清楚一切事物，活在動物腹中不能見色聞聲而不辨是非。

「**受氣之鬼，氣銷報盡生於世間，多為食類。**」「食類」即是雞鴨牛羊一類供人類食用的動物。受生於「食類」之中，是因爲牠們以前在人間時「貪傲爲罪」，所以空腹高心，以高傲的態度藉勢要求別人供養或免費贈送財物給他；如果貪物不遂，便殘害對方，成就「貪傲爲罪」。又如佛門中常常有人爲了貪求別人大量財物供養，口中總是說大話，而肚子裡空無一法，硬要別人心甘情願以大量財物供養他，因此成就大妄語業，這也是「貪傲爲罪」。這種人，明明自己空無所證，卻是一副很有修證的樣子，非常傲慢，你想要跟他說話都很難。當你提起別人時，不論是誰，他都不服，看不起一切善知識。等到你探究他的實證時，卻發覺他**胸中全無點墨**，連世俗文學都不懂，更別說佛法的證量了；卻老是不滿意別人對他的供養，所以常常指三道四，私底下對善知識虛妄毀謗，乃至抵制正法，成就破法及謗賢聖的大惡業，不只是未悟言悟的大妄語業。這類空腹高心而貪求名聞利養的人，就是「貪傲爲罪」的惡人。

這種人在鬼道時是標準的「**餓鬼**」形象：肚大如鼓，滿腹餓火中燒。大多是因爲在世時空腹高心盛氣凌人，以傲慢之心造下大妄語業，並且故意無根毀謗賢聖、抵制正法。這類「受氣之鬼」以前在人間時，他們由於傲慢而不服任何善知識，對於實修親證的人，偏要誣衊爲沒有實證的凡夫；不但如此，還要誣衊親證的賢聖是外道、邪魔。但他們自己根本沒有修證，只是滿肚子妒火中燒。謗法及謗賢聖而造下大惡業，當然得要一一親歷阿鼻地獄及所有無間、有間地獄，然後成爲鬼道中的「受氣之鬼」——「餓鬼」，最後再回來人間成爲被眾生所吃用的動物。這種人在人間時營造廣大名聲而犯下大妄語業，下墜地獄及鬼道中成爲「餓鬼」受完正報以後，因爲往世虛受一般眾生廣大供養，如今回到人間就得以身肉償還了。

又有一種世俗人（譬如密宗喇嘛們，他們全都不是眞正的修行人）由於傲慢的緣故，每當有人勸他們說：「你們既是修行人，對眾生應該慈悲一些，別再吃眾生肉了。」這些人卻總是妄言：「天生萬物，本來就是要給人吃的。而且我們吃了牠們，就度了牠們，有什麼罪？」其實只是藉著吃肉來增強性交能力，達到樂空雙運時的長時間不洩罷了，所以都是「貪傲爲罪」的不認錯、不改過者。至於一神教徒則說：「上帝說，凡是背向天上的動物都可以吃。」於是每天都要吃眾生的血肉，但是他們的兒女剛出生後在地上爬時，是不是都背向天上？（眾笑…）這些人爲了吃畜生肉，編了一大堆理由；而且每天都很貪畜生肉，看到畜生時都是很傲慢的，所以更有人爲了賺大錢，開起屠宰場、生肉店，廣造殺害眾生的大惡業，這也是「貪傲爲罪」。

由於往世對畜生很傲慢而且大量宰殺眾生，大量吃用畜生肉，如今從地獄及鬼道報盡來到人間時，就得以身肉償還被他們所吃的眾生了，這時被吃的眾生已經生而爲人：「羊死爲人，人死爲羊。」所以今天來到人間時就只好感報爲被人們所吃的肉類食物來源——牛羊豬鵝雞鴨……等動物。而且這些畜生往世爲人時「慢習」深重，往往盛氣凌人，宰殺動物時全無悲心，甚至有時以凌遲的方式宰殺動物來取樂，淪落畜生道時就只好被人片片宰割食用了。

這一類有情成爲畜生以前都是「受氣之鬼」，大部分是因爲在人間空腹高心，所以離開地獄來到鬼道時都無法附物或附畜爲鬼，只能「遇氣成形」；後來受氣成形的果報已經銷盡了，傲氣不再存在了，於是離開鬼道來到畜生道中；但因往世在人間空腹高心而接受眾生大量的錢財供養，如今回到人間時，就得以畜生身血肉來償還往世所受的供養。這時不但是受供多少就得還人多少，還要再加上利息；所以如今生到人間來了，當然要成爲畜生身，以血肉來償還往世所受供養的錢財或所吃眾生身上的血肉，所以大多數的報應就是成爲被吃的各類動物：「**多爲食類**」，而這種果報都是要歷經很多劫以後才能報償完畢的，這就是空腹高心「**貪傲爲罪**」的果報；所有空腹高心犯下大妄語業而抵制如來藏正法的當代大法師們，都必須注意這一點。

「**綿幽之鬼，幽銷報盡生於世間，多為服類。**」「**服類**」譬如蠶蟲吐絲可以織成衣服，或者毛皮可作爲衣服用的動物，供人作爲衣服穿用；或者耕田拉車運貨的牛可以服勞務，或如馬匹可以拉車或者供人騎乘，這一類動物都屬於「**服類**」的畜生。這些人都是由於往昔在人間時嚴重誑惑別人，犯下極重罪，如今就以身力或身血毛皮來償還往世負欠別人的重債。這一類畜生來到人間之前，都屬於「**綿幽之鬼**」，是往昔在人世時「**貪罔爲罪**」，以「**誑習爲因**」，爲了貪求別人的財物，籠罩別人而說了許多虛妄語，獲得廣大的財物；或者明明沒有證量，卻詐現上人相而廣受供養；或者表面宣布都不收金銀財寶錢財，暗地裡卻是金銀財寶越多越好，暗地裡收受極多非分供養，這就是「**貪罔爲罪**」，以「**誑習爲因**」。

更惡劣的是，如果人家不去供養，他就背地裡編造一些對別人不利的話。因爲他想：「**這個人非常有錢，別人不很富有，都能供養我好幾萬元，他竟然不來對我作大供養。**」於是就編造一些沒根據的因果報應恐嚇對方，或者講一些風涼話冤枉對方，或者對某人說一些不屬於事實的編造謊言，影響某人向對方不利，逼使對方不得不來作大供養，這就是「誑習為因」而「貪罔為罪」。但一般而言，這種人作惡事時總是不想讓人家知道，所以作了許多惡事以後都怕見人，總是躲在暗處，所以從地獄回來以後就成為「綿幽之鬼」；從鬼道往生來畜生道時，便不想使人感覺牠的存在，從來不顯露自己的心想，只是默默工作，這類畜生就是「服類」。

現在有了網路傳播管道可以化名謾罵，抵制如來藏正法與無根毀謗賢聖的事情就更容易造了；而那些在網路上無根毀謗賢聖的人，自以為神不知、鬼不覺，卻不知道鬼神早都看得一清二楚；而且他們自己的如來藏也全都記錄下來了，於是將來一定會有更多人下墜地獄以後，次第報盡來到鬼道中當「綿幽之鬼」。「綿幽之鬼」當久了，心性改變時就是正報受盡，就是「幽盡」；接著就得來人間償還往世無根毀謗而損害別人的惡業了，所以「幽銷報盡生於世間，多為服類」。要為往世被他無根毀謗而受損害的人們補償，於是成為吐絲給人類做衣服的蟲類，或者以毛皮給人類製成衣服穿，或者以體力為人類服勞役，譬如耕田或拉車。這時牠們的心性也會與往世所造的綿幽相應：只是默默地耕田、拉車、吐絲，一句話也沒有。只是有時受不了痛苦時會大叫一番，多數時間都是默默工作的。

還有一種人喜歡暗中阻止別人護持了義正法。但我對護持佛教道場，一向都讚歎，不論別人是護持什麼道場。有同修說：「我們在慈濟，每一個月都有護持三千元作福德，您看我繼續布施，好不好？」我說：「好呀！」我絕對不會說不好，也從來沒有反對過。但是現在我要開始反對了！因爲他們若是沒有抵制正法時，雖然只是表相正法的人天乘，那也是正法，所以我不反對，因爲他們在世間法上還是對世人有利的；所以只要他們不否定正法，我就不會阻止別人贊助他們。但是當他們開始否定正法以後，我就一定會阻止，因爲護持他們就是間接幫助破法者共同抵制正法。如果他們沒有否定或抵制了義正法，我就不該阻止別人去那邊護持，諸位對我這個原則一定要理解才好。

凡是暗中抵制了義正法的人，一定都會如同「綿幽之鬼」往世在人間時一般，總是詐現有德，心中唯恐別人知道眞相，所以拒絕廣說經法；只想擴大名聲來獲得廣大信眾的恭敬供養，所以樂於幽暗，很怕別人知道他的證量與生活細節。這種人死後下墜地獄及鬼道受盡正報以後，來到世間「多爲服類」，要爲以前被他欺瞞的廣大眾生服勞役，那個時間可就必須很久、很久了！所以往往一條牛或一匹馬，三明六通大阿羅漢以宿命智觀察到八萬大劫前，牠們都仍然是牛或馬，因爲以畜生身還債是要還很久的。凡是未悟言悟的大師們，名聲越大、聚集眾生錢財越多，欠債就越多，還債時間就越久。這樣看來，當大師其實並不好，除非眞的有實證，也把錢財都用在了義正法的弘揚上面，回饋給布施道場的眾生。

果報是絲毫不爽的，譬如歷史典故中，拾得菩薩有一天在國清寺中，正逢寺中眾僧在布薩——誦戒；拾得當然知道其中有一些僧人並沒有好好地持戒，卻敢神色如常參加誦戒，於是拾得菩薩就靠在大殿門邊撫掌說：「**裝模作樣，不好好修行。這個如何？**」那個主持誦戒的僧人就罵他：「**你這個下人，竟敢破我說戒。**」拾得見他們不聽，就趕牛出去放牧，又大聲呼喚多年前往生的僧人名字，牛就應聲跟著走了。所以有人死後會成爲耕牛，不是沒有原因的（編註）；過去世暗中廣受供養據爲己有，就逃不過這個因果。這就是「服類」有情受生的最主要緣由。因爲在僧團中必須遵守六和敬，不該把所收的供養據爲己有，即使施主是聲明供養他個人，都一樣要歸入僧眾常住共有。若全部都收納在自己口袋中，違背了利和同均的規矩，但沒有其他大惡業，死後就成爲服類有情，要很多世爲大眾服勞役。（編註：《宋高僧傳》卷十九：【當其寺僧布薩時，拾得驅牛至僧集堂前，倚門撫掌大笑曰：「悠悠者聚頭。」時持律首座咄曰：「風人！何以喧？礙說戒。」拾得曰：「我不放牛也，此群牛者多是此寺知僧事人也。」拾得各呼亡僧法號，牛各應聲而過，舉眾錯愕，咸思改往修來，感菩薩垂跡度脫。】又《合訂天台三聖二和詩集．誌南記》中〈天台山國清寺三隱集記〉亦載：【眾僧說戒，拾驅牛至，倚門撫掌微笑曰：「悠悠哉！聚頭作相。這箇如何？」僧怒呵云：「下人風狂！破我說戒！」拾笑曰：「無瞋即是戒，心淨即出家；我性與汝合，一切法無差。」驅牛出，乃呼前世僧名，牛即應聲而過，復曰：「前生不持戒，人面而畜心；汝今招此咎，怨恨於何人？佛力雖然大，汝辜於佛恩。」】）

勞役「服類」畜生的人，就是往世被牠虧欠者，所以國清寺那一些眾僧就是被那些牛所虧欠的人，所以那些牛來爲國清寺的比丘們服勞役；如果那些比丘們之中有人正在虧欠眾生，將來也會是一樣的果報，絲毫不爽，死後就得成爲終生服勞役的耕牛、拉車牛，而且是很多世都當牛來還債。所以爲了貪得財物、美色、恭敬，說了許多謊言欺瞞大眾，深怕別人知道，就一直都處於隱藏惡業的作意中，心性是綿幽的，將來大多成爲「服類」畜生供人驅使。如果說謊被拆穿而惱羞成怒，惡向膽邊生而誣枉賢聖，那可就不是死後生爲「服類」了，可得下墜阿鼻地獄受苦多劫，然後經歷鬼道，才能再回來人間當畜生幾十萬劫，成爲「服類」的畜生，眞划不來。只有只注重名聞與面子的愚癡人，才會去做這一類傻事。

「**和精之鬼，和銷報盡生於世間，多為應類。**」「應類」就譬如候鳥等動物，當夏天確定到來時，與人同住的燕子就飛來告知：夏天眞的來了！又如天氣變冷時，飛鴻從天而過，就是預告大眾：秋天眞的來了！都是由於往世在人間時「**貪明爲罪**」，也就是「**明悟邪見，見習交明**」，自以爲悟得深、悟得妙，就以邪見非議賢聖。這種人在人間時都是很精明的，正好以這種精明性來爲世人預報天時，都是由於種種邪見惡業的餘習而有這種精明性，所以牠們對於氣候遷移的時機都料得很正確。這種「**應類**」的畜生，是從「**和精之鬼**」報盡而往生到畜生道中，「**和精之鬼**」就是「**魍魎鬼**」，即是「**貪明爲罪**」，都是「**見習因**」所產生的果報。

這種人，在現代佛教界中眞的很多啊！他們正在網路上化名造業，而且都是造作毀謗了義正法的大惡業，都不曉得將來年老死後要下去阿鼻地獄，然後還會當魍魎鬼，鬼道完了才能當「**應類**」畜生。這些愚癡無明眾生，爲什麼地獄、鬼道正報受完以後，來到畜生道中會當「**應類**」畜生呢？因爲在鬼道時都是附在眾生身上當魍魎鬼，也就是世間人傳說中的妖精。因爲他們往昔在人間時以「貪明為罪」，都是聰明伶俐的一類人；學佛以後還是如此，總是有好多好多自己的知見，不論你講什麼，他都有話講。就憑著聰明伶俐「見習交明」而「邪悟為罪」，以邪悟所知所見造作無根謗賢聖的大惡業，接著就是為了謗人而開始謗法。

這類「貪明為罪」的人，都是在邪見上面明悟，自以為證悟佛菩提了，從此以後都是斜眼看待眞善知識；並且一生嚴厲批評眞善知識，顯示他很高超，讓人誤以為他是眞修實證而具有大智慧的大威德者；使徒眾們望之儼然，不可褻瀆。然而這種人會私底下化名寫書妄評眞善知識，或在網站上面化名謾罵一氣，始終不敢以眞面目示人。這類人自以為聰明，專幹一些見不得人的事，自以為神不知、鬼不覺；但這些惡業種子都收存在他自己的如來藏心中，死時與死後自然都會有業鏡現前，或由自己檢驗，或由地獄中的獄卒加以檢驗。這種人地獄報盡來到鬼道時，就是「遇精為形」的魍魎鬼，將精神依附於有精明體性的金石草木之上。當他的魍魎鬼鬼報受盡了，來到人間就成為應時而行的動物。

應時而行的動物，譬如古人說的社燕、秋鴻；又如天亮了，該由誰應時而行呢？當然是公雞，必須依時而鳴，叫醒人們，這就是「應類」的旁生。

又譬如冬天到了，台灣一定會有「應類」動物來報冬，就是黑面琵鷺。又如伯勞鳥與鷺鳥，都是早冬就來了，比黑面琵鷺還早來，也都知道應該前往何方，都是「應類」。又譬如古人傳說月圓之夜，狼會開始嗥叫，所以狼也算是「應類」中的一種。爲什麼會當「應類」畜生呢？都因爲牠們很聰明，時間到了就懂得要作什麼。這都是因爲往世在世間法中很聰明，卻把聰明用錯地方，誤以爲佛法也可以依靠聰明來證得，才會「見習交明」而「明悟邪見」，「貪明爲罪」而造下大惡業；如今從地獄、鬼道中來到人間時就只能當「應類」畜生；於是每當東方魚肚白時，牠就開始叫了：「咕、咕、咕……。」意思是該起床了！該起床了！這就是「應類」有情，都是應時隨方而作。我說「隨方」，是因爲「應類」畜生很聰明，懂得時候到了應該往什麼方向去報春、報冬。所以在世間太過聰明眞的不好，應該把聰明用在正道上面，別老是使用世間聰明而自以爲是，成爲「明悟邪見」可就不妙了。

所以奉勸大眾學我這樣笨一點好，我從小就常常被一位哥哥敲腦袋：「你怎麼這樣笨呀！」眞的沒辦法，在世間法中我很笨，佛法我倒是還行。小時還沒有學習佛法，我眞的一無是處；而我在學校學習在世間生存的課業都不想學，都是自己學一些雜學；所以我會的很多，但都是博而不精，只是學得很雜。現代的電腦我也開始學了，所以不給打字行打字了，改爲自己用電腦寫書。但我就是老實，小時就不懂得藏私獨享，總是把食物拿出去跟其他小朋友分享，就會讓一位哥哥敲腦袋，我是這樣被敲大的。至於貪求或者故意向別人找麻煩，我都不會，從小就是很認命、很安分的人。

我從小就想：我是跟著父親的姓，這個招贅的姓氏，在家中表示將來是外人，眼前只是暫時寄人籬下，家裡的財產一定沒我的份。所以從來都不想它。至於長大後是否能夠出人頭地？我也沒想過。我的想法很簡單：只要有一技之長，平平淡淡過一輩子就行了。眞的胸無大志。後來讀中學時，頂多是希望學成針灸以後，弄個小磚房爲人義診，幫助窮苦人，單獨一個人過一生，從來沒有想過要出人頭地。當然也從來都沒想到今天會變成佛教界的一個人物，根本就沒有想到；不過這是上面交付的任務，我既然有能力，就不得不作。而我的本意也沒有想要作到今天這個地步，本來是想要把法傳給當時在杭州南路一位弘傳淨土的法師；但他的因緣不夠，一開始就否定實相念佛實證的可能，根器太小而慢心很強；話不投機，只好作罷。其餘的法師們，觀察之後知道他們都不可能承接這個法脈，於是在這樣的因緣下，就一步一步演變爲佛教正覺同修會今天的格局。

往年我的本意也沒有想要成立常住性的共修道場，本想如果有人得了這個法，使法脈傳承不斷，我就要走人，過著山林生活。我記得以前似乎也有講過，似乎是預定二〇〇一年或二〇〇二年想要退休下來，讓同修會自行運作去弘法；可是一直退不下來，因爲還沒有適合交棒的人選；交棒的因緣也還沒有成熟，現在就不敢再定時間了！前些時以爲某位老菩薩眞的如同某人所說是八地菩薩，我曾當面及在電話中請他來主持，但他沒有應允；後來也證明全是謊言，連明心都沒有，那二位同修根本就是在騙我。如今就只能再看因緣了！如果將來緣熟了就交棒，緣若是還沒有成熟，就只能再繼續挑著這個擔子。所以說，爲人千萬不要「貪明爲罪」，還是像我這樣子笨一點好，所以古人說「大智若愚」，還眞的有道理。我這個從小沒有錢財卻樂善好施，所以常常被人敲腦袋罵「笨」的孩子，今天竟然可以寫書出來，讓號稱佛學導師的台灣釋印順不能回應，這也是我年輕時想不到的事。

但台灣的釋印順正是「貪明爲罪」的現成例子，他的所作所爲都是在破壞佛教正法，可是卻不怕後繼無人，他的徒子徒孫多得很，也都正在繼續「貪明爲罪」，個個都是「明悟邪見」，都繼續以六識論常見外道法取代佛法，憑的當然都是世間法中的聰明：「見習交明」。這樣子造下大惡業，死後下墜阿鼻地獄，一一經歷所有地獄以後來到鬼道中，當然要成為「和精之鬼」，「遇精為形」：只要金石草木有精明性而發出某些光明的，這類鬼就會附於其上而成就鬼身，成為魍魎鬼。魍魎鬼如同生前為人時，似有大威德而其實沒有威德，因為禁不住菩薩們的檢驗，這一類鬼生在鬼道中也是一樣：遠望似有威德，近觀則全無威德。然後地獄與鬼道的正報受盡來到人間時，就因為很聰明，懂得計時觀方，所以就當「應類」畜生來為人類默默地報時。你們有沒有注意到：母雞都是低著頭，可是報時的公雞都是昂首闊步（眾笑…）。這正是以前為人時「見習交明」，覺得自己很聰明而「明悟邪見」的習氣。

「**明靈之鬼，明滅報盡生於世間，多為休徵一切諸類。**」「休徵」是與「咎徵」相對，「休徵」是惡事已休的意思，也就是吉祥事即將來到的意思；所以「休徵」類的畜生，就是嘉鳳祥麟乃至鵲噪報喜一類的畜生。都是由於這些動物往昔為人時「枉習為因」，因為太聰明而結黨，共同向官府誣告良善，枉人成罪，造下大冤獄，揹負很多人命，所以下墜地獄報盡而生到鬼道中，在鬼道中「遇明為形」而與持明者相應，因為他們聰明而能與明咒相應，就成為「役使鬼」而被受持明咒的人所役使。然後鬼道報盡出生為畜生，由於明咒的緣故，便專門在光明的善事中為人類報喜，藉此來償還往世在人間負欠於人們的罪業，抵銷債務，所以成爲報喜的動物：「休徵」。

所以「明靈之鬼」就是「役使鬼」，是「枉習爲因，貪成爲罪」。因爲他們最善於言語狡辯扭曲是非、冤枉別人，凡是造作種種無根毀謗的事情，是他們最在行的事，藉此來成就自己想要達成的目的，所以是「貪成爲罪」；因此他們在鬼道中的果報就是反過來幫助別人成就某一些目的，所以成爲被明咒驅使的「役使鬼」。這種鬼道的罪業報完了回到人間，果報就是要他們顚倒過來：以前在人間專門講壞話，破壞別人的善事或誣枉良善；現在則是要牠們專門爲人報喜，讓牠們專門做好事，爲人示現祥瑞的異象，所以成爲「休徵」。

「咎」是惡事，「休」是好事。所以在禪宗公案中，眞悟的禪師一來一往之後，最後大禪師便休去，一件公案便圓滿了結了，大禪師並沒有責備對方。如果對方錯了，就一棍打過去，不然就是一掌打過去。可是大禪師聽了對方一句話，或者對方有一個回應，他認可了，就只是下座休去。休去代表認可，所以「休」的本意是吉祥的意思。某些特定動物出現時，代表好事即將發生，就是「休」的「徵」象，所以這些動物出現時就是「休徵」。譬如麒麟、翔鳳，都屬於「休徵」；當牠們在地面或天空出現時，代表國家將會有吉祥的大事發生。眾生會成爲這一類代表祥瑞的動物，就是因果律的感應，要牠們反過來專門爲人們報佳音，滅除往世的「枉習因」。

「**依人之鬼，人亡報盡生於世間，多為循類。**」「循類」就是依循人們而住的動物，譬如家裡養的貓、狗、寵物鳥等動物。牠們都是依循主人的意旨而生活，這也是往昔「貪黨爲罪」而濫訟善人的果報，使牠們如今不得不依順人們的意旨。這類動物是「貪黨爲罪」的惡人造下大惡業以後，下墜阿鼻地獄，再歷經鬼道才往生成爲動物的。這種動物的前世就是「依人之鬼」，往昔在人間是「訟習爲因，貪黨爲罪」的大惡人，離開地獄道而成爲「傳送鬼」。這種傳送鬼附在人類身上妄言因果時，所說的因果都只是所見短短幾十年、幾百年間的因果，根本無法了知無數劫來的因果，連自己成爲傳送鬼的因果都還弄不清楚，卻自以爲知，附於人身妄言因果。

「訟習爲因」就會「貪黨爲罪」，多劫以前在人間時，結合一群人專門無根毀謗別人，又常常向官府誣告良善。這種人的果報是下墜阿鼻地獄而轉生在所有地獄中受苦完畢以後，來到鬼道時就附在人身專門爲人預言因果，其實只是傳送他在鬼道中所聽到的消息，不是他自己所知道的，所以叫作傳送鬼。傳送鬼的鬼報受完了以後來到人間成爲畜生時，就成爲「循類」動物，就是人們的寵物。「循」是依循的意思，不論主人講什麼，牠都聽從主人，完全依循主人的意思，牠自己不能有主見。譬如你養一條狗，叫牠過來，牠就過來；叫牠坐下，牠就坐下。你叫牠往東，牠不敢往西，這就是「循類」。

當然寵物大部分是貓、狗一類，現代人亂養一通，連毒蛇等凶猛動物也當作寵物來養，但牠們本身不屬於「循類」，所以大多不依循主人的話，牠們通常也都不認爲養牠的人是主人，所以一不小心就會有反噬的情況發生。這是因爲在因果律中，牠們不屬於「循類」的動物，心性不是生來就會依循主人的，所以亂養寵物的人就常常會受傷，乃至死亡於不正當的「寵物」口中。「循類」的動物是因爲牠們以前在人間「結黨訟習」，不論是爲了貪財、貪眷屬、貪名聲，結黨訟習誣衊良善，殘害良善，因果律的報應就是要牠們乖乖聽從主人的話。「循類」動物，最具體的代表就是狗類，有時被打個半死，牠還是繼續跟定惡主人，正是因爲過去世負欠了人們，現在得要償還了，所以得要一世又一世不斷地當人類的寵物，爲主人看家等等，正是「與元負人怨對相值」。所以當寵物時，主人處罰牠，牠是不能有異議的。而且牠也沒辦法告狀，這就是「循類」的果報。

所以如果遇到哪一隻狗對我很凶，我就對牠說：「你過去世當人時或者空腹高心，或者結黨濫訟，所以下了地獄，又當餓鬼，現在還對我這麼凶狠，你都不知道要檢討，還想繼續當狗多久？」如果牠有宿命通，也許會絕食而死；但有的狗後來就變乖了，都不再吠我。有時遇到某一些特定的狗，對我很凶，但我若是覺得有緣，就會為牠講一些話，講了之後大約都會改變。不過有人會問我：「你到底跟我們家的狗講什麼？」我說：「我講過以後就忘了。」我都不記憶那些話。因為我只是憑直覺來告訴牠們，根本沒有記住講了什麼，被講過的狗也多會改變。我記得被我講過而且與我有緣的狗只有兩隻，兩隻都有改變，都不再吠我，但牠們也都沒有絕食而死。這就是說，往昔在世時空腹高心而結黨訟習，經歷地獄及鬼道的果報，來到人間成為「循類」，還得要為主人看家，或者為主人捕鼠，維持家宅清潔。牠們都得一世又一世聽從主人的話，依循主人的意願去作事。這就是往世空腹高心結黨訟習而誣告良善所得的果報。以這樣的因果律，對治牠們「貪黨為罪」的心性。

「阿難！是等皆以業火乾枯，酬其宿債，傍為畜生；此等亦皆自虛妄業之所招引；若悟菩提，則此妄緣本無所有。如汝所言寶蓮香等、及琉璃王、善星比丘，如是惡業本自發明，非從天降亦非地出，亦非人與；自妄所招，還自來受；菩提心中，皆為浮妄虛想凝結。」佛接著又總結說，這十大類的動物都是因為「業火乾枯」，也就是鬼道的業火已經乾枯了，所以往生到畜生道中，要很多劫都當動物來「酬其宿債」；所以牠們這一世來償還某人的宿債，下一世又成為別人的寵物，償還另一個人的宿債。這其實本是往昔在人間時造作大惡業，誤以為所得是眞實的，其實都是虛妄無常的假有法；認識不清而造作了大惡業以後，就被這些虛妄業所招引，下墜阿鼻地獄及鬼道、畜生道中。

如果能證悟佛菩提，了知其實善惡無形唯人自招，都是自己造作惡業而使如來藏中的惡業種子現行，才會招感出來極痛苦的長劫苦報，怨不得任何人。只要能悟得佛菩提，當然就知道所有善惡業的果報，都是唯人自招，都是自作自受：前世的五陰造惡，後世的五陰受苦。如果是聲聞法中的證悟，就沒辦法了知這個事實，只有證得佛菩提才能了知。因為一切業種都收藏在如來藏心中，而如來藏心是證悟佛菩提的菩薩們才能實證的。實證後現觀，了知地獄身全都是由地獄有情如來藏中的大種性自性配合業感，所以成就了地獄身，不是由上帝來施加懲罰的。如何確定業感的眞實性？就是親證如來藏心，現見業種與各類種子的存在，也確認自己從來不曾離開如來藏心，種子一定不會滅失。當然知道三惡道果報都是「自虛妄業之所招引」。

證得如來藏時，證實自己的人身確實是由如來藏所造，當然就同時證明有情眾生所受的人身、天身、阿修羅身、鬼身、畜生身、地獄身，都是由各自的如來藏所生。而一切有情的五陰也從來不曾外於如來藏而存在，所以一切業種都是落謝在自己的如來藏心中，一切善惡業種子全都不會散失，就證明因果律確實存在了。只要所有眾生都不造作會導致受生於三界六道的種種虛妄業，就不會有三界六道一切有情，所以說「**若悟菩提，則此妄緣本無所有**」。所以當你悟得佛菩提時，確認這些都是虛妄的因緣所生法，本無所有；只有如來藏是眞實法，最後發覺原來自己是活在如來藏中。

因此 佛又開示說：就像阿難你所說的，寶蓮香比丘尼、琉璃王、善星比丘等人生身陷入地獄，他們那些惡業本來都是由他們自己所招引而出現的，並不是從天而降，也不是從地下蹦出來的，更不是上帝降下的懲罰；本來就是「**自妄所招，還自來受**」。一切證悟的菩薩們，從眞實菩提心如來藏的境界中來看待這些有情眾生的生死痛苦時，都知道三界六道眾生的一切身口意行，全都只是執取浮在如來藏心表面上的虛妄法，產生了種種虛妄想而造作善惡諸業，所以由這些虛想而凝結起來成爲三界六道的有情世間。這意思就是說，六道眾生所有苦樂的果報，全都不離因果律，而因果律是依如來藏心來執行的。這就是法界中的因果，不是由誰施設或制定，而是如來藏法界中本來就有這種實行因果律的功能；從來都不管當事人信不信因果，如來藏都會主動執行因果律。

「復次阿難！從是畜生酬償先債，若彼酬者分越所酬，此等眾生還復為人，返徵其剩；如彼有力兼有福德，則於人中、不捨人身酬還彼力；若無福者，還為畜生償彼餘直。阿難當知：若用錢物或役其力，償足自停；如於中間殺彼身命或食其肉，如是乃至經微塵劫，相食相誅猶如轉輪，互為高下無有休息；除奢摩他及佛出世，不可停寢。汝今應知，彼梟倫者酬足復形，生人道中，參合頑類。彼咎徵者酬足復形，生人道中，參合愚類。彼狐倫者酬足復形，生人道中，參於佷類。彼毒倫者酬足復形，生人道中，參合庸類。彼蛔倫者酬足復形，生人道中，參合微類。彼食倫者酬足復形，生人道中，參合柔類。彼服倫者酬足復形，生人道中，參合勞類。彼應倫者酬足復形，生人道中，參於文類。彼休徵者酬足復形，生人道中，參合明類。彼諸循倫酬足復形，生人道中，參於達類。阿難！是等皆以宿債畢酬，復形人道；皆無始來業計顛倒，相生相殺；不遇如來不聞正法，於塵勞中法爾輪轉；此輩

名為可憐愍者。」】

講記：「復次阿難！從這十類畜生道中經過無量世，酬報償還先世所欠的業債了，如果這些畜生酬報償還的業債超越了所應該酬報的分量，這些畜生類的眾生就還復為人類，索求超過的分量回來；如果那些索酬太超過的人類，有大勢力而且還兼有大福德，可以依舊處身於人類之中，以人身的福德來酬還前世畜生今為人身的債主，具足酬償以前超得的勞力。如果是沒有大福德的人，而奴役畜生太超過了，死後就換他生為畜生來償還那些超過分量的畜生體力。阿難！你應當知道：如果是把畜生販賣成金錢財物，或者勞役牠的體力，一旦償還足夠時，就會自動停止互相索償；如果在勞役中間殺死那些畜生的身命，或者進而食用牠們身上的肉，就會像這樣子轉換過來開始互殺互吞，乃至經過微塵數劫以後，相食相誅的情況都不會停止，猶如轉輪一般延續不斷，互相成為你高我下或者我高你下的情況而沒有休息的時候；除非修止而中止互相怨害，以及有佛出現於世間，否則是不可能停息休歇的。你阿難如今應當知道，那些土梟一類畜生酬足所欠的債務而回復人形時，出生在人道之中，將會參合於冥頑不靈的種類之中。那些預報災害的畜生償還所欠業債而回復人身，出生在人道之中，將會參合於愚癡一類的人中。那些狐狸一類畜生酬還業債滿足而回復人形，出生於人道之中，將會參合於自以爲是的凶狠人類之中。那些有毒的畜生若是酬還業債足夠而回復人形時，出生於人道之中，將會參合於庸鄙一類的人中。那些蛔類的畜生酬還業債足夠而回復人形時，出生在人道中，將會參合於微不足道的人類之中。那些出生在被食用的畜生道中酬還業債足夠而回復人形，出生於人道之中，將會參合於心性柔弱的人類之中。那些被勞役以及毛皮被人用來穿服的畜生，酬還業債已經足夠而回復人形，出生於人道之中，將會參合於以勞力維生的一類人中。那些應時報訊的畜生酬還業債足夠而回復人形，出生於人道之中，將會參入於喜愛寫文章的一類人中。那些示現吉祥瑞相的畜生酬還業債已經足夠而回復人形，出生在人道之中，將會參合於聰明一類的人中。那些受生爲寵物的畜生們酬還業債已經足夠而回復人形，出生於人道之中，將會參合於通達人情世故的一類人中。阿難！這些畜生都因爲宿債已經全部酬償，所以回復身形來到人道；全都是由於無始以來對於業果的錯誤計執以及心生顚倒，所以累劫以來互相生育也互相殺害；不曾值遇如來而不曾聽聞正法，所以長劫於世俗塵勞之中，像這樣子輪轉不停；這些衆生都名之爲可憐愍的有情。」

「復次阿難！從是畜生酬償先債，若彼酬者分越所酬，此等眾生還復為人，返徵其剩；如彼有力兼有福德，則於人中、不捨人身酬還彼力；若無福者，還為畜生償彼餘直。」佛開示說：從這十類畜生道的無量世過程中，把過去世虧欠了別人的業債，一分又一分逐漸償還，直到還清爲止，才能回來人間當人類。譬如往世看見別人養的寵物，眞的很喜歡而強奪回來；這一世就生在畜生道中，以寵物之身去還給人家，這就是**「酬償先債」**，是**「與元負人怨對相值，身爲畜生酬其宿債」**。可是如果這一世當**「元負人」**時，可也別太過分。假使有人聽了前段經文以後就離開了，後面的經文沒有聽到，心想：**「我知道了，我家阿狗就是過去世欠我的。」**於是就一直淩虐牠。這可不行！因爲如果**「分越所酬」**，狗主人未來世還得要酬還那隻狗。

「分越所酬，返徵其剩；」如果這一世當主人，對家裡的牛也別太過分。也就是說，如果牠應該酬還主人的業債，或許已經到了最後一世當畜生，可能牠這一世爲主人耕田拉車十年，已經足夠償還了；但主人沒有關懷之情，還一直奴役牠。而且牠明明已經老了，沒力氣了，主人還用鞭子一直抽牠，都沒有體恤之心。這時不但**「分越所酬」**，而且又累積了瞋怨之心。那麼這頭牛在這一世已是最後一世當畜生，在未來世要當人了。到了下一世相遇時，他就「返徵其剩」；主人過去世從他身上多取的成果，現在得要無緣無故還給他了，這就是「返徵其剩」。因果就是這樣，這不是誰在主宰的；在法界中並不是由誰來當法官，所以往往沒來由就得付出一些財物，給那個看來似乎沒有理由該得的人。因果律的報償是很難逆料的，自然就會這樣「返徵其剩」。因爲眾生的如來藏就是會有這種自然性，所以「返徵其剩」時，往往有人覺得莫明其妙而氣憤不平，都是因爲不明白這個道理。

如果那位務農的人對他所養的那條牛，壓榨勞力太過分了，已經超過他對那條牛應該獲得的勞力，那條牛死後「還復爲人」而相遇了，那位農夫如果這時是有勢力而且有許多福德，就可以在人間，不必捨離人身而以錢財把超分取之於牛的債務還清。如果那位農夫從那條牛超分獲得勞力，也就是奴役那一條牛時超過所應得的勞力，而那位農夫將來必須與牛轉生的人相遇時，正好因爲沒有福德作爲依憑時，就只好受生爲畜生身來償還過分壓榨那條牛的所得。所以那位農夫在世時不肯受持五戒保住人身，行爲不端而失去人身，又加上不曾行善積福以致無所憑藉而使他無法保住人身，下一世只能當畜生，當牠與前世當牛的人相遇時，就得以畜生身來償還前世對牛多壓榨的勞力代價，那就苦了。

所以菩薩不論是用人，或者用畜生，都應當觀察對方的能力，能夠做到哪裡就讓他做到哪裡，不要超過；若是自己的營利單位遇到沒能力的人，就別用，遣他離開就是了，千萬別強行壓迫他做到一般人的水準，因爲他可能來自不適合目前工作的畜生道，是前世的熏習不夠。爲了保障自己未來世以人身而且是有福德之身來還債，不會成爲畜生身來還債，就應該心性仁厚一些，並且要常做布施，保持福德。但布施所能獲得的最大福德是什麼樣的福田呢？是佛教三寶：施於諸佛、護持正法、供養勝義僧。這就是說，本身要世世都保有福德，並且別造惡業。要隨分隨力多布施，千萬別把積蓄一直留在身邊，捨報時連子孫都不曉得他有多少錢財；等到他死後，子孫說：「原來我家老爹有這麼多錢。」那時子孫可就快活享受了，而那個老爹生前都不肯布施，下一輩子只能當牛當馬還債，那可得還很多世。

所以世間人顛倒，當他有困難時去懇求別人：「請您幫忙我，阿舍爺！」古時稱呼有錢人爲阿舍爺，因爲有錢人住瓦舍，不住茅屋。那時開口說：「請您借我二十兩銀，我來生當牛當馬還您。」眞是愚癡！應該說：「我來生用四十兩銀還您。」千萬別說當牛當馬還債。講話還眞的要有智慧，可別亂講。假使能這樣說：「我來生會當有錢人，還您很多倍。」千萬別說來生要當牛當馬還錢。只是這樣講恐怕就借不到錢了。如果有人想借錢，千萬別說來世要當牛當馬還債，那要還到什麼時候才能還完？當畜生可不好玩呢！這就是說，在世時奴役牛馬應當適時適分，不該「分越所酬」；如果這一世又沒有布施植福，正好又有一些小惡業，下輩子便無法當人，得要往生爲畜生。以畜生身來還債，都是要還很久的。所以眞的要有智慧酬量一下：如果過去世有欠別人債務，一定要持戒保住人身，未來世以人身來還，絕對不應該以畜生身來還。

「阿難當知：若用錢物或役其力，償足自停；如於中間殺彼身命或食其肉，如是乃至經微塵劫，相食相誅猶如轉輪，互為高下無有休息；除奢摩他及佛出世，不可停寢。」佛陀作了結論說：阿難啊！你們應當要知道，如果用錢、財物償還；或者用體力，也就是當畜生以勞力還債；一旦償還完畢，業債就結束了。所以如果經營農場，有一天某一條牛走失了，找得回來就找，找不回來就不必強求；因爲所欠業債「**償足自停**」。牠欠你的業債若是足夠了，當然你就找不到牠；強找回來再使用牠的體力，就反而是你開始欠牠了。找不到牠，你就當作牠欠你的債已經還清了。所以不用抱怨說：「**這條牛才買來不久，才幫我耕田三年，怎麼就走失了？**」這表示牠的欠債已經還清了。

如果還沒有還清，還欠你的債，牠自然會回來，或者被人遇到而找回來。

但是有一種情況就不太好，譬如在雙方互處之時，有力的一方殺死無力的一方；甚至是因爲那條牛年老無力耕作，就把牠當作肉用牛殺掉，那麼主人就欠了那條牛的命；如果又賣了牠的肉或者吃牠的肉，這已經造成害命及食肉，未來世牠將會報仇殺害仇家主人，然後就開始永遠雙方相殺互報，一世又一世，沒完沒了。一般人都不會犯這種過失，對老牛總是當作家人一般，都讓牠安養天年；每天有人帶牠出去吃草，去泥巴裡打打滾，回來再幫牠沖刷。中國人這一點是蠻好的，比較厚道，總是會讓老牛安養天年，都不會把牠殺掉或賣掉被殺。

可是也有極少數人爲了錢，就把牠賣去讓人殺害成爲肉案上的牛肉，這是要與屠夫及肉販共負殺業的；而這種業一旦造下，未來世將會無休無止地互相報冤相殺，「經微塵劫」而無法休止地「相誅」相食。因爲害命是世間最大的仇恨，雙方都無法終止這種互相報復的行爲。被報復者也不會想到是自己幾世以前先殺了對方，只覺得自己似乎被對方殺過，所以見了對方就想要殺掉對方。於是雙方你來我往，經歷無量無數劫，「相誅」相食的行爲依舊不斷地延續著，所以才會說：「羊死爲人，人死爲羊，互來相噉。」如果有一世兩個人都來到人間當人，雙方將會一見就眼紅，雙方都看對方不順眼；其實這一世是初見面，誰都不曾得罪了對方，卻是初見面時就不爽快，這就是過去世曾經相殺。於是一有衝突時，就會再度相殺。

這種事情要到何時才能停息呢？除了修奢摩他以及遇到佛世尊出現在人間，否則不能停息。修奢摩他，也就是修止觀，一種是藉著禪定止觀來停止它，另一種是藉著因果的止觀來停止它。爲什麼修止觀能停息呢？因爲當你修止觀時，往往會觀察到某些往世的事情；譬如在定中有時不小心滑入等持位中，就會有一些往世的境界（如果沒有證得禪定，在學佛以後就只能在夢中看到）；於是常常會看見往世的善事與惡事。當你常常看見時，把許多的事件依照前後順序整合起來，你自然會知道是自己過去世虧欠了對方，怪不得他會來當自己的兒子，準備繼承財產，因爲他是來收債的。那時就不會再抱怨說：**「別人的兒子好孝順，都會賺錢回來給老爸用，我這個兒子老是要花我的錢。」**那時就不會再抱怨了。

你們都不必鐵齒，我跟諸位說眞的，我年輕時是最鐵齒的人，從來不信邪。可能是前世修學般若，講求智慧，所以很鐵齒；當然這也是隔陰之迷所障，而修學般若來到今世時，只重視理與智，不接受迷信，我年輕時就是這樣。我就跟諸位講一個慘痛的故事，是我親身的經歷。我這一世四十幾歲前還沒有學佛，那時帶著孩子，以及女兒奶媽的孫女，一起去北投地熱谷玩。如果有人要帶小孩子去那邊，千萬勸他們不要去，那邊已經死掉好多小孩子，雖然都不是當場死的，都是在那裡燙傷送去醫院治療一段時間以後才死在醫院中。那個小孫女一直吵著要去洗手，我的大女兒那時才國民小學五年級；我們一直攔著，因為很危險。但她們後來偷偷溜過去，找水龍頭要洗手，就在跨過煮蛋的水流處滑倒，我女兒就跳下去拉她，兩個人都燙傷，送到榮民總醫院，後來又轉到馬偕醫院，因為榮總那時還沒有無菌室。

這兩個孩子花了我一百多萬元，在一九八四年；我都不敢吭聲，一心只想還債；有時是每天，有時則是每兩天，就得花掉兩萬多元醫藥費，像流水一般流出去，總共花了八十幾萬元。那時我想：既要還債，就還夠吧！免得未來世又有慘劇發生，雙方都難過。所以那個孫女死時，我又主動補償她的父母一些錢，總共花了一百多萬元。事後才弄清楚：那女孩夢見我女兒過去世欠了她一塊錢銀圓。後來那個小女孩知道自己不能活了，就把這件事情向她媽媽講，說她是來要債的。聽到這裡，你們有沒有人起雞皮疙瘩？這是我親身經歷的呀！所以我除了看見自己過去世的許多事情，還在我女兒身上發生這種事情。

那時我還不知道自己往世的事情，因為那時我還沒學佛，還沒有發起禪定，還不能看見什麼，那時的這些能力都還沒有出現。但我那時雖然還沒學佛，也不知道這件事，心裡只是想：如果是過去世欠的，就該高高興興還清，不論是多少錢，要多少醫藥費都沒關係，反正我就是還錢。所以她的家屬建議要用最好的藥，要用比較大的分量，那就用吧！後來是藥用得太好，量也用得太多，反而把白血球殺光了；後果則是成為敗血病，然後就過世了；我女兒的債也就還清了，卻在身上留下一些燙傷的印記，心中也留下失去好友的傷痛。那麼你們說：業是眞的？或是假的？當然不會是假的啦！後來我學佛發起禪定以後，也常在定中看見過去世的事，也曾在夢中夢見過去世的事，依照順序整合起來就知道自己的來歷了，這也是個眞實的因果例子。

因果眞的很厲害，過去世欠了銀圓一塊錢，這一世來相聚成為好朋友，為了索取這個欠債，陪上一條命，而且雙方都在感情上受到愛別離的傷害。而我這個女兒也算福報好，跟著我，我正好也有錢來幫她還債，而她也孝順。所以，從這些因果來看，我還是想要勸那些六識論的台灣釋印順的門徒們：**別再說地獄及鬼道不存在，那只是聖人方便施教勸善。**千萬別這樣想，經歷過的人是一定篤信不疑的；沒有親自經歷過的人，縱使心中不相信，但因果律還是會繼續執行而實現報償的，只是等到死時都來不及補救了。那些不相信的人，都是因爲沒有止觀的功夫，所以看不見，當然不信；然而如來藏不會因爲他們不信，就停止實行因果律。我就以自己親身的經歷和所見，給大眾參考。

此外，止觀的止，就如同我所說的眞實故事，大家可以取來修止，讓自己信受因果律的存在與昭昭不爽，從此以後停止造惡業。也可以從世間的果報來觀行，經由世間果報的觀行來修止：證明因果律確實存在。於是心中因貪所生的各類惡種就可以逐漸修除，這也是修止。從世間相來說，確實有許多不公平的事相存在；也有許多天災和無心的人禍存在，背後都是有往世因緣的。有時明明是至親或世間無二的好友，卻不經意中造成傷害而無法挽回。明明父母親都正常，所生的孩子卻是有缺陷的。這些事情的背後，都有前世因果存在。我也還有別的前世因果發生，後來明心與見性同時完成後，那個因果也就自然解決了，因爲我已經償完了！這件事情的因果，在悟後不久被 世尊召見時，世尊也把前因後果如同放電影一般，自始至終都給我看過一遍，然後才作開示。這些都是我親身的經歷，是我這種天下最鐵齒的人親身的經歷，令我不得不信。

如果經由親身經歷或是經由禪定的實證而在定中看見了，或者是經由世間法中的止觀而確信因果的存在，都可以在止觀完成時，接受因果律，就不再向對方報復；這樣一來，對方報復以後沒有再被我們報復回去，仇恨就消除了，未來世中就不會再相殺相食了。「**如是乃至經微塵劫，相食相誅猶如轉輪，互爲高下無有休息**」的事相，就不會再發生於未來世的自己身上；生死輪轉的原因，便成功消除第一部分了。接下來就是斷我見我執，斷三界愛的習氣種子，修學無生法忍而斷除一切異熟種子，最後成就究竟佛果。

「**汝今應知，彼梟倫者酬足復形，生人道中，參合頑類。**」出生在「人道」中的正因，就是守持五戒；出生在欲界天道中的正因，則是實行十善業。如果不修人道的正因，而想要繼續保有人身，是不可能的；所以受持五戒而不殺生、不竊盜、不邪淫、不妄語，以及不飲酒以免誤犯前四種罪業，就可以永遠保有人身，不會墮落畜生道中，這就是「**生人道中**」的因果原則。「**參合**」二字是說，造大惡業的眾生，經歷地獄及鬼道以後，惡劣心性所引生的罪業（也就是戒律中說的性罪）已經報完了，具足酬償完畢而回復原來的人形了，就是「**酬足復形**」；因爲是「**酬足復形**」，所以說是「**參合**」；也就是參預進入人道之中，與人類合爲同一類了，所以說是「參合」。「參合頑類」是說，因爲以前生在人間時，由於「貪物爲罪」的緣故，所以這一世初來人間時的心性是愚癡而又頑固的人，所以　佛說「參合頑類」。這是因爲「貪物爲罪」的人都是迷於物質，不在心性上面注意，當他們心性惡劣而犯下重罪，下墮三惡道中受罪完畢，回來人間時自然成爲冥頑固執的一類人物。

所以　佛陀開示說，凡是那些從「梟倫」中生到人間來的人們，也就是說，以前貪物爲罪而下墜地獄中，後來漸次轉生到畜生道中成爲「附塊爲兒」的梟類，現在報盡回到人間當人了；由於往世當人是貪物的人，所以比較懂物性而不懂心性，因此就只能「參合」於冥頑不靈的一類人中，與那一類人很能相應，與別的種類人士就不容易相處。這就是物以類聚，這一類人學佛時會比較有障礙，是因爲智慧不太相應的緣故。所以有一類人很懂得營建寺院，但是當你爲他說明解脫道及佛菩提道時，他就很難理解其中的道理；而且他的心性是很固執的，怎麼跟他講都講不通。

譬如有些正在弘法的法師們，你告訴他們說：「靈明覺了是意識心，這個是會斷滅的無常法，不是眞正的菩提心。」他們就是不信，還諍論說是不會中斷的法。你和和氣氣告訴他們：「這個不是眞正的菩提心啦！這是會間斷的生滅心。譬如你睡著無夢時，祂不就中斷了嗎？又如有人打你一記悶棍，悶絕了不就中斷了嗎？」他們偏不信：「祂沒有中斷呀！祂只是在睡覺，只是沒有現起呀！」沒有現起就是中斷了嘛！他卻聽不懂，還要持續跟你辯論，這就是「頑類」的人。還有一種人，你勸他要造善業，別造惡業，因為一定有如來藏記存業種，所以一定會有因果律的報應。縱使知道你說的都有道理，但他們偏偏聽不進心中，這就是頑類。跟這類人講道理是講不通的，你告訴他說：「證悟就是要找到如來藏，如來藏離見聞覺知。這是聖教，也是一切實證所說的法界眞相。」他們偏不信。又如你告訴他們說：「別迷信某某大師，某某大師沒有悟，他落在意識境界中，證據在這裡，我給你看。」他偏偏不看：「你說他沒有悟，我偏說他有悟。」

這一些人都屬於「頑類」的人，沒有理性與智慧，即使生在人間了，還是太重情而不重理，這種人就是「五十九分情而有四十一分想」的人，成爲頑類的人。有智慧的學佛人，應該無情無想而發願留在人間，以智慧取代欲界天的輕想，才能在佛菩提道中有所實證，成爲實義菩薩。但是回來探究這些屬於頑類的人，爲什麼沒有智慧而使你跟他講不通呢？都是因爲以前在人間時非常「貪物」，爲物而「爲罪」，專在有價值的物品上用心，乃至犯罪都願意；由於這類人對心性從來不想探究，所以很難與智慧相應。當他往世心性極惡而犯了大罪下地獄以後，並沒有機會探究心性；報盡受生鬼道中「附物為鬼」，附在有價值的金飾或古董中，還是落入物質中，也沒有機會探究心性；後來生在梟類之中「附塊為兒」，還是落在物質中，也沒有機會探究心性。所以來到人間時，往往只對有價值的物品有興趣，想要收藏古董等有價值的物品，不懂得培植未來世的福德。所以後來終於學佛時，仍然被「頑類」的心性所影響，很難轉變他們。

所以你如果度到這一類人，就很難攝受他們；縱使幫他們悟了，因為貪物的習氣還在，他們一定會藉著你給的勝妙法來追求有價值的物品；你若不讓他求物成功，他就會對你忘恩負義，背後捅你一刀，這是我親身的經歷。猶如古時武林師父收了徒弟，十八般武藝都教給他，後來徒弟急著要當天下第一，不能忍受師父繼續當天下第一；所以當他學成百步穿楊功夫時，有一天把弓箭對準師父，師父喝問：「你要幹什麼？」「師父！你是天下第一，我把你幹掉，我就成為天下第一了。」當徒弟一箭射來，沒想到他師父伸手就拈住了！徒弟說：「師父！你這一招怎麼沒有教我？」師父說：「我若是教了你，今天還有命嗎？」所以武術就這樣越來越沒有內涵了，因為每一代都要保留一招，保留到最後就沒有好招了。而佛門中也有這樣的徒弟，我傾囊相授，他們卻學不進去，老是想著藉這個法來貪得財物，這就是貪物的「頑類」。這種頑類眾生，會外的佛教界也眞的很多，所以不論我如何舉證及說明，他們始終都不信意識是生滅法，所以佛法就學不好。

在佛法中的道理也是一樣，若是學不好，他就越會覺得自己比師父行；若是學得越好，就會越謙虛。就好像果實，當它空心時，就越高心；當它內容飽滿時，就會垂下來。同理，學人證量越好時，對師父就越恭敬，如同飽滿的稻穀垂下頭來。只有證量不高的人，或是退轉的人，才會把頭擎得很高。所以我還是會繼續爲大眾講勝妙法，大家若是學得越好，就會越謙虛。學得越好的人，都會越發覺得不能與蕭老師相比。佛陀也是一樣持續在加持我，當我學得越好，我就越慚愧面見 佛陀；乃至禮佛時也都覺得慚愧，覺得自己距離佛地太遙遠了，所以慚愧。所以在佛法中傳法時，不必每代都保留最後一招；只要可以明說的，只要弟子們有能力實證，就傳授給他們。得要這樣子，佛教正法的弘傳，就不會有遠憂。但是，我如果遇到了頑類有情，即使幫他們悟了，還是會退轉，只能說那些人是冥頑不靈的人，無可奈何，幫不上他們。

「彼咎徵者酬足復形，生人道中，參合愚類。」「咎徵」類的畜生轉生來人道以前，在鬼道中是「遇風成形」的，正是因爲在人間時極貪邪婬境界，被婬風所動轉，屬於「貪色爲罪」的大惡人，因爲他們在人間是亂倫滅理的大邪淫者。（現在的喇嘛們不正是如此嗎？）所以下墜地獄受苦以後轉成魃鬼而受苦，次第生爲「咎徵」類的動物以後再轉生來人間。這一類專門預報不好消息的動物，轉生來到人間以後，都屬於「愚類」的人；這種人與有智慧的人不太相應，而與愚癡類的人們比較相應，當然會「參合」在「愚類」的人們之中。這種人在人間時，往往重情而不理會善惡是非，因爲他不太會識別善惡性與是非，也沒有智慧自己加以分別觀察，往往以爲做惡事的人是在行善而被利用，往往聽人胡說而誤將善事認作惡事。由於沒有智慧分辨善惡與是非，所以只能「參合」在「愚類」的人群之中，成爲「愚類」所攝的人。

這一類人，在世間法的專業中很聰明，可是當你對他演說佛法時，他老是聽不懂，就屬於「愚類」的人。過去劫中如果修學密宗的法，一定不免謗法，而且也一定會邪淫亂倫、妨害眾生的家庭，卻對佛法一竅不通而自以爲懂。這種「愚類」的有情生到人間來，不識善惡，常常會被人利用。現在台灣政治人物就是利用這類人的無智，所以只要發動人情攻勢，或是打出悲情牌，就一定能影響這一類人。這一類人就是「愚類」的有情，他們很講究情分或人情，但不太會分辨是非與善惡。不幸的是佛門中也有許多這類人，只懂得對原來的師父恭敬供養、言聽必從；但是師父誤導了他們，他們卻不想探究眞相，願意繼續被師父誤導；即使明知可能是共同犯下大妄語業，都願意一起下地獄。等到未來世領受無盡苦受時再恨天怨地，都無法補救了，這就是「愚類」的人們。這正是邪淫的喇嘛們必須正視的大問題，如果他們不趕快捨棄密宗回歸正法，繼續邪淫而不斷地淫人妻女，具足「貪色爲罪」以後，結果就是下墜阿鼻地獄，一一親歷諸地獄以後再轉生爲魃鬼，最後生在人間時都會成爲「愚類」有情，依舊難以親證佛菩提，眞的是遙遙無期。

「**彼狐倫者酬足復形，生人道中，參於佷類。**」「佷」讀作「狠」。「狐倫」一類的畜生，以前是「詐習爲因」而不斷地說謊欺騙別人，或者不斷以小聰明說謊誣謗賢聖，下墜阿鼻地獄受盡苦楚；然後轉生於鬼道中「遇畜成形」成爲「魅鬼」繼續受苦；鬼道苦報受盡時再轉生於畜生道中，成爲「狐類」畜生，習性都是陰謀欺詐而無法改變；最後轉生到人間時，就因爲多詐的緣故，事事都懷疑朋友師長，唯恐自己的利益受到絲毫損害，讓人覺得他庸鄙可賤。這就是「貪惑爲罪」的人一心只想要從別人身上得到好處，卻從來不肯給別人一些利益；這種人唯恐別人害他，疑心病很重，所以總是剛愎自用而不肯聽取別人的諫言，所以屬於「佷類」的人，就是剛愎自用而疑心很重的人。因此，當他往世造了大惡業而下墜地獄，漸次轉生到人間時，這種習氣仍然存在，當然只能參合在同樣是「佷類」的人群中。

「狐倫」一類的動物都是很聰明的，卻總是很會詐取別人的食物；這一類動物本來就是因爲在人間時以「詐習爲因」而造大惡業，下墜地獄中受長劫無盡的痛苦，經歷地獄、鬼道、畜生道以後回到人間來，屬於「佷類」有情時，都是剛愎自用而不聽人言。這類人不論是在工商界或佛教界中都有，這種人明明知道做了某件事情以後一定會有不好的後果，可是他們總是忍不住而偏偏要做。縱使詳細爲他們分析前因與後果，他們也是聽不進心中去，一定要爭一口氣而損害自己；也都懷疑別人的諫言是別有私心，不是爲他好。這類人有一種特性，當他們成爲領導人時，不論誰講話都沒有用，只願意聽取與他的意見相同的話，屬於剛愎自用而不受勸諫的一類人。這一類人在人間都會給人很聰明的印象，作事時也都是很強勢的，一向得理不饒人，不得理時也不饒人，但是最後吃虧的還是他自己。都是因爲往世太聰明，以爲誰都能夠被他欺騙，以「詐習爲因」而成就大惡業；這種習性沒有消除以前，回來人間時還是會因爲忍不下一口氣而蠻幹到底，於是繼續造惡業，繼續淪墮三惡道中，往復不停，沒有止息的一天。

「**彼毒倫者酬足復形，生人道中，參合庸類。**」「**毒倫**」一類有情，往世是因爲「**怨習爲因**」所以「**貪恨爲罪**」，回到人間時就因爲喜歡懷恨而常常有怨心於別人，因此使人覺得他們的心性陋劣，於是不齒於此人，當他說話時大眾都不樂意聽受，成爲人微言輕的人，就屬於「**庸類**」的人，一生平平庸庸。這都是因爲他們往昔在人間時「**怨習爲因**」，由於貪求不能成功，記恨那些妨礙他貪心成功的人，所以「**貪恨爲罪**」造下了貪恨的大惡業；地獄惡業報完了以後「**遇蟲成形**」而成爲蠱毒鬼，鬼報受完了再去當畜生，成爲毒類畜生，譬如毒蟲、毒蛇、毒蠍等類。然後生到人間來，由於心性的陰毒，所以說話時沒有人想聽，大眾都遠離他，使他一生平庸而成不了大事，只好「**參合**」於「**庸類**」的人群中。這類人都只能跟「**庸類**」人群混在一起，在其中呼風喚雨，卻無法參預社會高層人士之中，因爲大眾都提防他而不喜歡與他來往。這種人一生只好平庸地度過，不可能有大成就。

「**彼蛔倫者酬足復形，生人道中，參合微類。**」「**微類**」的人，由於往世在人間時以「**嗔習爲因，貪憶爲罪**」，下墜阿鼻地獄中；然後轉生於鬼道中

「遇衰成形」而成爲癘鬼，受完鬼報以後轉到畜生道時成爲蛔類等寄生蟲，不知不見諸法，只懂得生存。這是因爲往昔懷瞋的緣故，所以狠毒不仁而造下大惡業；只會因貪而記憶別人妨礙他的貪求行爲，從來都不理智，單憑瞋心記恨而造大惡業，果報就是成爲微不足道的人，所以只能「**參合**」於「**微類**」的人群之中。

所以「**蛔倫**」一類的畜生回到人間時，總是瞋心很重而很容易動怒，大眾對他的印象都不好，都不想和他共事，以免敗事，於是他便成爲微不足道的人。探究他會獲得這種果報的原因，都是因爲以前在人間時總是很愛起瞋心，一旦生氣而控制不住時就會害人，都肇因於「**嗔習因**」。當他回來人間時，大眾都會遠離他，都說他很不理智，當然只能成爲不被重視、不想往來的人，於是就沒有什麼地位了。這是從鬼道到畜生道中都一樣是被當作帶有衰氣的有情，誰都不願意與他走得很近，總是離得遠遠地；當然他就成爲「**微類**」的人物了。甚至在自己家裡，也因爲很容易動怒，連家人都離他遠遠地，所以也都不重視他的生死，甚至有家人希望他早點死了，免得危害其餘的家人；於是他當然成爲無足輕重的人，這就是「**微類**」的人。

「**彼食倫者酬足復形，生人道中，參合柔類。**」「**食倫**」的動物都是柔弱可欺的，都被人圈養而無法逃離的，生來就是柔弱的動物。探究牠們會變成這樣的原因，都是往昔在人間時「慢習為因」，卻又想要貪求別人的財物，在大眾都厭惡他的慢習而不樂意與他往來時，他的貪心不能成就，於是「貪傲為罪」而造下大惡業，下墜地獄中受苦。後來「遇氣成形」而成為餓鬼，滿肚子餓火中燒，漸漸把空腹高心的傲氣燒乾了，轉生在畜生道時便成為「食類」畜生，專供人類食用，不再有傲心了；後來業債報償完畢以後生到人間來，就成為心性很柔順的人，也喜歡與生性柔順的人在一起，所以是「參合柔類」。

往昔在人間時，總是傲氣慢心，有求於別人時都還是瞧不起人的，果報就是成為「柔類」。什麼是柔呢？譬如有的人有時會對惡人說：「你不要欺人太甚，泥土尚且有三分土性。」意思是說，他一直都不反抗而被惡人欺負，除非被欺負得很嚴重，否則是不會反抗的，這就是「柔類」的人。所以再怎麼柔順的人，有時也會生氣的。請問諸位，你們有誰出生以來沒生過氣？沒有嘛！可是柔類的人總是比一般人調柔，瞋心總是很小，因為比較願意柔軟對待別人。可是現在一身傲骨卻又有求於人，假使一時不忍而造下大惡業的人，未來世就會讓他全無傲骨，成為柔順的人，這就是因果律的報應。

「**彼服倫者酬足復形，生人道中，參合勞類。**」「服倫」的畜生，以前在人間時「誑習爲因」，是貪求財物或利養名聞時，以不正當手段欺瞞大眾，貪求他想要的眾多財物或名聞與利養，是「貪罔爲罪」的大惡人。世間最大的「貪罔爲罪」有二種，第一種是欺誑別人而詐騙別人所有的財產，第二種是未悟言悟而大妄語，謊稱成賢成聖已證聖果，博取社會大眾的盲目崇拜而獲得廣大的錢財與名聞；這種「貪罔爲罪」是極重的惡業，下墜阿鼻地獄以後來到鬼道中，成爲很沒有福德的「魘鬼」，只能出現在人們的夢中作弄人，而這也是「誑習爲因」的餘習。後來轉生到畜生道時，就成爲「服倫」一類的畜生，大多是爲人類默默地服勞役。在人間時未悟言悟而獲得的名氣越大，聚斂的錢財越多，未來世停留在畜生道中償還人們的時間就越久。所以往往一匹馬或一頭牛，觀察牠們的往世到八萬大劫前，都仍然是馬或牛。以很長的時間把業債償還給被欺瞞的廣大人類，終於轉生回到人間成爲人類時，卻只能「參合」於「勞類」的人群中，繼續償還尚未還盡的業債。古時大富長者家中的長工，大多是「勞類」的人；現在仍然長期以勞力而不是以技術來賺辛苦錢的苦力，也是屬於「勞類」的人。

「**彼應倫者酬足復形，生人道中，參於文類。**」往世由於邪見的緣故，巧飾文詞而「貪明爲罪」，如今回到人間時就成爲「文類」的人。「應倫」即是「應類」的畜生們。「應倫」轉生來人間，是往昔在人間時「見習爲因」，是「見習交明」所以「明悟邪見」，誘使許多人落入邪見中，共同造下大妄語業；或者在人間時，善於狡辯，能以種種邪見誤導大眾認同惡人，並且專門寫文書幫惡人迫害善人致死，成就極多類似的大惡業。這些都屬於「見習爲因」的大惡人，都是「貪明爲罪」。後來從地獄中漸次轉生成爲畜生時，因爲他們都很聰明，所以成爲「應類」畜生。這一類有情在畜生道時是「應類」，很聰明而懂得觀察時間與氣象，後來往生到人間時當然也是很有世間聰明才智的人，很會寫文章，能「參合」於寫文章或寫文書一類的人們之中，所以「參於文類」；原因是往昔在人間有許多見解所以能造種種惡業，而這種聰明的習氣仍然留存的緣故。

這種人在古今佛門中一直都很多，這類人以邪見作爲熏習因，每天熏習自己想出來的邪見，然後把邪見講得頭頭是道，一般人如果沒有勝妙智慧，還眞的會被他們影響。譬如現代與古時落在離念靈知心中的禪師們，都是此類人；這些人也都很會寫文章、著書流通，影響當代許多人同樣成就大妄語業。現代佛門中也不乏其人，影響所及，總會有一批人跟著他們成就未悟言悟的大妄語業。這種以「邪見因」爲人說法的人，都會以常見外道法取代第八識正法，成就破壞佛法的大惡業；下了地獄受罪很久，離開地獄以後來到鬼道中當「魍魎鬼」，魍魎鬼受罪完畢以後來到畜生道中成爲「應類」，也就是公雞、社燕、秋鴻、群鼠、眾雀等等，都是由於「明悟邪見」的緣故。

畜生道受完了，來到人間「參於文類」以後，由於往世「明悟邪見、見習交明」的習氣仍然存在，所以繼續自己理解之後自以爲悟，又會繼續往世以邪見無根毀謗眞善知識錯悟的習氣，常常寫文章扭曲誹謗善知識。世間法中的「明悟邪見、見習交明」的人也是一樣，還是會繼續寫文章謾罵善人，扭曲事實造成別人的損害。如果文章中寫的都是事實，就不屬於「文類」，而是利益眾生的善人；偏偏寫的都是虛妄造假，或是毀謗正法，或是以外道常見意識法來取代佛教第八識正法，這些都是捏造或毀謗的事件，都屬於惡法中的「文類」人士。

這種「文類」的法師與居士，這幾年在網站上出現的很多；他們這幾年在網站上顯得很熱絡，是因爲蕭平實出來弘法寫出不少書，都是他們聞所未聞的第八識正法；這些落入常見外道見六識論中的法師與居士們，全都無法信受，因此引出這些現代的「文類」。其實他們心中明知蕭平實的第八識妙法是正確的，但他們爲什麼要寫文章罵？甚至更有人花大錢登報來罵，還有人捏造莫須有的事實在網站上化名謾罵蕭平實；原因很簡單，都是因爲妨礙了他們的名聞利養，或者妨礙他們原來證悟者的假身分。他們以前擁有證悟者的身分，覺得高高在上。如今蕭平實寫書說：「**離念靈知是意識境界，是生滅法，是錯悟凡夫的境界。**」於是心中大瞋，往世的習氣種子就現行了，便開始寫文章貼上網站，不然就印成紙張或書本到處流通。這種人都屬於「**文類**」所攝的人，都以「**見習爲因**」，都是「**見習交明、貪明爲罪**」。

爲什麼會有「**文類**」所攝的法師與居士們？都是因爲見習所熏，由於「**明悟邪見**」而不斷熏習，導致「**文類**」等人出現在人間。這種習性是無量劫不斷累積下來的，不是一生一世所能改變的。所以說，邪見的熏習若是很嚴重了，以後想要轉變都很困難，因此我們得要儘量教育佛門四眾，救護他們。所以我不得不講解或註解經典，把 世尊的眞正教理顯示出來。我會把註解或講解經典作爲今後弘法的重點，原因就在這裡——救護「**見習交明、明悟邪見**」的法師與居士們。希望他們這一世熏習二十年以後可以轉變，趕快懺悔改過，捨報時就不會下墜地獄，以後未來無量劫就不會落在「**文類**」中；那麼未來無量劫中，他們學佛時一定會有成就。

乃至可能使他們今生努力懺悔，盡力彌補過失，在護持正法上面用心，也許今生就能離開「文類」，根本不必下地獄，這就是我們努力要做的事情。所以當人家寫信來罵，或者打電話來罵的時候（編案：這是二〇〇三年初所講），我都不生氣，我心裡只是憐憫。我只是基於慈悲的心情想要幫助他們，而他們也正是最難被救護的人。所以如果覺得是可以談的，我們回覆時也都是很客氣地回覆。言歸正傳，當你們看見社燕、秋鴻、公雞等報時的動物，就知道牠們未來將會是人間的「文類」人物。

「**彼休徵者酬足復形，生人道中，參合明類。**」「休徵」一類的畜生，往昔在人間時是「**枉習爲因、貪成爲罪**」，常常冤枉別人，從地獄中出來「**遇明爲形**」就成爲「**役使鬼**」，專門爲受持明咒的人服務。鬼道中的性罪酬償完畢時，來到人間成爲專門爲人類報喜的畜生；業債酬償完畢時才能生爲人類，那時就參合於「**明類**」的人群中。所謂「**明類**」的人物，譬如世間有小聰明，善於觀察某些事相，剖斷世間事的人；這是由於往昔世的「**枉習因**」，一直都有小智慧能夠明察世間事；如今重新回到人間時，小智慧的習氣又復現行，於是就能「**參合**」於「**明類**」的人群中。

所謂「**休徵**」，譬如麒麟、鸞鳳、喜鵲一類，牠們是來爲人類通報喜事的動物。可是牠們來人間報喜時，不會得到利益。古時如果中舉了，報喜的人都會得到主人家裡的走路錢；但是當麒麟、鸞鳳、喜鵲為人報喜，都不會有什麼好處可得，因為這是牠們應當做的事情——以這種報喜來償還業債。這種眾生以前在鬼道時就是「明靈鬼」，專門通風報信，這都是因為他在人間時太聰明伶俐，心靜不下來，到處攀緣通風報信。這種明靈鬼，來到人間的畜生道中就屬於麒麟、鸞鳳、喜鵲一類的吉祥物。然後生到人間時都是聰明伶俐，可是很愛攀緣，也很會藉一些蛛絲馬跡來判斷事情，但也常常判斷錯誤。

「**彼諸循倫酬足復形，生人道中，參於達類。**」「循倫」就是「循類」的動物，往昔在人間時是以「訟習為因」而「貪黨為罪」。由於訟習的習氣，善於研究世間諸事而造作訴訟等事，所以這類人對於世間的紛爭等事情，都很敏銳通達。但這種聰明智慧，只是小智；既不能仰觀天文下察地理，也不能經天緯地，更不能以其聰明而獲得佛菩提聖智上面的通達。

「循倫」等畜生就是寵物一類，往昔在世時，在人間喜愛結黨訟習，因此凡是有利害關係的人，就互相招朋引伴結為死黨；若是為了達成某一個目的，便專門毀謗某一個人或某一個團體，往往以不正當手段達到目的而害死很多人。結黨訟習「貪黨爲罪」的人，下地獄受報完了，上生於鬼道中是「遇人爲形」，就是附身於民間信仰中的乩童身上，成爲傳送鬼，傳送訊息給乩童。這是往昔在人間時結黨訟習必須互通聲息，才能打贏官司獲得利益，當然要結黨互通消息，所以落到鬼道時當然要變成傳送鬼，義務爲人服務，直到性罪消除完畢。最後是要酬償業債而生在畜生道中，要作爲人類的寵物，依附人類而回報往昔被他們損害的人類，於是成爲貓、狗等「循類」。這些「循類」的畜生把業債償還完畢而回復人身時，就會參合於「達類」之中。

爲什麼「參於達類」？由於往昔在人間時呼朋引伴互通聲息，到了鬼道當傳送鬼時也是互通聲息；後來成爲家貓、家狗時，牠們就會安分守己嗎？即使把牠關在家中都不放出去，牠也會以叫聲與外界互通聲息；若是放牠出去，或是讓牠隨意進出家中，牠就會到處攀緣，一樣會到處傳遞訊息。在畜生道中償還業債完了，來到人間當人時，他可是會爲你講因果的，因爲他會當乩童，於是能爲人說因果。一般人就說他有神通，其實只是鬼通，因爲是由傳送鬼爲他提供訊息。但是爲什麼他回到人間時會當乩童？當然是有前因的，就是往昔在人間結黨訟習，從地獄上生鬼道時，就跟鬼神相應而成爲傳送鬼；再從鬼道上生爲畜生中的「循類」之後，還是保有與別人互通聲息的習氣；於是來到人間時，自然也會與過去交往的鬼神聯結在一起，鬼神就很容易附在他的身體中，於是他看起來似乎什麼都懂，特別是在排解紛爭上面，因爲有傳送鬼爲他告知種種訊息。

乩童只要有傳送鬼附身，可就能懂很多事情；然而他對於世間法，大部分都不會很通達。但因爲有鬼神傳送訊息，所以能懂得很多事情，就成爲「達類」的人。如果懂得細心觀察，從世間法中的社會人士身上細加觀察，由各人不同的心性，就可以瞭解他們過去世在畜生道中是哪一類，以前在鬼道時又是哪一類；也可以觀察他們很多劫以前必定下過地獄，又是什麼原因而下地獄的，都可以從所觀察到的現象中加以推斷。所以總共十大類的畜生報，以及人間的十大類果報，全都是餘報，因爲這些全都無關於性罪，而是償還業債時所必須的。所以，一旦犯了十重戒，眞的很恐怖！下了地獄中受苦很多劫以後，還要到鬼道受報完畢，性罪正報才算是報完；接著還要到畜生道中償還業債，乃至回到人間時都還有餘報，並且開始修學佛法時還會障礙重重，所以十大類的惡業可眞的不能隨意妄造，眞的要儘量避免。

「**阿難！是等皆以宿債畢酬，復形人道；皆無始來業計顛倒，相生相殺；不遇如來不聞正法，於塵勞中法爾輪轉；此輩名為可憐愍者。**」佛又說，這些人都是因爲往昔多劫累積下來的性罪與業債全部酬還了，才能復形爲人道中的人類；可是復形爲人身時，仍然有餘報在身上，成爲十類所攝的人。至於聲聞、緣覺、菩薩及諸佛，全都不在這十類之中。這十類的人，都因爲習性就是這樣，都是從無始劫以來所造的惡業以及落入邪見誤計爲眞實，於是因貪而「相生相殺」。人類之所以會造作以上所說的這些業，之所以會產生邪見而誤計爲眞實，都是從顚倒想而來的；由於落入五陰我之中，因此才會世世不斷「相生相殺」。既然無量世以來「相生相殺」，又變成了大惡業；而顚倒想也會造成了各種惡業而使眾生「相生相殺」，而「相生相殺」的惡業又會使眾生產生顚倒想，於是就連續不斷了。

……（講經前的當場答問，移轉到《正覺電子報》〈般若信箱〉，以廣利學人，此處容略。）繼續講《楞嚴經》，上週講到一七二頁第五行「相生相殺」。都是因爲對於六道眾生的本質有所誤計，當作全都是眞實法，也都不能了知因果律主動實行的眞正原因，更不知法界中的眞實狀況，所以全都落在五陰之中，以五陰自己爲主；於是專在五陰自己的利益上面考量，所以住在人道中就對畜生道剝削太過。或者擁有驅使役使鬼神的能力時，對鬼神的奴役太過分，將來就會被「返徵其剩」；若是有所欠債，則是要償還宿債。如果是在往世造了阿鼻地獄業，因此輪轉各種地獄之中，然後才能歷經鬼道、畜生道，再回來人中，也都是一樣的情形。因此，對眾生要有慈悲心，不應當貪食眾生肉，這其實是大有道理的；因爲吃人八兩，未來世就要還人半斤再加上利息，都是跑不掉的。

學佛人心中不該像世俗人一樣想：「這是我花錢買來的，牠是該我吃的。」眾生肉固然是花錢買來的，養牠、殺牠的人跟你互相交易，這是公平的，可是對於被殺的畜生並不公平，因爲牠只欠餵養者食物而不欠生命。除非你有宿命通確實觀察，那一隻畜生往世確實欠你的命，原該你吃——因爲牠過去世曾經吃了你身上的肉。但是，肉類畢竟還是腥臭的。因此，講慈悲心，不如講因果；了知其中因果的人則是菩薩，證實所有業種全都在各人的如來藏中永遠存在，要到業果成熟報償之後，業種才會消失。因此，不如現在就開始停止殺生、停止肉食，這是出離三界以及求證佛菩提時最好的方法。特別是求證大乘法的人，對於肉食是應該及早斷除的；因爲自己的肉或是眾生的肉，全都是如來藏肉，都是同樣由如來藏所生的；既然都已經證得一切有情同體的如來藏了，爲何還不能生起同體大悲而繼續在吃眾生肉呢？

到現在，都還有佛門外道在質問說：「蕭老師有沒有素食？」眞是愚哉此問！我可以向諸位報告的是，我小時候不敢吃肉，不管是肥肉、瘦肉、什麼肉，都不敢吃，聞了就想吐。事實上，從我小時就已經家道中落了，也沒什麼機會吃肉。後來大約五、六歲以後漸漸在大人誘導下開始吃，但是那時鄉下很窮，只有逢年過節買些一寸左右的小魚，用油炸酥了，連骨頭都酥了，就沒什麼腥味，只有這樣才敢吃魚，其他的都不敢吃，最怕的則是雞鴨鵝肉，腥臭難當。後來是因爲環境熏習，長大後漸漸開始跟著吃肉，可是得要醬油滷過以後才敢吃。後來在社會上行走，到三十幾歲以後，可能是往世的善根發行，每次吃了肉類就肚子痛，後來發覺不吃肉類就沒事。萬一被人勉強而吃了，那天晚上一定半夜痛醒；吃了胃藥也沒有辦法止痛，得要打坐才能止痛。但是家人總是不信，後來我是屢試屢驗，他們才不得不讓我素食；所以我這一世素食，也是有一些波折。如今素食也差不多二十年了，一直都是素食。並且我素食以後，身體反而比以前健康；一九八四年以前吃魚吃肉時往往病歪歪的，比現在還要糟。

然而，素食與否其實並不重要，只是會積欠眾生肉，將來要償還身肉；但在大乘法中會強力要求大家素食，是因爲菩薩以大悲爲根本，視一切眾生爲眷屬，所謂：**一切男子是我父，一切女人是我母，我生生無不從之受生。**

乃至一切畜生男爲我父，一切畜生女爲我母；因爲每一有情都有過去的無量世，既然有無量世，還有哪一個眾生過去無量劫中不曾當過我們的父母？只是時間有遠近差別而已。如果過去世都當過父母，竟然今世把牠們殺來吃，那是不孝，連當人都沒資格了，何況是當菩薩？所以菩薩是因爲這個緣故而不食肉。

同時也因爲食肉會斷絕大悲種，因爲會見形起貪，未來無量世中難度眾生。如果郊遊時看見遠處有一群鴨子，心中就想：「那鴨子好肥，應該很好吃！」心中就有殺心，這就是「見形起識」，種子便不清淨了，也失了大悲心。當被吃的畜生轉生爲人時，他如來藏中有被某某人殺害的種子存在，某某人未來世成爲大禪師、大法師時，雙方遇到了，那個往世被大禪師所吃過的人，一定見了就厭惡，那麼大禪師又要怎麼度他呢？因此還是應該儘量避免肉食。在大乘法中要求斷肉食就是這個原因。在二乘法中不禁肉食，是因爲聲聞人只要斷我見、我執就行了，並不是盡未來際行菩薩道度眾生，所以沒有與眾生結怨或解怨的問題。聲聞聖者把最後一分思惑除掉了，捨報時入無餘涅槃了，永遠不受後有，不再來人間度眾生而不會再與眾生怨對，所以在二乘法中沒有素食的問題。但是在大乘法中，素食顯得很重要；因爲如果有許多眾生在過去無量世以來常常被菩薩殺害食用，他們如來藏中的怨心種子流注現行時，一定會厭惡菩薩，菩薩就無法度這些眾生。菩薩既然要度盡一切眾生永不入滅，當然就不可再造殺業——肉食的人都有殺生的共業；不讓眾生起煩惱，才能盡未來際度化眾生。

相殺相生、相生相殺不斷輪替的現象，是因爲無始劫以來對因果及業力的誤計顛倒，不曉得因果律確實存在，也不曉得因果律的準則，因此生起顛倒心而相殺相吞，永不休止；一定要在遇到如來所傳的正法時，才能在塵勞之中解除「**相生相殺**」互換不斷的現象，才能離開無量劫以來就存在的生死輪轉現象。如果無福無德而不能聽受佛法，如果性障深重而不肯信受佛法，就只好永劫都在塵勞中「**法爾輪轉**」。而性障深重的人，就算有人告訴他佛法，他聽了也將不信乃至會毀謗，因此佛說「**此輩名爲可憐愍者**」。

這一、二個月來都在講解十習因，也講解十習因造作以後所產生的業力和果報。「**十習因**」的果報與因果關係，可能會有一些人聽了以後心中不太信受；大眾之中若是半信半疑，這還算是好的；可能有一部分人是根本不信，所以才會有「**見習爲因、枉習爲因、慢習爲因**」的人離開同修會。也有一些人，當我講到往昔過去劫有什麼事情時，他們心中不信，認爲我是在籠罩大眾。但是，當你有一天禪定的證量到達某一個階段，而般若智慧也到達某一個階段時，有時你打坐不小心滑入等持位中，就會看到我說的這些現象。有時同一幕場景還會重複，常常出現。就好像常州街廓，有一個城門的影像常常在我定中出現，那一些人的面目、穿著、光景，都不是現代的事情。

這些過去世所造的事情，不但定中出現，夢中也一樣會出現，一模一樣，都沒有差別。這就顯示說：過去世的事情是確實存在的，所有人都不是只有一世。當你能努力修行，到了這種狀況出現時，你的如夢觀便成就了。如夢觀成就時，就是第十迴向位功德完成了。如果沒有辦法發起禪定與勝妙的實相般若，就不可能了知過去世的事情，如夢觀是不可能成就的。不修宿命通而能了知往世的宿命，並不是以一世、三世來計知的，所以修得宿命通的人也無法看到往世多劫前的事情，根本不可能成就如夢觀。

有些人的根性確實還不是久學菩薩，所以這一世當然不可能成就如夢觀。由於心中有疑，所以請出大乘經時，讀到 佛說祂過去無量劫以來的本生因緣，他就想：「這大概是後人編造的，否則就是佛陀編出來的聖人方便施教。」但實際上絕對不是這樣，而是每一個人都確實有無量的過去世；只是因為現在還沒有禪定與勝妙的實相智慧，無法到達那個地步，所以無法了知往世多劫的事情，因此如夢觀不能成就。當如夢觀還不能成就時，就無法眞正深信因果，心中總是會少分懷疑；即使是性障很少很淺薄的人，聽善知識說明這些事情時，心中還是不免會有懷疑，這都是正常的現象。

由於修證有高下差別，所以常常有人心中臆想判斷：「我現在大約是在初地了。」心中蠻歡喜：「嗯！我學得還不錯。」可是未來有一天，可能是五年後，也可能是十年後，或者也有可能只是一個月以後，才知道自己以前所講的法是錯誤的，才知道自己以前宣稱開悟時是大妄語。這就是「見習交明，發於違拒」，不肯接受眞善知識的指正，所以每當有人讀到蕭平實的書，指稱他是未悟言悟的時候，他就氣憤塡膺，寫信來罵蕭平實，出出惡氣。這種現象是很常有的，這就表示這一類人的「十習因」都還具足存在，怎能有證悟佛菩提的因緣呢？而眾生下墜三惡道的原因就是「十習因」，所以「十習因」所導致的地獄果報，加上未來鬼道和畜生道的果報，以及回到人中還有十類的餘報，是痛不可言的。對於這些道理是否能夠完全信受，還是必須依佛法來說：得要證得如夢觀時才有可能完全信受，否則還是不可能十足信受，心中終究會有懷疑，只是懷疑程度的多少差別而已。

將近兩個月都在講「十習因」，這些因果講過以後，諸位聽完了，應該有一個自勉的想法：有則改之，無則防之。若是往世曾經犯過，有跡象顯示出來，就要趕快懺悔，趕快修集福德，也要趕快求悟，然後作實相懺。如果沒有犯過，得要小心在意提防，千萬別誤犯。如果有了這種正確心態，就不會有煩惱；否則不免心中這樣子想：「**蕭老師終於逮到機會了，藉這個題目來罵我。**」其實我不是在罵人，只是照經文來說，並沒有加油添醋。但是有人聽了生起粗重煩惱，我也無可奈何；既然這些經文不能照本宣科唸過就算數，必須要講解，而我也如實講解，沒有加油添醋，大眾就別想太多了！只要懂得省過防非，小心別落入「十習因」之中，未來佛菩提道中好修行，也就行了。

在中國佛教中有這麼一個故事，講給大家聽一聽，輕鬆一下心情。這是以前不曉得哪個朝代的故事，我是聽一位法師講的。他說有一位比丘（因為大陸有很多子孫廟，從小孩子三、四歲或五、六歲就送到寺中收養及出家，當作那座廟的繼承人）；可是在他一生的出家生活中，直到死亡為止，他師父都沒有教導佛法，只教導他作經懺收錢，對有錢人要如何對待，對窮苦人要如何對待等等；至於戒律的內容，都沒有告訴他。而且他的壽命又不長（因為有很多人是父母為他排了命盤，說他短命，養不大，所以送他去出家），結果出家以後沒有好好修行，雖然出家以後確實延壽了幾年，終究還是先死了，是比他師父早死。他死了以後入了畜生道，去當天龍。可是天龍每天都要受一次苦，《阿含經》中有記載，現在先不談它。龍有龍的苦處，牠想要減少痛苦，只有來佛教中當護法。可是當護法神是很辛苦的，因爲佛弟子千差萬別，進了佛門以後不好好修行而亂搞的人很多，所以牠們護法也很辛苦。牠當了天龍以後，心想：「我本來可以好好當人，特別是出了家，下一輩子應該生天當天人，沒想到如今落在畜生道中。」牠越想越氣，雖然牠很想報復那位害牠墮落的師父，但仍然沒辦法，因爲牠師父仍在寺中安住，一直都有伽藍護法保護著，牠沒有辦法動牠師父。於是牠一直等待，終於等到有一天，牠師父出遠門，下了山要過長江，終於有機會報復了。可是過長江時一條船上可是有很多人的，牠那時興風作浪要把牠師父淹死。那時明明是晴空萬里，突然間颳起風浪來，船開始飄搖，幾乎要翻覆了。後來其中有個居士想：「這個現象不對，晴空萬里怎麼突然間颳風起浪？雲也不是很多，怎麼會颳風起浪呢？」因爲他有天眼，就立即觀察：原來是一條龍在作怪。他就用神通跟龍溝通：「你爲什麼這麼做？這船上的許多人都跟你無冤無仇，你爲什麼要這樣做？」這條龍就說：「船上的人都跟我無冤無仇，就只有其中那一位比丘跟我有仇。」他就問牠：「你爲什麼這樣說？」牠說：「因爲他是我的師父。」「既是你的師父，你更不應該對他這樣呀？」牠就把這個過程講給那位居士聽，然後就要求：「你如果請他出來，我只針對他一個人，就放過你們。」居士就去把牠的師父請出來，牠的師父知道逃不掉了，總不能因爲自己而害死一船人，所以就自己投水而死。

這有些像另一個故事，古時有一個人當盜賊，縣令判他秋決。到了秋天要斬他，問他有什麼遺願，他說：「請你找我媽媽來，只要讓我再吃一口奶，我就死得心甘情願。」他媽媽終於來了，看他即將要死了，就給他吃一口奶。沒想到他一口就咬掉乳頭，他媽媽責備他，他說：「就是因爲妳，從小不好好教導我，今天我才會被斬頭。」

這是兩個故事，我以前很少講故事，沒想過要教這些事情；因爲我原本就不是以老師自居，只當作跟諸位是同修，以往一直都是這樣的心態。可是既然還無法交棒，我如果還繼續單只說法而不教導大眾滅除性障，我就會有過失，也會造成大眾不太尊師重道。現在剛好就藉著講完「十習因」的機會，藉機講一講，所以講了這兩個故事。以前我都沒有教導，有一點像那位師父，也有些像那位慣壞孩子的母親。可是我其實也講了不少的法義，也不該說我全都沒有教導，只是沒有很明確教導身口意行罷了。今天我把《楞嚴經》中所說的「十習因」都解釋完了，也算是教導，而且我並沒有加油添醋。接著又講了這兩個故事，是宣示說：該講的我已經講了，而世間法中欺師滅祖的事情一向是天地所不容的。如果在世出世間法中還作無根謗師、無根謗法的事，那已經不只是天地不容而已。所以我今天講過了，以後如果再有人繼續作無根謗法謗師的事情，臨命終時可別埋怨說：「**你幫我找蕭平實來，我要咬他一口。**」那時我可不會去，因爲我已經有教導了。

而且，《楞嚴經》中的「十習因」，我也詳細解說了，如果心中不信這些因果，那就是他們各人自己的事，以後就與我無關了。至於退轉的人，我還是期望他們能夠趕快悔過，這時還來得及。其他的人如果沒有造作這些事情，就別管這些因果報應的事了！所以我說：如是諸業，無則防之，有則懺之。這就是我對這一、二個月來這幾段經文所說「十習因」的因果所作的結論。以上是偏在「情」的部分來說人道與三惡道的事情，接下來就要說到「想」了，這是有關人間的修行人所墮的「想」，所以接著要講十仙之道。佛說：

【「阿難！復有從人，不依正覺修三摩地，別修妄念：存想固形，遊於山

林人不及處，有十仙種。阿難！彼諸衆生堅固服餌而不休息，食道圓成，名地行仙。堅固草木而不休息，藥道圓成，名飛行仙。堅固金石而不休息，化道圓成，名遊行仙。堅固動止而不休息，氣精圓成，名空行仙。堅固津液而不休息，潤德圓成，名天行仙。堅固精色而不休息，吸粹圓成，名通行仙。堅固咒禁而不休息，術法圓成，名道行仙。堅固思念而不休息，思憶圓成，名照行仙。堅固交遘而不休息，感應圓成，名精行仙。堅固變化而不休息，覺悟圓成，名絕行仙。阿難！是等皆於人中鍊心，不循正覺，別得生理，壽千萬歲；休止深山或大海島，絕於人境，斯亦輪迴妄想流轉；不修三昧，報盡還來，散入諸趣。」

講記：「阿難！另外還有一些從事於修行的人，不能依止於眞正的覺悟而修習如來藏金剛三昧境界，另外修習虛妄的念想：保存了知性而鞏固身形，遨遊於深山的密林之中，一切人所不能到達之處，這一類修行人共有十種仙道的種性。阿難！那些衆生們若是堅固其心每日服用食餌而都不休止歇息，最後在飲食之道圓滿成就時，名爲地行仙。若是堅固心志而服用草木精煉所成的藥丸而都不休止歇息，後來草木靈藥之道圓滿成就時，就稱爲飛行仙。若是堅固地服用金屬礦石煉製而成的丹藥而不休止歇息，後來轉化之道圓滿成就了，就稱之爲遊行仙。若是堅固地修習動止之法而不休止歇息，後來氣精會合圓滿成就時，名爲空行仙。堅固於津液升降的鍛鍊而不休止歇息，滋潤覺知心的功德圓滿成就時，名爲天行仙。堅固於吸取日月草木金石等精華物質而不休止歇息，後來吸取精粹到了圓滿成就時，名爲通行仙。堅固於咒禁的修習而不休止歇息，後來道術與咒法圓滿成就時，名爲道行仙。堅固於憶想思念而不休止歇息的人，後來所思所憶的境界圓滿成就時，名爲照行仙。堅固於男女的交遘而不休止歇息的修行人，感應到仙道而圓滿成就了，名爲精行仙。堅固於物性的變化而不休止歇息的修行人，後來覺悟到變化之道而圓滿成就了，名爲絕行仙。阿難！這些住在人間鍊心的仙道修行人，都是不依循眞正覺悟的修行者；但他們都另外獲得如何在欲界中生存更久的道理，所以壽命可以達到千歲或萬歲之久。這些人在深山中或大海島上休養生息，從來不與世間人來往；然而這些仙人們終究只是住在輪迴不止的境界中，依然是在虛妄想中繼續流轉的凡夫。這十種仙道中的修行人，都不修習如來藏金剛三昧，未來千歲或萬歲以後，仙道正報受完了，依舊要還來人間受生，那時將會散入六趣之中，繼續輪轉生死。」

「阿難！復有從人，不依正覺修三摩地，別修妄念：存想固形，遊於山

林人不及處，有十仙種。」講完人間與三惡道的關係，也讓大眾瞭解三惡道並不是本來而有，都是「**自妄所招，還自來受**」，「**若悟菩提，本無所有**」。接著就講人間的十種仙人所修之道，也說明人間的仙人是如何產生的。常常有人因爲世間法上有問題，譬如有醫生治不好的病而去求神明，神明爲他們把了脈、開了藥方，有時也會這麼說：「**神也得求，仙也得看。**」如果學佛以前常常去求神明問事的人，應該會聽過這一類的話。仙是人當的，神明則是附在乩童身上把事情告訴人們。

有人喜歡修道，但卻不依眞正的覺悟來修如來藏金剛三昧，反而另外修習虛妄想所產生的目標與法門，都叫作「**別修妄念**」。佛門中也有這類人，明明經中有正確的法傳下來，他們偏要修習虛妄想所產生的種種外道法，同樣是「**別修妄念**」。現代不論是佛門或外道中，除了聲聞解脫道與佛菩提中的如來藏金剛三昧以外，全都是以「**存想固形**」爲目的，遊於山林中世俗人所不能到的地方。「**存想固形**」是想要把覺知心的能知能覺自性留住，變成常住法；但他們也知道覺知心必須依附於正常的色身形體才能存在，因此就想辦法鞏固色身形體保持不壞，這就是「**存想固形**」。

在現代台灣佛教中，沒有很多人修「**固形**」，但卻是一大堆人都在修「**存想」；譬如各大山頭大法師們都在教導徒眾說：「覺知心離念時，就變成常住眞心。」意思是說：只要覺知心練到永遠離念了，就永遠常住了。這正是「存想固形」的愚人，具足外道見，都與常見外道相同。爲什麼又說這些「存想固形」的人都是「別修妄念」呢？其實覺知心的了知性即是想，而「想」是無法常住的，永遠都是只有存在一世，下一世的想是另外的覺知心，不是這一世的覺知心。事實上眞實法就只有佛菩提的如來藏金剛三昧，除此以外都沒有眞實常住法可修可成就；但佛門中的當代各大山頭，或如佛門外的所有修道人，都想要把覺知心修成常住不壞法，當然永遠都不可能成功，所以他們認爲永遠離念時就變成常住眞心的想法，是永遠都不可能成功的，所以說這些人全都是「別修妄念」。不幸的是現代佛門中的大法師們也是如此，冀望生滅性的有生必滅的覺知心，可以保持無念而變成常住眞心，都是妄想所生不切實際的念頭，當然是「別修妄念」。

外道們因爲苦修「存想固形」的緣故，當然要住在深山中，遠離人群而不受打擾，所以都「遊於山林人不及處」；這些人都是在山中林木茂盛的地方隱世獨居，不遊於人間，獨自修行，所以叫作「仙」。「仙」這個字，把它拆開來就叫作「山人」；所以如果有人畫畫落款時自稱某某山人，他就是以仙自居。假使某人寫一本書印出來了，他的署名是某某山人，意思就是說他是某某仙。有些人比較含蓄，他不自稱山人，卻稱自己爲某某散客。譬如有一本鼓詞，作者自稱「木皮散客」，意思是散遊於人間，不是眞正的山人。因此所有的仙，都是「**遊於山林人不及處**」；既是山人，所以都叫作仙。這些仙人之中，最有福德的人，就住於名山洞府之內；所以世俗人都說名山洞府是神仙隱居之鄉，往往有些嚮往；因爲眞正的神仙確實有一些過人之處，有時連神明都是要稱讚的。而這些住在山林中修道的人，佛說可以概括分類爲十種。

「**阿難！彼諸眾生堅固服餌而不休息，食道圓成，名地行仙。**」佛說第一種仙人是「**堅固服餌，食道圓成**」。餌是食物，譬如釣魚用魚餌，用籠子誘捕動物時就用誘餌；全都是可以吃的食物，才叫作餌。現在還有假餌，譬如釣魚人先用一些碎肉撒下海裡，產生肉的香味把魚引來以後，就用小魚模樣的假餌垂釣，大魚誤以爲是小魚，衝上來一口吞下去，就被釣上來了，那叫作假餌。餌都是可以吃的食物，假餌則是騙人的，是不能吃的，才加上「假」字。譬如花道、柔道，「**食道**」則是以飲食之道來養生，以求延年益壽、長生不老。「**服餌**」是指採行飲食之道來達到成仙之目的，食材則是以胡麻、蓮子、芡實、山楂、堅果一類，藉這些常人可以食用的食物來養生，發展出特殊的飲食之道，所以名「食道」。

「**堅固服餌而不休息**」，表示對這種仙道的信心很堅固，永遠服用食餌。除了剛才說的胡麻蓮子等食物以外，有時也將樹木所生的果實或者草本植物的果實加以精煉，配合著服用，由於全都是世人可吃的食物，把它發展爲長生之道，所以叫作「食道」。服用這些經過籌劃精煉的食物就是「服餌」，而這些人都不隨便食用不宜的食物，並且對世人常吃的食物都有深入瞭解。這些修道者，如果能藉著「服餌」來達到身體健康勇壯、壽命長遠之目的，就是「食道圓成」的人，一定都是很長壽的人。但因爲只能長壽而無法達到輕舉飛升的境界，所以名爲地行仙。

「**堅固草木而不休息，藥道圓成，名飛行仙。**」修習仙道所服用的「草木」，是指靈芝、菖蒲、松花、柏子、何首烏、熟地一類；有時也用生草藥，用在特殊的狀況中。這些都是中藥店就能買到的藥材，也是世間人所常用的藥材。但因爲這類仙人對於草木所製成的藥材，另有師徒相傳的獨特見解與用法，所以名爲「藥道」。由於這一類仙人「堅固草木而不休息」，終其一生都不停止，後來「藥道圓成」時，可以達到色身輕利飛行闊步的有爲境界，所以能輕易地上昇高山，乃至飛越山谷，所以名爲飛行仙。這是屬於修煉外丹的仙人。

「堅固草木」的仙人之道，都有特殊的熬煉過程，都是師徒相傳而不外傳的。有時是取藥草或者樹木、樹枝、樹根、樹皮，在師徒相傳的方法中煉製藥丸服用，使身體輕舉而可以飛行，所以叫作飛行仙。這類人雖然可以飛行，但因爲仍然不離人間，無法上升天界，所以還不是天，就名爲飛行仙。爲什麼「食道圓成」的仙人不能飛行，而「藥道圓成」的仙人可以飛行？因爲「藥道」煉成的藥丸是使人輕浮而不是沉重的，這類仙人也是不吃各類食物的，因此能夠飛升；「食道圓成」則是吃沉重的食物，比較沉重，所以成仙之後只是長壽而無法離地飛行。因此「藥道圓成」的仙人可以飛行，名爲飛行仙；如同武俠小說中的輕功飛行一般，但無法長時間停留在虛空中。

「**堅固金石而不休息，化道圓成，名遊行仙。**」「金石」是指鉛汞、丹砂、雄黃、雲母等一類金屬或礦物，現代中藥店裡也都可以買得到。「堅固金石」是專門攝取礦物類或金屬類的物質加以煉製來服用的外丹法門，這有很高的危險性，據說秦始皇就是死於藥丹的汞中毒，他活得並不久。而丹道之中通常都要用到紅丹，如果是用來寫符籙，一般的便宜硃砂就行了；可是若要煉作丹藥來服用，可就必須講究了！譬如紅丹，紅丹就是硃砂。前幾年電視新聞報導有許多嬰兒汞中毒，也有名爲鉛中毒；原因就是很多婦女聽老人家的話，在中藥店買八寶粉，每天抹在孩子舌頭上。但因爲八寶粉中有一味藥叫作硃砂，凡是藥用的硃砂，必須九煉成功，所以名爲九轉丹砂。爲什麼要經過九次提煉呢？因爲硃砂中含有很多鉛與硫化物，必須經過九次研磨水漂，讓鉛與硫化物沈澱九次，第九次浮在水面上的硃砂才可以取來作藥用。但是九次精煉去掉雜質以後，已經所剩無幾，就變得很貴價。可是現在的人都喜歡比價，希望買便宜一些，九煉以後的貴價硃砂都賣不出去，所以藥商就沒有經過九次煉製，往往只煉製三、四次就提早賣給中藥店，或者以紅丹代替；這樣製成八寶粉使用，當然嬰兒就會中毒了。所以說，一分錢、一分貨，不能以便宜作爲優先考量。

由於金石類的礦物往往有毒性，必須精煉以後才能用；再加上自古以來每一代都留一手，留到現代如果還有人敢學外丹之法煉製服用，一定少年短壽；譬如秦始皇爲了求長壽而服用道士煉製的外丹，就因此而提早捨壽了。《西遊記》就根據這種理論，說太上老君九轉丹砂被孫悟空吃掉了，講的就是這個原理。如果有人確實得到眞傳，都不曾每一代留一手，是具足的「金

石」之道，也能一世都不停息而圓滿成就金石之道，終於「**化道圓成**」了，就能成為遊行仙，長遊於人間，似乎永遠住世不死。

這其實是與化學有關的，也就是混合了不同的金石類物質以後，會改變物性，藉著這樣的知識來長生久視，遊行於人間很久不會死亡。「**化道圓成**」所說的「化」，第一是能化骨，使骨骼堅固不壞，支持肉體常住人間；第二是能化物，變化平凡的物質成為珍貴的物質，可以用來濟助貧困。由於「**化道圓成**」的遊行仙有這兩種功德，所以能長住於人間，也能利益廣大的眾生。古時章回小說中，常常描寫有人利用丹道的理論，來騙取貪財貪色的有錢人，指的就是第二種丹道的化物功德。但這只是騙子藉詞騙取有錢人的手法之一。

「**堅固動止而不休息，氣精圓成，名空行仙。**」上面講的都是外丹一類，這裡講的卻屬於內丹類的修練法門；「**堅固動止**」，講的就是練氣功。「**動止**」是指氣功一類，藉著腹呼吸，作出順呼吸、逆呼吸、閉氣、運氣來調整生理功能的修行方法。也就是道家所說的練精化氣、練氣化神、練神還虛的理論與法門；假使可以練到三花聚頂然後練神還虛時，就能羽化飛昇，長時間停留在虛空中，於虛空中四處遊行，都無障礙。氣功有很多種，武術界的南拳也有氣功，譬如鶴拳氣功，而太極拳也有氣功。現在大陸所禁止的法輪功，也屬於氣功；但他們在大陸宣稱是比佛教更高級的佛法，其實根本不是佛教，與佛法完全無關，他們只是假藉佛法的名相來吸引人們參加，成就極大的勢力。

台灣也有很多人在練法輪功，台灣法輪功協會的理事長還是我在高中時期的同班同學，目前是台灣大學的教授。法輪功根本就不是佛法，他們在大陸亂弄一場，依附佛法名義搞起來。台灣的法輪功則是以修練氣功的人民團體向政府立案，幫助大眾健身，利益社會大眾，目前是與在大陸的法輪功不同，我們就不必理會它。因爲他們在台灣既然不是以佛教自居，也不談佛法，我們就不必評論它，讓它可以利益社會大眾，也是在行善。但他們如果也弘傳起佛法來，我們可就不能坐視了！因爲他們一定會把佛法搞壞。譬如李洪志在大陸寫的書中說，他比 釋迦牟尼佛還要高二級，那就是大笑話了。他們在台灣暫時不與佛教混淆，我們暫時也就不必理會他們；但是他們若繼續主張他們說的假佛法也是佛法時，將來我們會視因緣來處理它。

這個「堅固動止」，是在氣的鍛鍊上面用功；可是在氣的鍛鍊上面用功時也要小心，因爲往往有後遺症，得要會練。我年輕時也練過一些氣功，最早是從科學內功練起；那時科學內功都是函授的，創始者是劉鋤強。我小時就對學校課程外的事情有興趣，凡是出世而不屬於人間的事情，我都很有興趣，就是對世間賺錢的事情沒興趣；所以我很雜學，就只是學校教的內容沒興趣。所以在學校上課時，我常常把課本擺在外層，課本裡面是我要讀的書；也就是你講你的，我讀我的；所以我在學校時，書讀得很不好。可是我所知道的很多事情，是一般人所不知道的，包括針灸以及一些樂器等。

學生時代我也學過口琴，還自己抄了一份口琴的琴譜，裡面有八度和音、五度和音、三度和音等曲子。文藝界還有一樣「金石」，就是雕刻印章，我也是無師自通；當年也自己刻了幾顆印章，以前買書回來時都會蓋上去；現在還記得的兩個印章，也許還在：「止戈館主」、「稻香村主」，都是自己刻的。對於方外之術，我都有興趣，就只是對世間謀職求生之道沒有興趣；所以我在學生時代也學過針灸，學針灸的第一步要先背歌訣：「中府雲門天府訣……俠白尺澤孔最存……魚際少商如韭葉」等等，現在差不多都忘光了。台灣的佛法很晚才開始弘傳起來，我這一生一直在尋求，但並不知道自己在找什麼，直到佛法開始弘傳開來以後，我接觸了佛法，才知道就是自己要尋找的標的。所以後來接觸到佛法，就把以前所學的全部丟棄了。

由於這個緣故，所以我也練過一些氣功：科學內功、鶴拳氣功、九節佛風。來到台北以後，我也去學過九九神功，後來證明根本就和以前所學的一樣，都沒有奇特之處。但練氣功講究的是腹式呼吸，在腹呼吸中又有順呼吸以及逆呼吸，都要靠小腹的鼓動來產生氣，再加上閉氣與提肛配合練習，後來氣出現時便加以引導。我以前開始練氣功不久，氣就會全身亂竄，有時候甚至頭頂的皮下也會跳動，只要是有穴道的地方都會跳動，總是會換地方跳動。因為氣功必須靠小腹的動與止來鍛鍊，所以說是「堅固動止」。動就是小腹的伸縮，順呼吸時的鼓氣伸縮，以及逆呼吸時的鼓氣伸縮，再加上意志去引導聚氣和運行；閉氣運行時就是止，所以叫作「動止」，因為有動也有止，有時是要閉氣不動的。所以我手上至今還留下一些氣功的書。其實我在讀高中時，就常常在彰化火車站前的一家書局，買過一些關於氣功的書，都是把午餐錢省下來，餓著肚子用來買那些書研究，這是年輕時就喜歡的事物。我小時候也喜歡打坐，但只是喜歡，根本不懂打坐的內容與方法，更不知道打坐的目的。一九八四年冬天開始學佛時，才把以前的雜學全都捨棄，專心學佛。這就是隔陰之迷的壞處，才會去混進那些世間法中；如果一開始就是修學佛法，就不會浪費生命在那些外道法中。

「堅固動止而不休息」，就是努力修練氣功。爲什麼說是「氣精圓成」呢？因爲要練精化氣，氣是從精液提練上來的，修練成功時當然要說是「氣精圓成」了。爲了提練精液成就強烈的氣，所以要提肛縮腹及觀想下體的精液向上提升，這就是練精化氣。提肛，是將陰部往上提，然後要把呼吸中的空氣向下降，讓空氣與精氣聚集在丹田中，形成內丹，所以稱爲「氣精」，這就是初步的練精化氣。然而練精化氣以後，還要練氣化神、練神還虛；這樣苦苦修練的結果還是要還虛，還虛以後也只不過是當個仙人，頂多成爲欲界忉利天中的天神而已。所以我探究到後來，心想：「**這有什麼用？還是不能得解脫，當天神也還是在三界中輪迴。**」所以我下定決心捨棄了，從此就不再碰它了。所以氣功，自從我決定不要它了，我就永遠不再去練它。所以現在有些人還戀戀不捨，其實都沒有必要；而年輕時練的拳法，我也都忘得一乾二淨了。

你們如果有人學過鶴拳，來看我打水肢、火肢，看誰打得漂亮？你不會比我漂亮。我現在是老了，否則也可以跟大家練推手，看誰黏得漂亮、卸得俐落、推得有勁。因爲我年輕時眞的下過功夫，曾經好幾年都是清晨天未亮就起床練功，每天晚上還得要練；書不好好讀，專門搞這些沒意義的事。到現在基本動作都還會，氣也當然還在，只是我都把它散掉，免得影響禪定的實證。所以練氣功是一定要有動有止的，當然也是「氣精」聚合才能練成功的，如果練到後來圓滿成就了，就是「氣精圓成」，那時可以羽化飛昇，成爲空行仙，長時間停留在空中，能在空中來來去去；不是像武俠小說寫的只能藉勢短暫的飛行，無法長時間停留在空中。這一類人，就稱之爲「空行仙」。道教中的呂洞賓，就是練氣功而羽化飛昇的空行仙；後來被黃龍禪師度了，悟入佛菩提，護持佛法，所以他的廟裡也都講佛法。

「**堅固津液而不休息，潤德圓成，名天行仙。**」「**堅固津液**」這種修行方法，道家也有；但道家究竟是從哪裡學來的？是否從天竺傳來的，或是由四王天、忉利天的天神傳下來的，我也不清楚。「**堅固津液**」，譬如八段錦一類的動作配合起來練，在靜坐時則是要以食指及中指鳴天池，並且要嚥玉液，就是吞口水，配合氣功來修練；要運玉液下降於丹田中，還要把氣火引生上來丹田中，結成內丹，水火交融；這個境界就是「**潤德圓成**」，然後就可以經由空中的飛行而到達四王天或忉利天上。這就如同《楞伽經》中說的聲論外道，上昇忉利天中與釋提桓因辯論一般。這叫作「**堅固津液而不休息，潤德圓成**」。

「堅固津液」的行門，其實是把氣功混合起來一起修練的。後來的道家氣功，也是把第四種跟第五種混合起來，也有人把第六種混合起來。「堅固津液」是在順呼吸做完以後改做逆呼吸（逆呼吸是吸氣時反而把小腹癟進去，不是鼓出來。在吐氣時反而是把小腹鼓出來），這時要把玉液（也就是唾液）吞下去，同時把氣壓下去到達丹田，這叫逆呼吸。你們若是沒有學過，可能聽了也不懂；這樣的修練法就是「堅固津液」。但它還有一個法，叫作鼓天池，是用手掌把耳朵蒙起來（第三講堂的同修們有沒有看見？）要這樣用手掌蓋住耳朵，然後把食指與中指相疊，在後頸兩旁上方鼓起來的地方，以手指這樣彈著頭骨，雙手要同時彈；每一回要彈三十六下，再來一次逆呼吸吞津。每天都這樣勤練而不休息，就是「堅固津液而不休息」。這些在各種註解中，可能都查不到；但因爲我小時候就喜歡搞這些東西，所以我都懂，只是沒有下死心去練它，因爲並不是我究竟想要的。

關於鼓天池和吞玉液，要配合逆呼吸來做，在練功時要配合前面的「堅固動止」，把氣的觀想引導配合起來，凝聚成內丹在丹田中。一般人講丹田，其實丹田有兩個穴位：一個是丹田，另一個是氣海。如果學過針灸的人就會曉得，有在爲人針灸的中醫師當然都知道，我們就不必談它。這樣配合起來練習以後，加上提肛時的引導聚氣於丹田中，內丹成就時就是「**潤德圓成**」。這時就是「**天行仙**」，人雖然還沒有離開人間，卻可以跟天宮感應，可以遊行於四王天中，所以叫作「**天行仙**」。

「**堅固精色而不休息，吸粹圓成，名通行仙。**」「**堅固精色**」是採集日精月華，但因爲這些也都是物質之色法，所以名爲「**精色**」；譬如朝採日精，夜吸月華，就是這一類修道者。這是藉著靜坐練氣來吸取日精月華，早上太陽剛生起時，面對太陽吸取日精；晚上月明時，面對月亮吸取月華。吸取日月的精華，每天修練而不休止，就是「**堅固精色而不休息**」。吸取日精月華時，除了靜坐以外，也有人是蹲馬步來吸收的。在吸取精華完成以後，還要打一些散手，也就是做一些動作，把氣散入全身，不再聚集於丹田中，才開始一天的生活。

除了日精月華以外，還要吸取水的精華，所以有時還要在瀑布下沖水，運用氣功的方法吸納水精，就是把水的精氣吸納進來。有時則是在樹下，有時是在某一種比較圓潤的大石面前，吸收石精樹精。若是遇到滿月前後那幾天，譬如農曆十三日到十七日，如果沒有下雨或烏雲時就在月下練氣吐納，這就是吸收月華；這樣長期不斷地修練，就是「**堅固精色而不休息**」。如果清晨有雲遮日，就在山林中吸取天地中的草木精氣，這叫作「吸粹」，「粹」就是精華。如果修練成功了，就會有一些看法異於常人，因為他能夠通達物性。當他吸聞某一種樹或草，就會知道它們的性質，知道可以治什麼病，所以說他通達物性，了達造化。由此緣故，他能夠穿透金石草木、石垣屋壁而無所障礙，水火之中來去無礙，所以稱為通行仙。主要是說他的精神已經與造化互通了，所以不受世間物質的障礙。

「**堅固咒禁而不休息，術法圓成，名道行仙。**」第七種是「**堅固咒禁而不休息**」，通常道家廟裡新錄取的乩童，都必須經歷這個過程。大部分人若是想要當乩童，都是要經過訓練的。但有些人是天生的乩童，因為往昔多世都當乩童，生來就有那個體質與心性；但大部分人都是要經過後天的訓練，最後才能很容易讓天神附身而成為好用的乩童。通常先要由神明教授一些咒語與手印，有時也會傳一點符籙，讓他寫得習慣，神明要用他的手時，才能順手。這些都是與某一尊神明相應的專屬手印與咒語，然後他必須要在廟中的指定房子中，專心修練七七四十九天，有時是一百〇八天；這個期間不見外人，跟外面的互通只是飲食等食物。

修這種咒禁時，一定有些禁戒必須受持；而且修這種咒禁的法，一定要點香不斷。這在古時是沒有問題的，可是現代點香時往往會點出毛病來，因爲現在的建築物是密閉的，往往空氣不能與戶外流通，就會出問題。應該像古時的茅草屋，是通風而不是密閉的，這樣點了香就不會有問題。前些年不是曾經悶死人嗎？並不是那個咒法有問題，而是那個空間密不透風，點了大量的香以後，乩童最後悶死在關房中；是因爲點香很多，氧氣不夠。這一類都是屬於咒禁的修行法門，修這種法門的都是屬於仙法或道術。仙法、道術修學成功時能夠當一個成功的乩童，最高級的乩童不必由神附身，神明直接告訴他，他可以具足了知而直接指示問事的人，不必由神明附身來作，這是最高級的乩童，他與神明雙方合作輕鬆地利益人類。

又如密宗的咒法，絕大多數是外道法，與佛法無關。可是有很多人不瞭解，由於迷信而崇拜得很，信之不疑，所以受持某一些咒時，都是規定要持幾百萬遍。可是持某一些咒，得要配合什麼手印，該用什麼身印，都不知道；縱使喇嘛們教了，也是修不成功的。密宗許多喇嘛們自己持咒也很精進，結果都沒有成績；那些外道咒經所允諾的宿命通、天眼通等功德，沒有一個喇嘛修成。但他們都不知道那些密咒大部分是天竺密宗祖師自創的，再怎麼持也沒有用，所以持了一千萬遍以後，接著又持一千萬遍，已經老而沒氣力再持了，就這樣空費一生持咒；這猶如台灣話說的「持憨咒」，也好像淨土宗裡罵人的話「唸怕佛」（台灣話，意為念空心的佛號，不是同時想著佛的紮實念佛），只是浪費生命。

但是外道中有一些咒，是可以直接與天界溝通的，因此而能爲人排難解紛，這就是受持咒禁。當然，「咒禁」是說持咒時有一些禁制，是持咒者不許違犯的，必須要依照傳咒的神明或仙家直接指示的內容來遵守，也必須依照所授的口訣來受持，一步都馬虎不得，才能夠成就。咒禁成就時可以使人延壽，也能獲得一些道術，然後可以爲人家辦事或治病。但是諸位千萬不要喜歡這種事，因爲我所遇見爲人辦事的人—就是專門幫人家辦鬼神的事—有很多人後來都被鬼神附身，無法脫離，結果都是悲慘的。如果有機會，去精神病院中瞧一瞧，裡面有很多這一類人。所以看見有人能爲別人辦事畫符，千萬別羨慕。因爲早晚會被鬼神纏住，人家說「請神容易送神難」，那時想趕鬼神離開，可不容易！

還有，受持咒禁時也有禁忌，絕對不能貪人家的男女色，這是特別嚴重的禁忌。如果貪人家的男女色，鬼神的處罰通常都非常嚴重，有時甚至絕子絕孫，或者禍遺後代。因此，眞正的道術都有很多禁忌，不像密宗可以亂搞男女關係。其實密宗那些咒禁都是假的，根本就沒有人成就過；大家可以觀察藏密那些上師們，沒有一個人成就密咒中應許的神通，都是死後才被人宣揚所謂的大神通。而且，神通是應該自己修成，不是依靠鬼通；而他們根本就違犯了道術所應該守護的禁戒，怎麼可能成功修得神通呢？然而，眞正的咒禁已經嚴格遵守了，也已經「**堅固咒禁而不休息**」，精進用功以後，終於「**術法圓成**」時，可以延年益壽，也可以知道某些人家庭變故或身體病徵的背後原因，然後就能爲人治好一部分因果病，讓醫生嘖嘖稱奇！而他自己也可以成就仙道，所以名爲「**道行仙**」。

「**堅固思念而不休息，思憶圓成，名照行仙。**」第八種仙道是「**堅固思念而不休息**」。「**堅固思念**」就是不休止地住於憶想的狀態中，在憶想狀態中明照所要知道的內容，冥想也屬於這一類。這種修行方法，一般人都無法修習成就，必須有人口授機宜才能成功；縱使成功了，也還是無法獲得禪定境界。如果修成功，倒是會有後遺症，只怕每天都得神神鬼鬼、陰風陣陣；他又不懂得如何應對，可就逃不開鬼神了，從此以後要常常爲鬼神服務，說白了就是成爲鬼神的奴才。這種修行方法，是凝想自己可以由頂門出神，也有人凝想於丹田之處修練內丹等，都是因爲澄清思慮之心而凝住於所思的境界中，久而久之漸漸可以明照而相應，所以才被稱為「照行仙」。據說這樣的仙道修行方法，有的人可以修成世間凡夫的他心通與宿命通。

「**堅固交遘而不休息，感應圓成，名精行仙。**」第九種「**堅固交遘而不休息，感應圓成**」，其實就是藏密的雙身法，也是道家的坎離交媾，就是洞玄術、素女經等男女交合法，講究的是採陰補陽或採陽補陰。宗喀巴在《密宗道次第廣論》中說雙身法要「每日八時而修」，他在《菩提道次第廣論》中說的止、觀，同樣也是指雙身法，只是都用暗語，所以說得很隱晦。依照宗喀巴說的每一月、每一年、每一劫都要「每日八時而修」，正是「**堅固交遘而不休息**」。你們看藏密所謂的「報身佛」不都是永遠抱著女人在享樂嗎？正是「**堅固交遘而不休息**」的最好寫照。這種修法說穿了最多只是仙道，與佛法完全無關；縱使密宗裡有喇嘛修成功了，「**感應圓成**」了，不過就是「**精行仙**」，活久一點，享受淫樂久一點，最多一千年、一萬年好吧？終究還是得死。死的時候業鏡檢查時，如果一生都是與別人的妻房邪淫，而不只是與自己的妻子修雙身法，那時就得下墜阿鼻地獄了，有什麼好處呢？何況密宗喇嘛們邪淫一世，與眾多女信徒合修過雙身法以後，也沒有誰修成「**精行仙**」的境界，全都是幾十歲就死亡了，而且大多比一般人早死，可見他們都沒有修成精行仙的境界，更別說是佛法的智慧了。

這種「精行仙」的修法，也就是密宗的雙身法，都無法斷我見，連聲聞解脫道的見道都無法實證；何況阿羅漢所不能證的大乘見道明心見性，就更別說了！其實道家也有這種雙身法，所謂「取坎塡離，抽鉛添汞，以結仙胎，所謂交遘也。」也就是「內以坎男離女，匹配夫妻；外即採陰助陽，攝衛精氣」。說穿了就是道家的坎離交媾，採陰補陽，以求長命不死；可是至今還沒有看見有道家或密宗喇嘛們，活上二百歲的。所以說密宗的雙身法，其實連外道的仙道都不如。

「**堅固變化而不休息，覺悟圓成，名絕行仙。**」第十種仙道是「**堅固變化而不休息**」，這種仙道是存想於世間變化等事相，想要擁有變化外物的能力，所以他的修行方法就是修學神變；當然這也是要有「**絕行仙**」爲他指導，否則恐怕都會成爲精神病患，可就得不償失了！所以在已練成者的指導下，把自己的心想加以運作，終於覺悟到變化外物的竅門了，於是就能把某一種東西變化成功；接著再繼續存想於另外一種性質的外物，再觀察變化這一種外物的竅門。就這樣在變化外物的各種竅門上用心而不休息，這就是「**堅固變化而不休息**」。當他把各類不同性質的外物變化竅門都通達了，是格通物化的原理了，就是「覺悟圓成」。這種境界對於世間人來說，可眞是絕妙於世，無人能比，所以稱爲「絕行仙」。而且，這時他的心境也對世間財物都無所貪戀了，心行滅絕於人間諸法，只想繼續住於「絕行仙」的境界中，所以名爲「絕行仙」。

以上十種仙道，如果有人把其中一種修習成功了，世間人就會崇拜到五體投地；然而這終究只是仙道，連我見都沒有斷除；從解脫道來說，還不如什麼都不會的聲聞初果人，仍然只是凡夫，徒具神異境界，卻仍然得要繼續流轉生死；未來很多世以後，還是會再度成爲平凡的世俗人，不離有爲生死的境界，但是卻可以唬人說是大菩薩再來。譬如第十種仙道成就時，也可以唬人說是八地的大菩薩，一般人也是會相信呀！除非有人從是否斷我見與明心上面加以考驗，否則大眾都不知道他沒有無生法忍，就會大信特信，於是立即哄傳開來，大家都說：「這一定是八地以上的大菩薩。」其實，他連聲聞法中的見道智慧都沒有。你若是特地爲大眾講解聲聞解脫道的正理，或者實相般若的正理，大眾才不聽你的，都只願意聽那個仙人的。這就是世間人，也是現在的佛教徒。所以現在智慧一斤賣不了三毛錢，得要遇到了識貨的人；千里馬必須是遇到伯樂，否則不免被人當作拉車的馬來用。所以說，識貨的人很難得，一般人是不懂如來藏勝妙法的，只懂得表相佛法的緣起性空，偏偏那些大法師們弘揚的緣起性空又是錯誤的，把常見外道的知見拿來解釋四阿含中的緣起性空，這眞是末法時代的佛子們最可悲之處啊！

「阿難！是等皆於人中鍊心，不循正覺，別得生理，壽千萬歲；休止深山或大海島，絕於人境，斯亦輪迴妄想流轉；不修三昧，報盡還來，散入諸趣。」「**鍊心**」的仙道都是不斷我見的人，都把覺知心抱得緊緊地，想要修鍊覺知心達到世間人類所達不到的神異境界，都不是眞實的覺悟。因爲他們所覺悟的都是欲界中的世間法，所以說這十種仙道的修行人，都是「**不循正覺**」的修行者。但他們都外於世間人而另外覺悟在欲界中生存更久的道理，所以壽命可以達到千歲或萬歲之久；這些人休養生息於深山中或大海島上，不與世間人來往；然而這些仙人們終究也是住在輪迴不止的境界中，依然是在虛妄想之中繼續流轉的凡夫。這十種仙道中的修行人，都不修習如來藏金剛三昧，未來千歲或萬歲以後，仙道正報受完了，依舊會還來人間受生，將會散入六趣之中，繼續輪轉生死。

這些仙道中的修行人，確實都在人間「**鍊心**」。然而佛法根本就不需「**鍊心**」，因爲佛法是證得第八識如來藏，然後才開始修正自己，不需鍛鍊覺知心生起什麼特殊的功能，而眞實心如來藏何曾需要鍛鍊？但是這十種仙道中的修行人，全都是在鍛鍊覺知心；如今看看當代所有大法師們，他們也全都是在「**鍊心**」，都是想要把有生必滅的覺知心鍛鍊到完全離念時，就認爲已經是變成常住不滅的眞實心了，也同這十種仙道的修行人一樣在「**鍊心**」；同樣不肯循著眞正的覺悟之道來修行——「**不循正覺**」。這不正是現代佛教中所有學人的悲哀所在嗎？

【「阿難！諸世間人不求常住，未能捨諸妻妾恩愛。於邪婬中心不流逸，澄瑩生明；命終之後鄰於日月，如是一類名四天王天。於己妻房婬愛微薄，於淨居時不得全味；命終之後超日月明，居人間頂，如是一類名忉利天。逢欲暫交，去無思憶，於人間世，動少靜多；命終之後，於虛空中朗然安住，日月光明上照不及，是諸人等自有光明，如是一類名須焰摩天。一切時靜，有應觸來未能違戾；命終之後上昇精微，不接下界諸人天境，如是一類名兜率陀天。我無欲心，應汝行事，於橫陳時味如嚼蠟；命終之後生越化地，如是一類名樂變化天。無世間心，同世行事；於行事交，了然超越；命終之後遍能出超化無化境，如是一類名他化自在天。阿難！如是六天，形雖出動，

心跡尚交；自此已還，名為欲界。

講記：「阿難！欲界中不同心性的各種人都不求常住之法，也還沒有能力捨棄妻妾之間的種種恩愛。但是處於四處都有邪婬事相的欲界人間，他的心中卻不會因此便流散放逸於邪婬之中，心地澄清瑩亮而出生了微少的光明；命終之後相鄰於日月，像這樣的一類人名爲四天王天。對於自己的妻子房室中事已經婬愛微薄，於清淨修行安居的時候不會貪求具足行淫的所有境界；這類人命終之後超出日月光明，居住於人間之頂，像這一類人就名爲忉利天。若是逢遇配偶提出要求而履行義務暫時交合，過去了以後就不再思念及回憶剛才的境界，住於人間的時候也是動心的時候少而靜心的時候多；這一類人命終之後，於虛空中清朗而獨自安住，日月的光明向上照不到他，這一些人自己有光明照耀，像這樣的一類人名爲須焰摩天。一切時候都是靜心不動，配偶若有與婬行相應的觸來到他身上時，他仍沒有能力違背抵抗；這類人命終之後會上昇於精細微妙境界中，不再接觸下界各種人與天的境界，像這一類人名爲兜率陀天。我的心中本無行欲之心，只是回應你而共行婬事，於床上橫陳行事時無心領受，所以味如嚼蠟；命終之後出生於超越欲界四天事物而能自行變化的境界中，像這一類人名爲樂變化天。沒有欲界世間之心，只是如同世間人一般行於婬事，於婬行的事情中互相交合時，心境是清楚而不迷戀地超越的；命終之後普遍地可以出離及超越『能變化天』及『不能變化天』的境界，像這樣的一類人名爲他化自在天。阿難！像這樣的六天有情，身形雖然出離了心動的境界，然而心的行跡仍然與婬欲或多或少都有交錯；所以從這個他化自在天開始往人間而還，全都名爲有欲的世界。」

「阿難！諸世間人不求常住，未能捨諸妻妾恩愛。於邪婬中心不流逸，澄瑩生明；命終之後鄰於日月，如是一類名四天王天。」三界之中共有九地，也就是共有九種不同層次的境界。這裡還是在講解欲界中的境界，因爲餓鬼道、畜生道、人道都屬於欲界地，但欲界地中還有六種天的境界，仍然是欲界地。世尊這是爲我們開示六欲天的天人是怎麼來的？爲何他們會出生在欲界六天之中，六天的差別又是如何？這仍然是在說明世界的由來，所以延續前面三界世間的由來，這裡還只是講到欲界世間的由來。

佛說世間絕大多數人都不追求常住法，他們所追求的都是有爲法、變異法，都是會遷流變異的無常法。所以，有人去學做麵包花、塑膠花，做得唯妙唯肖，比眞花還美；當他們做好了送給別人時，竟然有人說：「這個我才不要，因爲這是假的。」有人說：「你做得眞是美，不簡單！」收了下來，但他放不上兩年，因爲沾上灰塵就得丟了；最後還是喜歡鮮花，說：「這花只要謝了，我就換新的，永遠都不會有灰塵。」所以還是喜歡無常法，因爲新鮮就表示無常，常住的一定不新鮮，所以不要。你如果問孩子：「如果永遠都像現在這樣當小孩子，一直都很快樂，你要不要？」他說：「我不要！」所以孩子才會喜歡唱那一首歌：「只要我長大，只要我長大。」孩子很想要長大呀！不喜歡永遠都是不變的小孩子。可是你如果告訴小孩子：「現在會長大，將來就一定會老、會死，你還是要長大嗎？」小孩子還是會回答說：「我還是要長大，不要永遠當小孩子。」

如果這麼說：「各位女菩薩們！妳們現在的髮型都是自己最喜歡的，那就以後永遠保持髮型不變，好不好？」妳們一定說：「我才不要哩！」大家總是希望可以常常變化一下，原因是覺知心變來變去，不喜歡常住不變的法。所以常住不變的法，眾生都不喜歡，眾生喜歡的都是非常。如果眞的喜歡常，對世間人而言還眞是個大問題！譬如你吃了一顆糖以後，嘴裡永遠都是甜的，因爲是常，所以從此以後吃飯也是甜的，吃鹽也是甜的，不論什麼都是甜味；那麼你要這樣嗎？一定不要嘛！所以在世間法上還是要有無常才好。一定無常中有常，常中具有無常法，這樣才好。學佛法也是一樣，也要有常與無常兩者才好，所以無常也是必須有的。

如果有人聽到這裡爲止就罵起來：「亂講！爲什麼還要無常？應該追求常才對，不該容許還有無常。」那我告訴你：還眞的要有無常才行，如果不是無常，你將不能證得常住的如來藏常；因爲現在就常的話，那麼就必須永遠都沒有證得如來藏，才是永遠的常——永遠維持現在未悟的狀態才能說是常。然而現在證得如來藏而生起智慧，是與以前不同而有了變化，當以前沒有的智慧現在生起了，這難道不是與以前不同嗎？和以前相比時不正是無常嗎？而且，正因爲有無常的五蘊十八界，你才能證得如來藏的常；所以還是得要有無常，才能證得常。從另一方面來說，如來藏如果內外都常，好不好？其實也不好；因爲如來藏如果內外都是常，祂心中的染汙種子就永遠都不能轉變爲清淨種子，常是不會轉變的啊！所以如來藏心的自性必須是常，心體中的種子還得可以轉易而暫時無常才好，還得要具足非常與非無常才好，所以還是要中道。要什麼樣的常才是好的？要佛地的常才是好的。除了佛地的常以外，必須常與無常二邊具足，應該無常之中有常，常中也有無常，成爲非斷非常才是因地最好的境界，只有具足二邊才能修行成就究竟佛果。

諸位拿到《心經密意》了沒？還沒有拿到嗎？已經出版了。要讓佛教界人士讀一讀，才會知道有人可以這麼講《心經》，因爲從來沒有人這麼講。在那本書中我就這麼說：非常非斷才是菩薩的究竟涅槃。因爲只有佛地才可能有常樂我淨。非常非斷爲什麼是菩薩地的究竟涅槃？因爲在非斷非常之中，非常的種子可以變異轉易爲常；必須是一切種子都可以不斷變異，才能到達最後究竟清淨而不再變異的境界，這才是究竟的常，這時才是佛地究竟涅槃；所以如果不是菩薩地之非常非斷，就不可能成就佛地的究竟涅槃。但是這個道理，眾生都不知道；如今當代大法師、大居士們，又有誰知道呢？他們也都不知道。所以我們才要把究竟涅槃的道理，藉著《心經密意》的印行流通來告訴他們。

有一位親教師校對過以後說：「這本書賣三百元太便宜了！」我說：我們目的不在錢，我會把定價定爲三百元，不同於我們其他的書，是要表示它比其他的書勝妙而特殊，讓大家珍惜。若是眞要定價錢，說一句老實話，以那樣的內容，賣一千元、二千元都不算貴。但我們目的不在賺錢，所以只要讓大多數人對《心經》的眞實義能眞正深入瞭解，知道以前所讀到的註解都只是依文解義，知道《心經》的眞實義原來是這麼勝妙，從此以後大家每天早課唸《心經》時有不一樣的認知就行了。即使還沒有開悟，讀過《心經密意》以後再誦持《心經》時就會有不一樣的認知，知道在因地菩薩位中，一定必須常與無常具足，必須常中有無常，無常中有常，才能成就佛菩提道。這樣就比以前的認知提升很多了，那麼我的目的就圓滿了。

所以眞實的常是究竟佛地，只有佛地的如來藏可以具足名爲眞如，如來藏內外都是具足常而圓滿，這才是眞實的常，正是佛地常樂我淨的常。如來藏心體是常住的，可是這個常住法，世間人不想追求，世間人一天到晚想的都是要無常的法。即使是學佛人，口中說要證得常住心，其實心中眞正喜歡的還是意識覺知心的無常性。至於無常法中，欲界衆生最貪著而最難捨的，就是「未能捨諸妻妾恩愛」。所以有人學佛以後，心裡老是想：「我先生對我好像沒有以前那麼愛了。」有的男衆心想：「我太太似乎不像以前那麼愛我了。」如果還是想要繼續愛得要死要活地，應該去信基督教。因爲基督教是教你：要愛妳的先生，要愛你太太，不論愛得如何深刻都行。但佛教卻不是，佛教教你要把愛情轉爲道情成爲同修，所以大衆都習慣稱呼自己配偶爲「我家同修」。因爲愛是一種執著，這正是「情」，情越重就越往下沉，所以基督教的教義會使人往上昇還是往下沉呢？用膝蓋想就知道了。

前幾天有一個福音節目，我從開始看到結束，因爲我被一個題目吸引了，這個故事我把它寫進《入不二門》的序文中，已經在我的電腦中寫好了。內容是說明佛教將會衰敗的原因之一——佛教的世俗化。世俗化會導致佛教的衰敗，久了一定會有嚴重的後果，而這個故事的主人翁是曹永杉先生。我會看那個福音節目，是因為它有一個標題很醒目：「**從迎佛牙到信基督**」。曹先生在佛光山護持二十五年，是佛光山星雲法師身邊的紅人，夫妻倆都單獨跟星雲法師合照過。曹先生是佛光山的五品功德主（佛光山的功德主分為九品，待遇高下不同），去到全世界所有佛光山的道場時，都可以免費吃住，或許還有其他的好待遇。聽說上下九品的功德主去到佛光山暫時安單時，吃住不一樣，詳細情形當然是那九品的功德主們比我清楚。

當年佛光山恭請佛牙來台灣，是由他抱在胸前的，他是抱佛牙在隊伍中前進的人呵！有幾個人能夠抱到佛牙？曹先生自豪地說：「**很多人是要用望遠鏡遠遠地看，我是把佛牙抱在胸前的。**」曹先生又說：「**佛法我都知道了！**」天曉得！他哪裡懂佛法？他所謂的全部懂，當然是指星雲法師所講的他全部懂，不是真的懂佛法；因為連星雲法師都不懂佛法了，他跟著星雲學，怎麼可能懂？曹先生說：「**佛法，我統統懂了，可是我學佛二十五年以後，遇到九二一大地震，房子都賣不掉，銀行雨天收傘要我還錢，我在當時想，認為**

沒有問題，所以開出期票，每個月要還五百萬元；沒想到都賣不掉，每個月五百萬元的支票全部開出去了，可是時候到了卻賣不掉。」後來他的妻子聽信女兒與洋女婿的話去求天主，於是改信主了，不信佛法僧了！據他說，求了三天的主以後房子賣掉了，向銀行借的錢就可以還了，因此他就跟著妻女改信天主，要永遠當主的僕人，盡未來際。然而眞的是上帝幫他賣掉的嗎？他其實弄不清楚，以爲是上帝幫他賣掉的，其實只是以前求佛菩薩，佛菩薩所安排的因緣成熟了，幫他賣掉了！但也剛好是他太太前三天正在禱告天主的時候安排剛好成功了，於是他認爲是天主幫他賣掉的。必須等到未來有一天又遇到困難，又去求主卻不靈了，才會知道原來當年不是天主幫他賣掉房子。

曹先生向以前同在佛光山同修的道友們建議說：「信仰都是一樣的。星雲大師也這麼說：信仰就是要求平安、求健康、求家庭和樂、求福報。我信了主以後，既健康，家庭又和樂，我太太又很愛我。大家都應該跟我一樣改信主。」顯然曹先生是不懂佛法的，才會以世俗法來解釋佛法。所以佛法的眞實意旨，佛光山從來都沒有講過，都是以世俗法來解釋佛法；所以你看星雲法師講的法，不論是講禪、講所謂的佛法，全都在講人際的應對、家庭的和樂、事業的發展、身體的健康，都是在講這一些世俗法。所以，曹先生向以前同在佛光山修學的道友們說：「宗教的目的都是一樣的，但宗教是有不同的。信仰宗教的目的都是求健康、求平安、求福報、求快樂，但是不同的宗教有不同的地方；我信佛二十五年，我沒有得到這些；我信主幾天，就得到了，所以信宗教是對的，應該信主。」他的妻子在節目中還說：「我就跟釋迦牟尼佛說：你也應該來信主。」（大眾哄堂大笑……）

所以由這個事件，我們都可以知道：不解說三乘菩提的眞實道理，把佛教世俗化以後，就是會變成這樣的結果，就把佛教變成跟一般宗教一樣了。怪不得佛光山年年都要與一神教的神父們互相交流，應該是著眼於互吹互捧、拉抬社會地位吧！佛教固然有人天善法，但人天善法只是個方便法，目的是要使眾生具足善根而引進三乘菩提中來。但佛光山與慈濟卻是把人天善法當作是究竟的佛法，於是就把佛法世俗化；由此緣故，絕口不談三乘菩提，從來都不必修證如來藏，甚至都不必斷我見；只要保持意識有善心善行就夠了，結果就會有曹永杉先生的這種狀況出現。如果這些話傳到曹先生那邊去，或者將來《入不二門》流通出去以後，也許有一天曹先生會來找我，或者打電話來；如果我有因緣親自接待他，我會告訴他：「你根本不懂佛法！

因為佛法是三乘菩提，你講的都是宗教信仰有求有為境界，與解脫或實相智慧都不相干，當然都不是佛法。而星雲法師教給你的並不是佛法，只是與天主教一樣的信仰層次，也都只是人天善法，都只是宗教信仰而不是佛法。」（編註）所以欲界世間的人們喜歡的只是欲界恩愛法。如今妻子很愛他，他也很歡喜，因為上帝也說：你要愛你的妻子、丈夫，至死不渝。所以天主教講博愛。如今曹先生夫妻倆很恩愛，不像以前學佛時有一點冷冷的，他們都很喜歡。但這正是「未能捨諸妻妾恩愛」，所以說夫妻恩愛是欲界人間所喜歡的境界。（編註：後來曹先生的妻子曾打電話來講堂，但沒有遇上平實導師。）

既然「未能捨諸妻妾恩愛」，貪著於人間的強烈妻妾恩愛，當然就會永遠輪轉於欲界的人間，連欲界天也無法去；即使上帝在聖經中應允往生天堂了，也是無法上生欲界天中；所以曹先生想要死後生在上帝的欲界天中，其實是不可能的。必須對人間的夫妻恩愛淫欲貪著降低了，才能往生欲界天中，但曹先生與星雲法師都不會懂得這種道理。可是人間畢竟還有許多人是在心性上面用功修行的，於是對於婬欲貪著的六種差別就出現了：

第一種是「於邪婬中心不流逸，澄瑩生明」。「邪婬」主要是指不正常的性關係，特指與配偶以外的異性交合。如果夫妻之間互相忠誠，從來不搞婚外情，就是「於邪婬中心不流逸」；看見人間有種種邪婬的事情時，心中不會流逸而嚮往，一直都是互相忠誠的。由於這個緣故「澄瑩生明」，心性開始澄清瑩潤而似乎有一些光明了。這就是儒家講的人倫之道，人倫中的三綱五常能清淨自守。近年的一貫道說法時有這個好處，他們教人要遵守人倫的三綱五常，就不會落在邪婬境界中。由於心性比人間的男女清淨了，因此「澄瑩生明」，似乎是有一點光明出現了。當他有了一些光明性出現以後，命終之後就可以跟日月平等相鄰而住。

如果心性是幽暗性的人，見了光就難過，必須要隱藏自己。凡是邪婬都必須要隱藏，比如有婚外情的人，每天回家以前都要先把衣服整理好，避免露出痕跡；若是紅杏出牆，回家以前也要先整理一番，怕家人知道，總是要躲躲藏藏的。如果不邪婬，夫妻倆同時出入，何必怕人家看見？心地就光明磊落，因此「澄瑩生明」，開始有一些微小的光明出現了，命終之後自然鄰於日月，出生在四天王天中，就在須彌山的山腰安住。日月是繞行於須彌山的，所以他住於須彌山腰，這一類人已經是欲界天人，就是四天王天。人間的五十年是四天王天中的一天，一樣是三十天爲一個月，十二個月爲一年，天人壽命有五百歲，身高半由旬。一由旬大約四十華里，所以半由旬的身量大約二十華里。

……（講經前的當場答問，移轉到《正覺電子報》〈般若信箱〉，以廣利學人，此處容略。）我們繼續講《楞嚴經》一七三頁第六行，上週講到第六行：「**如是一類名四天王天**。」接下來是忉利天：

「**於己妻房婬愛微薄，於淨居時不得全味；命終之後超日月明，居人間頂，如是一類名忉利天**。」這是講欲界六天的第二天，超越四天王天。四天王天的天人們，還是要男女根兩兩相會，如同人間一般；他們只是因爲不流逸於邪婬之中，夫妻之間是互相忠貞而不邪婬的，所以才往生到四天王天中。但是想要往生六欲天中，都有一個共同的前提，就是都要修十善業，不是只有這段經文中所講的六種不同層次的貪欲減少的境界。這只是爲了區別六欲天的層次差別，所以專就貪欲心境的不同而作說明，並不是不修十善業而只要符合這些狀況，就可以往生六欲天中。所以往生六欲天以前，除了對淫欲貪著的層次有差別以外，往生的前提是要修十善業，也就是身三口四心三的十種善業。若是不修十善業，單單是寡欲清心，還是不能往生六欲天中。持五戒而不修十善業，只能保住人身，不能往生六欲天中，所以我在這裡先說明這個前提。

忉利天的天人也是要二根兩兩交會才能滿足淫欲的，想要求生忉利天的人，不但是不邪婬，而且對於自己的妻房（女眾則是對於自己的良人）「婬愛微薄」。有的人貪欲很重，就像是一句成語說的「旦旦而伐」；意思是說，他每夜都要。能夠往生忉利天的人，則是由於「婬愛微薄」，或者兩、三天，或者五、六天，乃至半個月、一個月才需要一次，就是「婬愛微薄」。「淨居」是說不邪婬而清淨居家，不是指證道者的清淨性，而是說他住在不邪婬的境界中。「於淨居時不得全味」，不會每天都要，也不會像密宗追求初喜或第四喜那樣，想要獲得淫觸的具足享受。有的人是每天要，一天沒有，他就不能過日子。

「婬愛微薄」的人命終之後，自己的身光開始出現，比四天王天的天人光明一些。四天王天的天人身光幾乎是看不見的，是似有光明而其實看不出來，所以只有「澄瑩」如同鏡面一般反射而生的光明；但能夠往生忉利天中的人們，他的身光確實已經發出來了，雖然不怎麼光亮。這樣的人捨命之後，往生到超過日月光明所照的地方；日月是在須彌山的周圍繞行，而他生在須彌山的山頂而住，這就是忉利天，正是人間之頂。爲什麼他能夠生在比四天王天的天眾高一些的處所呢？是因爲他的貪愛比較輕，就是夫妻間的貪愛婬愛都比較輕薄了。忉利天的一天相當於人間一百年，同樣是一個月有三十天，每年有十二個月，而忉利天人的壽命是一千歲，身高是一由旬。由於婬欲淡一點，果報就更好一點。到這裡為止，雖然已經稱之為天了，從佛法中來看，卻都還屬於人間，所以仍然是男女二根兩兩交會；交會結束時，於二根之中有風氣洩出，婬貪就獲得滿足。

「**逢欲暫交，去無思憶，於人間世，動少靜多；命終之後，於虛空中朗然安住，日月光明上照不及，是諸人等自有光明，如是一類名須焰摩天。**」即將往生到欲界第三天的人，在人間時是「**逢欲暫交**」；平常不會想到夫妻之間的淫欲，只在適宜的情境出現時，才會偶爾夫妻交合，這就是「**逢欲暫交**」；而且事情過去了，也不會再回想：「**昨夜眞的很好。**」都不會再回想已經過去的境界：「**去無思憶。**」而這種人在人間生活時，動轉的時候少，安靜的時候多，不會到處攀緣，也不會每天都想要往外跑。

有些人若是在家裡住上一天，就覺得渾身不自在。但我們如果沒有事情需要出門處理，就只是每天從早到晚坐在電腦桌前工作，連著三天都不想出門，叫作大門不出、二門不邁。有好多事情等著要做，為了佛法的長遠弘傳，需要做的事情太多了，哪有時間出門去玩？這也是動少靜多的體現。有些學佛人都能這樣，雖然還沒有證悟，也可以專心讀書或者打坐修定，總是「**動少靜多**」。這一類人命終之後不依附於須彌山（四天王天是在須彌山的山腰，忉利天是在須彌山的山頂），不依止於須彌山的物質世間而住，是超過須彌山而在虛空中住：「**於虛空中朗然安住。**」這時所見的日月光明已經在很低的地方了，只看到日月在很低的地方，但是因爲太遠了，所以「**日月光明上照不及**」，照不到他所住的地方，這就是須焰摩天。

從須焰摩天看日月時，就好像在看很明亮的星星一樣，所以他們自己當然會有強烈的光明，照耀自己生活的處所；因此他們所到的地方，都由自己的身光照見一切，所以說「**是諸人等自有光明**」。須焰摩天的天人還是有淫欲的，但他們已經不必男女二根兩兩交會了；如果有欲心生起了，互相擁抱一段時間就滿足了。須焰摩天的一天是人間二百年，一個月有三十天，一年有十二個月，天人的壽命是二千歲。當然這都是指具足壽算而不夭折的天人，因爲生到天上的天人也有夭折的現象。而這天的天人身量是二由旬。

「**一切時靜，有應觸來未能違戾；命終之後上昇精微，不接下界諸人天境，如是一類名兜率陀天。**」接下來的第四天可就很勝妙了，因爲這是彌勒菩薩正在弘法的地方，不過 彌勒菩薩住在內院而不在外院。如何能夠生到兜率陀天呢？這類人是在一切時間裡都是安靜而不想動轉行欲。往生第三天的人是「動少靜多」，而即將往生兜率陀天的人，每天都靜心不動，除了行善以外，每天回到家中就是打坐不動，其他事情都沒有興趣，所以「一切時靜」。至於在婬欲上面，如果「有應觸來」時「未能違戾」；譬如配偶並沒有在修行，但有時需要而前來挑逗時，就是「有應觸來」。這時本於夫妻之間的同居義務，無法乖違而悍然拒絕；譬如孩子仍小，總不能離婚不理吧？於是「有應觸來未能違戾」，當然得要隨順配偶；否則弄壞感情以後，不就要常常吵架嗎？家庭該怎麼辦呢？那他也只好應觸而爲了。

這一類人的心中是不會想要做這件事的，但因爲配偶並沒有在修行，不可能離欲，所以使他「有應觸來未能違戾」，於是隨應而爲，這類人「命終之後上昇精微」。既是「精微」，當然是指兜率陀天的內院，而不是指外院。因爲外院是一般修行十善業的外道所能到，但他們不學佛，單有靜心的心境也不能與內院相應，於是不能「上昇精微」，只能生在外院中享受。古人也曾對這件事情提出疑惑：「嘗聞三菩薩修兜率內院，尚未全昇；當必別有修門，豈此少欲即能昇耶？」換句話說，單單少欲仍然不可能出生在內院中，因此所生之地不是「精微」之處，只能生在兜率陀天的外院中。

換句話說，不論是一神教、道教或佛門中，在人間不犯世間人，持守五戒不壞或者天主教的十誡等，也修十善業；這種人清心寡欲而不曾學佛，不能樂靜不動，就不能上昇兜率陀天的內院，不能生在精微境界之中，只能生在外院中享受天福之樂。所以「精微」是指內院，而內院是一生補處菩薩所住的地方，每天都在講說佛法，所以叫作「精微」。精是精細，微是微妙，所以有時佛所住的房子就稱爲精舍，譬如祇園精舍；表示那裡是清淨的地方，也有微妙的佛法演說，但因爲有房舍，所以叫作精舍。所以「上昇精微」是說出生到 彌勒菩薩正在說法的內院中。

到了第四天的內院，「不接下界諸人天境」。如果是外院，還會接觸到欲界天的欲境，當然不能稱爲「精微」。所以在人間學佛以後，清心寡欲而且有了正知正見，都不謗法、謗賢聖，並且還要修定而「一切時靜」，具足這四個條件才能生到彌勒內院中，並不是學佛持戒和發願求生就能如願往生的，所以彌勒內院是沒有男女欲存在的。但在外院不同，外院的男女若是生起欲想時，還是得要兩個人拉手一段時間，才能滿足欲心，所以和內院不同，當然不能稱之爲「精微」，因爲還有欲界天中的粗欲。

在西藏密宗裡，喇嘛們常常會拉女眾的手，拉過來撫摸一番，看女眾會不會強烈拒絕；如果沒有強烈拒絕，就可以再進一步發展下去，就是上床合修雙身法了。但他們通常都會事先暗示雙身法，說是即身成佛之道，說要有很好的善根才可以修；然後才會在沒有第三人在的場合，對女眾拉手動作。他們對於看上眼的女眾拉手以前，還是會運用善巧方便的，譬如開口說：「**我來算一算妳的命好不好，讓我看妳的手紋。**」就這樣開始試探，如果女眾好奇即身成佛的法門，或是本來就有意願，隨即就上了喇嘛們的當，於是毀破菩薩十重戒，未來無量世可就慘了。

所以兜率陀天只有內院是「精微」之地，外院眾生還是有欲的。六欲天中的一切男女欲，在人間都是具足的，只是越上去就會越少。比如第一天四天王天，具足上五天的欲；第二天忉利天，具足上四天的欲；第三天須焰摩天，具足上三天的欲等等。但我必須依照經文來說明每一層天的差別，所以每一小段經文中都只能說一種。兜率陀天的一天是人間的四百年，同樣是一個月有三十天，一年有十二個月，天人壽命為四千歲。兜率陀天還有一個名字，叫作知足天，因為他們不必擁抱，只要男女互相拉著手就滿足了，所以叫作知足天。

「**我無欲心，應汝行事，於橫陳時味如嚼蠟；命終之後生越化地，如是**

一類名樂變化天。」這是說夫妻同居之間，自己並不想有淫行，只是因應配偶的需要而做這件事，所以身體橫陳於床上時，心中並不想領受其中的樂觸韻味，名爲「**味如嚼蠟**」。這一類人命終以後將會出生在超越造化的境界中，可以自行變化所需要的用物，名爲「**樂變化天**」。有一位女眾很有趣，她因爲後來學佛，就不讓她先生碰觸，所以就介紹她的女朋友給她的先生，她的先生是我的同班同學。世間就是有這種事，這位女眾的現象就是「**我無欲心**」，不像別人「**應汝行事**」，她是乾脆遠離。好在雙方還能和平相處共住一個屋簷下。

這是說，會出生在樂變化天的天人，在人間時是心中沒有欲心的，但因爲身爲人妻或身爲人夫，有義務履行同居的義務（同居的義務就是指正淫的行爲），所以配偶有需要時就回應他；因此正在行事而橫陳於床上時，「**味如嚼蠟**」而不領受樂觸。這是因爲心中急著想要趕快結束，可以繼續修行，所以就沒有意願體會其中的樂觸，這就是「**味如嚼蠟**」。這種人命終之後生於「**越化地**」，「**越化**」是超越了造化，所以他們都能變化自己所需要的用物，所以化樂天人沒有物資匱乏的問題。

若是在忉利天，如果需要衣服時，就去找一棵特定的樹。那棵樹上全都是衣服，需要什麼衣服時，樹枝就會垂下來讓天人取得；若是那位天人的福德較差，不該用到最好的衣服時，樹枝就不垂下來，他就沒辦法取得那件他認爲最美的衣服。所以能夠取用什麼衣服，還是要以各人的福德作爲所憑。還有別的樹專門提供樂器，有各種不同的樹提供不同的用物，所以忉利天人不能自己變化。如果生在「**越化地**」的「**化樂天**」中，不論想要什麼欲界天中的用物，只要心中知道有什麼用物，生起加行作意，就能變化出來給自己使用，所以稱爲「**化樂天**」，或者「**樂變化天**」。這樣想一想，是欲多好呢？或是欲少好呢？當然是欲少好呀！因爲生到欲界天中，每往上提升一個天界層次，境界就更勝妙一些，但也是有相對代價的，就是淫欲的領受要捨棄更多。這一類天人，身量又再加倍，壽命也再加倍；所以兜率天人壽命四千歲，化樂天人可就是八千歲了；同樣是一年有十二個月，一個月有三十天，而化樂天的一天是人間的八百年。換句話說，彭祖從出生到死時，化樂天的一天才剛過完。這是欲界的第五天。

「**無世間心，同世行事；於行事交，了然超越；命終之後遍能出超化無化境，如是一類名他化自在天。**」接著講到欲界天的第六天境界，是欲界中最高的層次。「**無世間心**」意思是他心中其實根本就不想要世間的男女欲了，但是既然出生在人間，人間的家庭規矩就應該是這樣；所以儒家才講五倫，夫妻關係正是五倫之一。既然在家庭中不能單方片面廢除夫妻這一倫，所以得要「同世行事」而如同世間人一樣也做這件事。菩薩既然世世都在人間行道，當然也有很多種不同的層次，乃至最後身菩薩還要娶妻生子以後才能出家，一樣是這個意思：「無世間心，同世行事；」所以最後身菩薩娶妻生子都只是一種示現，是故意示現胎昧而娶妻生子。事實上菩薩早在一大阿僧祇劫前的七地滿心位時，就連欲愛的習氣種子都斷盡了；早在二大阿僧祇劫前的初地入地心位，就已經斷除欲界愛的現行了；所以最後身菩薩的娶妻生子，其實只是一種示現：證明人類是可以成佛的。當然已經沒有欲貪了。

但這絕不是藏密所有「法王」或喇嘛們所知的，因為他們根本都沒有超越人間的欲愛，而且是比世間人的層次還要低。因為密宗喇嘛們追求的第四喜，是求遍身樂觸，而且還求遍身樂觸長久不斷，是要每天八個時辰中保持在最高潮中長久不間斷；那正是最貪的執著，是人間層次最低、欲心最重的人，根本無法上生到四天王天中，而且連未來世再度生而為人的機會都消失了！因為這是「情」極重而「想」極少，必然要下墜。並且，他們一生之中與許多、許多女信徒合修雙身法，未來世根本沒有再度當人的資格，因為這種心性是與畜生性相應的。他們又都是免費獲得女人行淫而且接受對方的供養，並且又是極嚴重雜交的師徒亂倫行爲，是連當鬼道眾生的資格都沒有的，只能下墜地獄中受苦無量。至於他們所信受的三昧耶戒，其實三界中沒有這種戒體，絕對不能保護他們不下墜阿鼻地獄中。

必須越能離欲，才越能上生到欲界天的高層次中；越是想要獲得淫觸而貪著淫觸，便越會下墜，連上生欲界天都不可能；又因爲貪求欲觸而與意識相應，連意識的我所都斷不了，更無法斷我見，當然也別提明心與見性了，還說他們可以成佛，都是癡人說夢。而且淫行是世間法，也是人間法或欲界法；必須超越人間法、欲界法，才能超越欲界境界，上生色界，也都還只是凡夫呢！何況密宗連欲界的人間法都超越不了，空言成佛，眞是可笑！如佛所說：「**無世間心，同世行事；於行事交，了然超越；命終之後遍能出超『化、無化』境，如是一類名他化自在天。**」欲界第六天的天人們，超越下一天的化樂天，所以「出超『化』境」；也超越化樂天以下不能自己變化的「無化」等四天境界，所以「出超『無化』境」，合名「出超『化、無化』境」。

因此，他化自在天人都可以自己變化所需的用物，但他也可以不必自己變化，就把化樂天人所變化的用物直接取來受用，所以又名爲「**他化自在**

天」；是對於別人所變化的用物得以自在使用，才會稱爲「**他化自在天**」。他化自在天人的壽命又加倍，而天界的時間也跟著加長；所以他化自在天的一天是人間的一千六百年，同樣三十天爲一個月，一年有十二個月，天壽是一萬六千歲，身量又比化樂天人再加倍，欲心也不同，只有細欲了。譬如化樂天的天人如果起了欲心，就找到他所喜歡的天女，只要兩個人同在一起談話說笑，雙方就滿足了。他化自在天則不需要如此，他們只要互相在一起，可以互相看見對方一段時間就滿足了。所以，有的男人與女人是這一類人，他們都不交合，但是必須雙方常常同在一起；都不講話也沒關係，不互相視笑也沒關係，只要常常看得見對方就行了。這一類人，將來會出生在他化自在天中。

「**阿難！如是六天，形雖出動，心跡尚交；自此已還，名為欲界。**」欲界六天的天人，其中縱使有人身形出離了淫行的動轉，然而心中還是會與男女欲交參涉入；由於這個緣故，從他化自在天開始往下的所有諸天境界，全都名爲欲界——有男女欲的境界。請問：畜生道在不在欲界中？當然是在欲界中，畜生也是不離男女欲的，所以畜生才會有雌雄啊！畜生道有情既然住在人間，人間是欲界，當然畜生道也是欲界所攝。那麼餓鬼道、修羅道、地獄道在不在欲界中呢？也都在欲界中；因此這些有情都還是有男女欲，只是所受的正報與環境不同，使他們連求生存以及求免除痛苦都很困難，所以一般無福的鬼道有情無法領受男女欲的境界，地獄眾生就更是如此了；但他們仍然都是尚未斷欲的有情，也都不離欲界。

若是密宗那些所謂的法王和一切喇嘛們，他們都不能滿足於一位固定的女人，而且有了許多女人供他們享受欲界樂觸時都還嫌不夠，還要追求第二喜的更強烈樂受；甚至於覺得第二喜、第三喜都不夠，還要求第四喜——要全身都遍滿淫樂，而且還要每天八個時辰中都如此受樂。這其實是欲界中最強烈的淫貪，是人盡可妻或者人盡可夫的雜交行爲，連當人都沒有資格，當然更無法生到欲界天去，竟然誇口說他們可以往生天竺密宗祖師自己發明的「空行淨土、烏金淨土」；那其實根本就不是淨土，而是羅剎穢土。從 世尊經中所說的欲界六天境界，諸位可以用來判斷我們《狂密與眞密》四輯中所說的內容，對密宗雙身法的敘述分析和結論有沒有正確？全都正確！所以婬欲的貪愛越是微薄，情越少而想越多，就越往上升；可是密宗追求的是婬欲中最粗重的部分，不但要追求婬欲中的樂觸，而且還要把樂觸擴大到全身；不但擴大到全身，還要每天都延長到十六個小時，因爲宗喀巴說要「每日八時而修」。換句話說，除了睡覺以外的時間，即使吃飯時也要合修雙身法，因爲八個時辰就是十六個小時。

宗喀巴在「每日八時而修」之後又加上一個「等」字，就表示不是只有一個整天這樣修，而且是每一月的一整月、每一年的一整年都必須這樣合修；然後由於有淫觸的快樂果**報**，就主張他們所證的佛果是**報**身佛果，其實只是**抱身**假佛果。所以他們成佛的果報就是永遠抱著女人，密宗的「報身佛」接見「菩薩」時也是抱著女人在交合，渾然不知羞恥，連人倫都完蛋了，還誇口說成佛呢！所以密宗把報身佛的果報，完全解釋錯了，而且錯到一場糊塗。所以，從密宗的雙身法樂空雙運的第四喜—他們所謂究竟成爲報身佛—的境界來看，這樣深重的「**情**」執，其實死後連當人都沒有資格。如果陳淳隆、丁光文今天有來聽講，請你們回家以後思惟，別再上網胡亂毀謗如來藏正法，這其實是在造作地獄業，是在爲自己寫下「入住地獄申請書」。

從《楞嚴經》這段經文的眞義看來，密宗以雙身法作爲修行的法門，自始至終的一切修行都是爲了最後階段的雙身法樂空雙運作準備，修成的結果就是下墜於欲界的鬼道中，或者下墜於羅刹一類有情之中。猶如四阿含諸經的記載，羅刹在人間往往示現爲很美麗的女人，當她看上了誰，就跟他作夫妻；作完了夫妻以後，等到她丈夫睡著了，就離家出去抓人來吃。有時和她丈夫共生的孩子，當丈夫不在家的時候，她也會把兒子吃掉。人家說虎毒不食子，她卻把自己的孩子也吃掉。但是羅刹爲什麼不吃她的丈夫呢？因她們貪欲極重，每天晚上都要，她們是很執著「全味」而不是「不得全味」的，這就是羅刹。

那麼密宗雙身法追求第四喜，死後跟空行母相應，那空行母是誰呢？其實就是羅刹女。密宗男性歡喜地被空行母接了去，正是生到羅刹穢土去，他們不懂，還稱之爲空行淨土。這部分我還沒有詳細寫出來，因爲篇幅不夠。本來《狂密與眞密》是想寫成一冊，後來竟變成四冊。由於篇幅不夠，所以很多微細的地方就沒有詳細解釋，大略寫一下就算了，因爲有智慧的人一讀就清楚了。因此修學密宗的後果非常嚴重，我希望丁光文、陳淳隆兩位先生能夠在這上面特別留意；除非你們不信《楞嚴經》，那我就沒話可說。

以上講完六欲天，是從在家人的境界來說，不是從出家人的境界來說。密宗的雙身法初喜到第四喜的境界，如果他們想要引這一段經文來說，想要確認自己的層次，根本就對不上；因爲他們的樂空雙運境界是連人間一般人的層次都對不上的，何況是欲界六天中越往上就越淡薄的淫欲；所以他們全都無法引用這段經文中說的任何一個層次，來爲自己定位。所以說，這段經文中講的是在家菩薩、在家佛子們的境界，出家人若是不犯淫戒，就只能由心地中有淫欲、無淫欲來自我檢查。

然而，欲界世間是怎麼來的呢？諸位聽到這裡，清楚道理了沒有？如同地獄道、鬼道、畜生道世間的由來，是由心想與身口意行的造作而產生的；同樣的道理，正因爲上下六種婬愛厚薄的層次差別，才會有人間以及欲界六天的差別世間產生出來。欲界世間既是如此產生的，色界與無色界世間也同樣是由眾生心想與情的厚薄差別而產生的，只是再加上定力的差別罷了。所以結論是：由於無法遠離男女欲，貪著之心無法遠離，因此而有了欲界。所以欲界的由來，依舊是與三惡道世間一樣「**積妄發生**」，是因爲累積了很多虛妄想，認爲欲界中的六塵諸法境界都是眞實的，所以「**發生**」了各人應該往生的境界出來，於是欲界人間及欲界六天的境界便出現了。

可是爲什麼會「**積妄發生**」而有欲界六天以及欲界的人間出生的呢？是因爲不瞭解「三界唯心」所現，不瞭解三界境界全都是有情的自心眞如所顯現的。自心眞如中有了這些種子，但是七識心出生以後不能了知這些境界的虛妄，因此執以爲眞，就產生了欲界中這六個層次的差別。所以欲界六天的種子都是在人間種下的，種下種子以後捨報生到欲界六天中，也都只是「三界唯心，萬法唯識」。我今天下午三點半吃午餐時，打開宗教電視台配飯，剛好星雲法師在講「三界唯心，萬法唯識」；但他講的三界唯心是指哪個心呢？是講意識心。然而意識心能生三界萬法嗎？如是大師，眞令人不禁搖頭。可是仍然有很多愚癡人相信他的亂說呀！所以說眾生眞的可憐，無智到這種地步，當然我們眞的要更努力去救。「三界唯心」講的是各人的常住眞心如來藏，只有如來藏才能出生三界世間，卻是由眾生的覺知心造作了三界業的種子，所以如來藏才會顯現出三界世間來。若是離了眞心如來藏，哪裡還能有三界世間？但因爲眞心如來藏具有出生三界世間的功能，妄心七轉識不瞭解自己的眞心，錯認虛妄性而有生滅的妄心自己爲眞實心，所以有了不同層次的虛妄認知；然後執著虛妄境界爲眞實境界，便產生了欲界六天和人間的有欲境界，所以叫作「**積妄發生**」。

可能有些人產生了疑問：禪三回來了，明心了，知道世間一切境界，包括自己的身根與覺知心，都是自心如來藏所出生的，如今確實知道了。可是知道歸知道，開悟前很貪愛妻子的人，爲什麼悟後依舊貪？原來貪愛丈夫的人，悟後照樣貪？這叫作「**欲習未乾**」。有的人明心回來以後，你告訴他說：

「你跟太太離婚出家，行不行？」「那怎麼可以！」有的女菩薩，你告訴她說：「妳跟先生離婚，出家爲衆生做事，好不好？」她也不行。當然不好意思說：我不能一天沒看到我的丈夫。心中的貪念始終放不掉，因爲「欲習未乾」。

所以，聲聞初果人捨報後該往生到哪一界去呢？欲界！聲聞二果人捨報後該往生到哪一界去？還是欲界！因爲聲聞初果又名「見地」，具有解脫道的見地而不是佛菩提道的見地；聲聞二果人又名「薄地」：薄貪瞋癡。薄貪瞋癡是有沒有貪呢？當然還是有貪，只是淡薄了。那他死後又該往生在哪一界呢？還是在欲界。這些道理都爲諸位講了，從點點滴滴的道理解說之中，你們以後自己就可以判斷某一些人是在三界中的哪一個層次。這時你把一神教的《舊約》或《新約》，以及《可蘭經》翻出來，或如《標竿》、《荒漠甘泉》等，你把它們翻出來一讀，就知道那是在欲界天中的哪一天。

如果是基本教義派，他們都接受《聖經》中的說法，要把異端剪除，也就是要殺害異教徒——不信我們一神教的人，就得殺掉。造了殺人惡業，別說想要往生欲界六天，還得下地獄。耶和華老是爲人赦罪，說只要信他，就可以往生欲界天堂；但我保證，他的赦罪無效，罪人依舊要下地獄。因爲耶和華說的不算數，我蕭平實說的才算數；這是因爲信徒殺了人以後，耶和華也沒有辦法違背因果律，所謂赦免大惡人的罪，只是吸收信徒的一種說法。我的意思是說，明心只是大乘見道，是實相般若的眞見道；但是眞見道之後還有相見道要進修，所以禪三明心回來之後雖然有智慧了，仍然是「欲習未乾」；將來捨報以後若是不想繼續住在人間，也不想生到諸佛淨土去，就只能出生在欲界天中，無法生到色界天去。

所以明心之後在解脫道中的果位—先不說佛菩提道中的果位—只是初果或者二果人，除非以前曾證得禪定，如今見道後已斷五下分結。如果還沒有得三果的人，可得趕快離欲而發起初禪。初禪的發起過程，我在後面經文中會說明。因此，初果人跟二果人，如果想要證得初禪，都要非常辛勤努力才有辦法證得；如果是三果人—在見地上斷除五個下分結了—只要稍微修一下定，初禪就出現了，五個下分結就確定全都斷除了。因此說，明心回來以後，還是要直心防過，還是要藏六如龜、防意如城，要把意志控制好，好像守護城牆避免被五欲惡賊攻破。

明心後現觀如來藏自性是這樣清淨，可是尚未完全轉依成功以前，遇到境界時又免不了生貪：「冰淇淋那麼好吃，不吃眞可惜。」他想：「我又不是沒錢。」就買回來吃了，這就是對五欲起貪了。如果天氣熱，在家裡開了冰箱剛好看到，順便拿出來吃了，那就無關貪心。可是如果在冰箱裡找來找去，哎！被家人吃光了！忍不住就跑出去買，那就是生貪了。因此要「防意如城、藏六如龜」，要如同你所證悟的如來藏一般都不動其心，不要再一心攀緣五欲了，才是悟後起修之道，心地就會漸漸清淨，三果的實證才不會有遮障，也才能快速入地。我們正覺同修會也不許有人邪淫，最主要的就是婚姻以外的性關係，因爲這是邪淫，會障礙修道，當然要排除邪淫。凡是出現了婚姻以外的性關係，就必須離開同修會。但是還有一個情形，我要特別交代，因爲接下去就要講色界世間產生的原因了，就談不到欲界法，所以我要在這一段經文結束前先作以下的說明。

明心以後，因爲是眞正修學佛法的人，所以過去世的眷屬們當然大部分也都是學佛人；所以悟後心地開始清淨了，就會由於種子流注而感應出過去世的配偶。在第一次遇見時就會出現狀況——一見鍾情，於是就心迷意亂。請大家都要很小心提防，不要因爲這種情況而產生邪淫，免得壞了如來藏正法。如果直覺到某某人過去世是你的配偶，接著在第二剎那就必須了斷，不許猶豫而拖到第三剎那，否則就斷不了往世情了。你們可別像報紙上報導的一貫道劉□□一樣再續前緣，總共有二十六個妻子與他同住在一起。正因爲如此，所以一貫道後來也不承認他是眞正的一貫道。因爲現在的一貫道很注重五倫，與早期的一貫道已經有一些不同了。同理，遇到往世的配偶時，一定要當下了斷，免得產生婚外性關係，以免下墜三惡道。所以你們之中有很多人是我往世的親人，有過去世的父親、兄弟姊妹、子女，也有我的妻子，但是我都不會講出來，你們也不必知道。而我平常也不會特地去感覺，可是禪三時進了小參室，一剎那就感覺出來了，我就知道了。可是我從來都不講，因爲恐怕有人會想要像劉先生一樣再續前緣，可就天下大亂了。

這一世是這一世，上一世是上一世，不可以混亂；上一世你當我的父親，我也很孝順；但這一世我可不孝順你了，只孝順這一世的父親；就把你與其他同修們一樣看待，一視同仁。假使你的福德因緣不足，禪三審核時我一樣會把你刷掉，因爲佛法不能拿來賣人情。所以，如果你曾在夢中夢見往世的事情而知道我是你的什麼人，你也不必告訴我。特別是在配偶的欲貪上面，過去世的極親愛配偶若是遇見了，是很難控制的。除非過去世是怨偶，如果往世很恩愛，這一世就很難控制。而這種事情與對方是否漂亮英俊無關，一旦遇見了，往往就沒辦法控制。然而你既然明心了，得要有智慧當機立斷，要在第二刹那就斷除；如果你再猶豫一下，再過個三秒、四秒，那就完了，無力斷絕關係了！這個請諸位要特別注意。

如果不能當機立斷，又無法使元配心甘情願離婚，而對方也不可能離婚來與你結婚，卻又發生了性關係，可就變成邪婬了。這樣一來，捨報之後「三位十地一切皆失」，因爲這是菩薩戒中的十重戒之一，不通懺悔、必下地獄，那麼明心了又有什麼用處？即使見性了又有什麼用處？所以在那個狀況一出現時，要在第二刹那立即斷離，一定要當機立斷而轉爲道情。明心之後所產生的智慧，要同時用來防心離過，這就是擇滅無爲。因爲剛才有人問到擇滅無爲，我就順便簡單說明。這是因爲還要經過簡擇，要以見道所得的見地加以簡擇，然後回歸於無爲法中，就能遠離有爲法，叫作擇滅無爲。要到聲聞四果而且是不退的人，才有非擇滅無爲，因爲已經心性清淨了，不會在這上面生起貪染。那麼剛才現場答問中未答的問題，這兩個無爲就這樣順便簡單答覆完了。詳細的解釋就等以後重講《成唯識論》時再聽吧！

【「阿難！世間一切所修心人，不假禪那無有智慧，但能執身不行婬慾，若行若坐想念俱無，愛染不生，無留欲界，是人應念身為梵侶，如是一類名梵眾天。欲習既除，離欲心現，於諸律儀愛樂隨順，是人應時能行梵德，如是一類名梵輔天。身心妙圓，威儀不缺，清淨禁戒，加以明悟，是人應時能統梵眾，為大梵王，如是一類名大梵天。阿難！此三勝流，一切苦惱所不能逼，雖非正修真三摩地，清淨心中諸漏不動，名為初禪。」】

講記：「阿難！世間一切所在修行心地的人，不懂得假藉禪那靜思來修行而沒有智慧，他們只要能執持色身不造作婬慾的行爲，在平常或者行路或者靜坐時，連想念婬樂的心也都不存在了，貪愛與染污的心性不會生起了，也不會再停留於欲界之內，這個人就在心得決定時立即使自身成爲清淨修行中的人；像這樣的一類人，名爲梵眾天。婬欲的習性既然修除了，離欲的心現前了，對於各種律儀也都愛樂而且都能隨順，這一類人立即能夠廣行清淨的德行；像這樣的一類人，名爲梵輔天。色身與覺知心勝妙而圓滿，四威儀都沒有缺陷，也已經清淨所有禁制與戒律，並且再加上對於初禪天的境界全部明瞭與悟解，這一種人立即可以統領初禪天中的清淨大眾，成爲清淨天中之王，像這樣的一類人就名爲大梵天。阿難！這三種殊勝的參與者，欲界中的一切苦惱都不再能逼惱他們，雖然這三種人並不是眞正修習眞實法金剛三昧境界，然而離欲清淨的覺知心中，對於欲界中的種種有漏法已經都不動心了，所以名爲初禪。」

「**阿難！世間一切所修心人，不假禪那無有智慧，但能執身不行婬慾，若行若坐想念俱無，愛染不生，無留欲界，是人應念身為梵侶，如是一類名梵眾天。**」卷九的經文中，先講梵眾天。從這裡開始是要說明色界初禪世間三天的出生原因；當然我也要教導大家親證初禪的原理與過程，但是暫時還不講修證的方法。有很多人想證初禪，當然要精進，所以每天早上用過早齋，到戶外走動半個小時，就進屋裡上座修定，這一上座就不再移動了。除非腿功很差，凡是腿功很好的人，一坐就是三、四個鐘頭不動。腿功是可以練的，我這一世的色身不好用，所以我剛學禪時（當然那時不懂什麼是禪，跟著大法師以爲打坐就是禪宗的禪，所以去農禪寺學打坐數息），剛開始我連單盤都沒辦法，現在可以雙盤。以前是連單盤都沒辦法，只能把腳掌放在另一腳的小腿上，拉不上來；可是現在講經時單盤，一坐就是兩個鐘頭不換腿，下座也不必按摩，不會有什麼嚴重的狀況，也不必一拐一拐地走。所以腿功是可以鍛鍊的，但這也跟各人的體質有關係。如果骨骼細長而且又沒什麼腿肌，或者屬於○型腿，是向內彎曲的，不必鍛鍊也可以雙盤。話說回頭，修證初禪時有很多人誤會，總是一天到晚打坐；但是很多人每天坐六個鐘頭，最少也都每天坐三個鐘頭，坐到十年、二十年後的今天，有沒有證得初禪呢？都沒有。更可笑的人是：根本沒有得初禪，而自稱已得初禪。南部有一位法師在電視台上講初禪，我一聽就知道他根本沒有證得初禪，但他自以爲證得初禪了。至於那四大法師就更別提了，他們的禪定更差，至少有三人連未到地定都沒有。

初禪的證得，定力不必很強；只要有未到地定的定力成熟—未到地定的定力不退—再加上性障的降伏，只要有這兩個條件具足就可以得初禪了。未到地定的定力，譬如你們修學無相念佛，如果能夠修得很好，可以常常保持在憶佛念與處理事務的妄念同時並存的雙運狀態，這個未到地定就成功了。

你如果用這個功夫來打坐，就可以進入未到地定的定境中，長時間保持一念不生。如果再配合修除性障，初禪就會自動發起。並不是每天熬腿努力打坐，就能發起初禪的。有的人未到地定的定力非常好，但是初禪始終不現前，是因爲被性障給障住了。

世尊在這段經文中也是告訴我們：一切世間所有處所正在修心的人們，都是在修覺知心，不是在修常住的實相心金剛三昧，所以他們都無法假藉禪那來修行，當然不會有智慧出生。「禪那」並不是禪定，而是靜慮，就是中國禪宗的禪。靜慮與禪定不同，但是如今各大山頭也都不知道「禪那」其實是靜慮，所以他們都把「禪那」解釋作禪定，這眞是天大的誤會。「靜慮」就是把覺知心安靜下來，參究如何是實相，這才是眞正的靜慮——「禪那」。世間人修心時都是在禪定上用功，沒有正知見而無法假藉「禪那」—靜慮—來修心，所以都沒有智慧，因爲證得禪定時不會發起實相般若，所以依舊沒有智慧。

由於沒有智慧的緣故，只能執持色身「不行婬慾」；這類人不論是行路時或靜坐時，心中對淫樂都沒有生想或憶念，所以對男女欲的貪愛染著已經不會再出生了。在這樣的心境下，心性是離欲的，不與欲界相應，所以這時他已經不再停留在欲界境界中，當然就已經是清淨的初禪天人的伴侶了；心境「無留欲界」，所以捨報以後「應念身爲梵侶」，初禪的梵眾天世間便出現了。「梵」是清淨，「梵眾」就是清淨眾，因爲心中沒有男女欲的貪愛心，連想要看見異性的欲望都不存在了，那就是世間凡夫的清淨行完成了，就是初禪天中梵行者的伴侶了，所以稱爲「梵侶」。由於心境已經與欲界世間不相應了，所以自然會往生到超越欲界的處所去，於是初禪世間便出現了。將來捨報之後，他的色界中陰身出現之後，就會看見初禪天的境界，然後就出生到初禪天中。這意思是說，得要對男女欲的「愛染不生」，連想要看見異性的作意都不存在了，才能發起初禪。如果不懂這個正理，每天打坐八個鐘頭苦練，下座以後又想妻子或丈夫，初禪永不現前。即使只是想要看見而已，根本沒有想要交合受樂，一樣是無法發起初禪；因爲當他想看見異性時，就已經是欲界法中的細欲了，正是還有欲界愛，不能生到初禪天的境界中。

初禪如果善根發了，會有三種不同的狀況，隨著各人的心性與定力差別各不相同。初禪的善根發，第一種現象是由上而發，這種人是因爲對男女欲還沒有完全斷除或降伏。但是對於想要看見異性的貪染心已經很淡泊了，卻有時還是無法降伏、無法斷除而又重新生起，純憑每天長時間打坐來降伏著，不打坐時就常常會再出生；於是在打坐時從頭頂開始運運而動，就是有一點類似蠕動的感覺；就好像麻糬，如果用手加以慢慢推拉時，就會來回蠕動。這不是像果凍一般，果凍是顫動，是快速的；但它不是顫動，而是緩慢地運運而動，就是緩緩慢慢地來回蠕動。其實頭的內部並沒有在動，但你會感覺內部在動，這就是說，色界天身的頭部已經在你的頭部開始出現了。

這是因爲人間的人身還在，而色界天身的頭部與你的人身頭部相合在一起，才會感覺到頭部運運而動。當頭部開始運運而動時，是從最頂部開始，然後往下漸漸擴大蠕動的範圍；凡是開始蠕動的部位就會有樂觸伴隨著出現。這個現象漸漸地向下擴展，往下擴展時是呈現水平線的漸漸往下降；不論降到何處，那裡就會與前面經過的所有部位一樣，都有樂觸伴隨著蠕動而出現，是內外都有樂觸。但是這種運運而動、由上而發的人，大部分人都退失初禪而保持不住；原因是對於欲界的男女貪欲，還沒有完全斷除。世尊這一段經文中所說的是世間人，是指尚未見道的凡夫；所以這裡說的證初禪前提是「**世間一切所修心人**」，不是指證悟明心的菩薩修心，也不是講證得解脫果的菩薩或聲聞人。

世間人都是「**不假禪那**」所以「**無有智慧**」；他們修心時當然只是在覺

知心相應的定境上面用功，因此修心時最多是證得初禪而沒有解脫智慧、實相智慧。所以這類人發起初禪時從頭部運運而動，漸漸往下擴展，大部分人都是到了脖子、喉嚨就不見了，然後開始使水平線向上退失而全部消失掉了！明天想要回復而繼續打坐，還是無法重新發起；後天、大後天、再大後天也是一樣，不論怎麼打坐，就是再也發不起了。或者是重新發起以後，卻是漸漸往上退縮而每天縮小運運而動的範圍，縮到最後就完全不見了。這就是初禪善根發不具足，然後就全部消失了，根本就沒有辦法遍身，這是第一種善根發，是退失而無法具足發起初禪的人。

第二種善根發是由下而發，是由會陰開始發起，也就是由男女根開始發起。若是由下而發的，男眾一定會舉陽，女眾一定會有性興奮，但這時根本就沒有淫欲之念，卻同樣會有樂觸出生。這種運運而動的現象，將會從會陰開始呈水平線一般往上發展；凡是已經運運而動的部位，都會有樂觸伴隨著出現；然後開始漸漸往上升，上升到胸部時就會同時往腿部腳部發展，最後會開展到頭部而遍身蠕動，這時是遍身蠕動而遍身有樂觸的。但是初禪中的樂觸並不是淫欲之樂，而是清淨離欲之樂，這就是 佛陀時代證果的阿羅漢們的禪定娛樂。凡是由下而發的運運而動，十人之中有九個人會遍身發起；

是每天擴展而在十餘天或一個月內遍身，因爲有時會停滯不進。可能只有局部，明天越來越多，後天越來越多，然後可以遍身發起初禪，這個是第二種。所以由上而發多退，由下而發多進。遍身發起初禪樂觸以後，在平常行住坐臥之中，若是把覺知心一提，胸腔中就會有樂觸出現。

我個人則是屬於第三種，是剛發起時就遍身發，是在一剎那就遍身發起初禪，這種情況最勝妙，因爲那時也會出現天眼，讓你可以用天眼照見自己身體之內的情況，也可以看見自己的初禪天身。我那時其實還沒有在探討禪定，而是還在參究牢關的階段中；但是我有一個習慣，我對於道業的進展過程都會很仔細觀察。那一天是因爲我同修重感冒，所以我起床把大女兒上學需要帶的物品都處理好了，讓她去上學。然後我想到前一晚讀經讀到很晚才睡，眼睛有些不舒服（那時我每天晚上都要讀經讀到很晚，因爲經典開始讀懂了，所以都捨不得放下），於是就上樓想要補眠；而我那時是正式在參牢關了，其實無意修證初禪。

那時對於牢關的理路已經懂了，可是過牢關的內涵究竟是什麼？依舊不清楚，因此一直都在參究著。那時就是帶著疑情一面走、一面在參究。也是因爲時間還早，想睡個回籠覺，來到三樓進了房間才剛剛坐上床鋪邊緣，正準備躺下去，那時手往後伸出去要按住床鋪，但還沒有碰到床鋪，腳也已經離開地面而懸空了；就在那時，突然間遍身都出生了樂觸，我很驚訝，心想：「這是什麼？」但是我那時心裡都不敢動，因爲以往的經驗是，只要心一動就會消失了。所以那時我就停住，不敢動，乖乖地看著它出現，然後緩緩地躺下去，很小心地側躺下去；因爲還沒有觀察清楚，所以恐怕不見了。後來終於躺到床鋪了，但我發覺它沒有消失掉。那時就側躺著體驗那裡面的境界，因爲恐怕離開那個境界以後會忘掉，而我的記憶向來都不好，所以很小心，一定要好好觀察它。

可是沒多久，二女兒又開了門進來，問我一些話，那時心想：「**妳什麼時候不來，偏偏這個時候來。**」我家鬧過一次小偷，鬧小偷以前，我們家裡晚上睡覺時所有房門都不上鎖的；我們睡覺時從來都不鎖房門，因爲要讓孩子隨時可以進來。然後她進來就問事情，我又不能不答，她也不知道我當時的狀況，就算是說了，她小小年紀也聽不懂；於是我就很小聲回答，怕粗言粗語把那個境界弄丟了。直到全都回答完了，二女兒下樓了，我卻發覺：那個境界在講話時也不會失去。後來才知道經論中說，在初禪中不妨礙說話，確實是如此。

所以關於初禪，不知道的人或是錯證的人，總是會解釋錯了。初禪境界是離語言境，這並沒有錯；因此所有敘述初禪的經與論中，都說初禪境界是離語言相的，但那是講等至位的初禪。然而在初禪的等至與等持位中又都不妨礙言說；當時雖然是一念不生的，但是卻無妨回應而與別人有所語言，並無妨礙。所以 佛陀都是住在初禪中講經說法，所以說 佛陀從來沒有離開過禪定。我如今也是一樣，大部分時間都是在初禪的等持位中說法，但你們並不知道（作者註：初禪善根發屬於等至位，同樣不妨礙言說）。可是以前那時，那已經大約五、六年前的事了；有時候講經時胸中的樂觸太強了，我還得要停下來把它散一散；這是因爲我的支氣管從小就很差，如果初禪的樂觸在胸腔裡非常強烈時，就會咳嗽起來；所以只好把氣散一散，稍微休息幾秒鐘以後再繼續講經。我自己證實經論中說的完全正確：在初禪中並不妨礙語言，但初禪境界本身卻是離語言的，因爲它有一心的功德。也因爲初禪境界是超過欲界境界的，而語言是欲界中的境界。

當時我向內觀看時，發覺內臟都不見了！但不是用肉眼看見，而是以心眼看見自己身中都沒有內臟，整個身體之內只剩下滿身的如雲如霧。智者大師形容初禪的善根發時形容得不夠好，他說是身中如雲如影，其實應該是如雲如霧才正確。因爲那時身中的白色雲霧並不是很像霧，它比霧濃；可是又不像雲，因爲烏雲是黑色的，而它是白色的。有時天際有比較高層次的雲，顏色很白，可是身中的雲霧並沒有那種雲一般地濃，是淡一些，就好像高空白雲跟白霧的濃淡混合一下的程度，所以我說那時是身中如雲如霧。當時身體八萬四千毛孔，從頭頂到腳底，每一個毛孔都有樂觸，講話時那個樂觸也不會丟掉。而那個樂觸是怎麼來的呢？我發覺是因爲每一個毛孔都是內外相通的，當雲霧在毛孔出入時就會引生毛孔中的樂觸，而雲霧卻是一直都是隨出隨入而不中斷的。

二女兒進來問事時，我本來是想：「妳什麼時候不來問，偏在這個時候進來問事情。」結果發覺它不會丟掉，於是答話完了以後，我便繼續詳細觀察，就是我現在爲諸位報告的狀況。這就是初禪的遍身發，是在一剎那之間遍身發起，全身具足，也有天眼可以供你向身內看得一清二楚，所以看得見自己的天身內外狀況；如果是運運而發的人，就不會有天眼可以看見自己的天身。如果你們以後有這個狀況出現時，要記得好好住在那裡面加以體驗及觀察，那你就會說：「蕭老師果然沒有騙我，每一個毛孔都有樂觸，從頭頂到腳底。」不要以爲腳底沒有毛細孔，腳底一樣有毛細孔，手掌也是有毛細孔的，只是它沒有長毛而已；而全身所有的毛孔，從頭頂到腳底，全都有樂觸。那時全身內臟、骨骼都看不見了，只見身中如雲如霧，而那時看見的初禪天身皮膚就好像保鮮膜一般。保鮮膜有一種比較厚的，也有一種比較薄的，我所見、所觸到的就像比較薄的那一種；而每一毛孔都是內外相通，空氣不斷地進進出出，所以都有樂觸；雖然身中如雲如霧，卻不會全部流出去，眞的很奇怪，可是卻又內外相通，這樣子才是眞正的初禪遍身發。初禪的善根發，總共有三種，我今天都爲諸位講過了。台北有一位居士說他有二禪，可是他連初禪、二禪都講不出來。台南也有一位法師在宗教電視台講過初禪，可是初禪的善根發，他一樣是講不出來。這三種善根發之中，不論是哪一種，他們都講不出來，那你們說，那樣能叫作證得初禪或二禪嗎？何況初禪善根發以後，隨後還有後面的發展呢！這個發展，且聽下回分解。

今天繼續從一七五頁第二行開始講。上週我們講到初禪，好像有好多人很有興趣的樣子，不過我得要提示大家：是因爲經文講到初禪，所以我對初禪的善根發等內容作了說明；但是觀察諸位破參的同修們，其中大部分人都還不適合修禪定；何況佛菩提道的次第中，是要在三地心中才開始修學禪定的。也就是說，從第二禪開始的禪定，都是在三地心才開始修證的；而初禪的善根發，並不是單由修定所能發起的。所以我現在爲你們講了以後，你們可別就自己打坐盲修瞎練起來；因爲打坐還是得要懂一些方法上的基本知見，譬如七支坐法和一些注意事項。因此，希望你們不要聽了以後就自己打坐，否則會有問題發生的。等以後我們講枯木禪時，自然會從用功的心法、七支坐法以及靜坐的環境等事項，都爲大家說明；那時再來打坐就不會出問題了，道業也才會快速增長。接著要延續上一週的法義，講到初禪善根發以後的變化，轉變成梵輔天。

「**欲習既除，離欲心現，於諸律儀愛樂隨順，是人應時能行梵德，如是一類名梵輔天。**」上週講到初禪善根發有三種，諸位聽過了，接下來說它還會有後續的發展，後續的發展展屬於初禪三天中的第二天。初禪第一天的梵眾天，是說善根發以後沒有進一步的發展，就只能當初禪天中的人民，好比一個國家的人民一般，就成爲梵眾天。梵眾的意思是清淨的大眾，是三種善根發中的二種人：由上而發的人會退失，由下而發的人會往前進展，全身一時遍發的人全都不退，梵眾天中即是後二種人。梵眾天，絕大多數是由下而發的，但是因爲沒有繼續再努力進修；或者他的善根只有如此，不論再怎麼進修，始終無法再往前進展，就只能當梵眾天。從上而發的人，十個人中有九個人退失，唯一不退的人也是無法遍身發起初禪的，捨報以後生初禪天中，成為最差的梵眾天。

後二種人如果再有進一步的發展，就是接下來所說的：「**欲習既除，離欲心現。**」這兩句還是在講梵眾天中的天人們，如果對於欲界中的男女欲習性，譬如最微細的想要看見異性的習氣也斷除了，不只是斷除現行，那麼離欲的清淨心便現前了，這樣才能使他的初禪繼續發展而漸次深入。其實，所謂三毒就是三界，超過三界就是把心中的三毒消除。譬如欲界是男女欲的貪著境界，色界是除掉男女欲貪以後的清淨心境，但還有瞋心未斷；無色界就是斷除了男女欲及瞋心以後剩下無明，也就是還沒有斷除色界愛、色界有，只是藉禪定壓伏下來，並未斷除而生在無色界中。等而下之，凡是落入離念靈知中的人，全都還有欲界愛及色界瞋，當然更有無色界癡；無色界癡即是不能了知四空定中的離念靈知心虛妄，自以為那就是出三界的無餘涅槃境界。證得四空定的人都有無明，也就是不了知四空定中極微細的離念靈知心仍然是意識心、生滅心，所以有無明，即是無色界癡，所以無色界的內涵就是愚癡。

可是在欲界有沒有癡呢？當然有。欲界中的煩惱函蓋色界與無色界的瞋與癡。而色界已經遠離欲界中的男女貪，仍有色界的瞋和無色界的癡；到了無色界時就斷除了色界瞋，只剩下癡。所以度貪就過欲界，度瞋就過色界，度癡就是我見已經斷除。凡是有四空定的人，一旦斷除我見時就同時斷盡我執，可以超過無色界而立即成爲阿羅漢。所以貪瞋癡三毒就是三界，是依貪瞋癡三毒建立三界。下界具有上界的煩惱，上界沒有下界的煩惱，因爲已藉定力壓伏下來了。而這三界在《楞嚴經》中作了比較細膩的說明。懂得這些道理了，接著說：初禪天的梵眾天，以及欲界天人或者人間的人，捨壽以前已經證得初禪了，再經由修行而使欲習除掉以後，離欲心出現了（這個離欲心當然是講意識心的離欲），「離欲心現」時就準備成爲梵輔天了，所以這時還是在梵眾天中。

接著再進一步，「於諸律儀愛樂隨順」。律儀，就是行住坐臥中的威儀；若是有不良的行爲，一概把它消除掉，就是住於律儀之中能夠完全律己，不像梵眾天一般常常會有瞋心生起了；最後對於所有律儀已經「愛樂隨順」時，就成爲梵輔天，可以輔助大梵天王統攝梵眾天了。所以菩薩戒中必須有十重戒與四十八輕、五十四輕等戒律，就是約束菩薩們早日具足色界天人的威儀，才好行菩薩道而廣度眾生。若是連菩薩戒的威儀都持不好，還能攝受色界天人嗎？而十重四十八輕戒，歸納起來成爲三聚淨戒，就是歸納爲三種體性；除了攝善法戒與攝有情戒以外，第三種不就是攝律儀戒嗎？攝律儀戒也是菩薩戒中戒條最多的一項。必須對於菩薩戒中的種種律儀都能「愛樂隨順」，不是覺得繫縛，才能在四威儀中具足顯現清淨的德行出來，這就是「能行梵德」，這種人就可以成爲梵輔天。外道之中凡是能夠修定而成爲梵輔天的人，都是具足菩薩戒中的攝律儀戒的人，雖然他們並不曾受過菩薩戒。

「於諸律儀愛樂隨順」，並不是一般人做得到的。對於一般初歸依佛門的人，如果教他說：「你既然歸依佛門了，來受五戒吧！」他說：「好！」可是才一回頭，心想：「要受到很多東縛，不好玩！」就不願意受五戒了。我認識一位建築師，他以前是蠻有名的建築師；有一次，在和平素食餐廳，那時是我這一世初學佛不久，還沒有退休下來專心學佛；當時我的客戶建的房子都是他設計的，因爲我學佛，那位建築師也有在學佛，所以我的客戶在和平素食餐廳請我們一起吃飯討論那個建築案子。宴席間，那位建築師說他不吃葷，但是可以飲酒。因爲我那位客戶既沒有學佛，當然也是未受五戒的，可是他有學佛也有受戒，我問他：「你能喝酒嗎？」他說：「我可以喝。」我說：「你不是受了五戒嗎？」他說：「沒有關係呀！我沒有受不飲酒戒。」也就是受多分戒，只有酒戒不受。我說：「那你去受戒時，師父沒有問你受不受酒戒嗎？」他說：「有呀！可是我有一個辦法，師父如果說：『從今天起，邪婬戒永受不犯，能不能？』我就答『能』，最後問到酒戒時，我就答『不（小聲）能（大聲）』。」也就是「不」字很小聲，只放在嘴中；在大眾還沒有答「能」以前，他就先在口中輕聲說「不」，然後再跟隨大眾大聲答「能」。「所以我沒有受酒戒，我是回答『不（小聲）能（大聲）』，只是師父沒有聽到『不』字而已。」這是台灣當代很有名的一位建築師。也就是說，因爲他在事業上不能不飲酒，所以他可以素食，但沒辦法免除喝酒，所以沒有受不飲酒戒。這就是說，不飲酒戒屬於律儀戒。在度眾的菩薩們如果常常喝酒，身上常常都有酒味，就是律儀不佳，就是不能隨順律儀。

色界的律儀，特別是指男女欲上的律儀，他都能把習氣除掉而「愛樂隨順」；當他對於所有律儀還不能「愛樂隨順」時，表示他的初禪定共戒只有少分，不足以成爲梵輔天。所以剛入初禪天，剛發起初禪善根時，定共戒功德還很少；但是成爲初禪天中的第二種天人，也就是成爲梵輔天時，一定是「於諸律儀愛樂隨順」的，這時定共戒才開始多分出現，在這之前幾乎沒有定共戒可說。現在因爲「欲習既除，離欲心現」，而且又對所有律儀都「愛樂隨順」了，因此「能行梵德」。「能行梵德」時就能幫助大梵天統攝梵眾天人。「能行梵德」的人，都是因爲心地更清淨而使他的初禪定境繼續發展，才能達到梵輔天的層次。接著定境進一步的發展就是身觸有所改變。

這就是說，初禪善根發時是一時的境界，與後來的發展是不一樣的。善根發時，比如運運而動的人，在有蠕動的地方就有樂觸，然後漸漸擴展而漸漸遍身受樂；但是遍身之後就是善根發具足了，在最後一次善根發具足之後，當他離開初禪等至以後，那個遍身的樂觸就不見了；以後會變成只在胸腔中有樂觸出現，平常不會有樂觸；但是他只要心一提，胸腔中的樂觸就會立即出現，這就是有樂觸在胸了，就是初禪中的梵眾天之樂。如果是一時之間遍身發的初禪善根發，他後來不久就會具足第二天、第三天的境界，不需要從梵眾天中再修上來。遍身發的人都是這種人，通常是可以作大梵天的，也就是生在初禪天中，統攝梵輔天與梵眾天，所以成爲初禪天的天主。

初禪的善根發凡是一時之間遍身發起的人，不必等候漸漸遍身的過程，而是遍身發之後，退出善根發的境界以後，立刻就在胸腔中遍滿了樂觸，是自然而然立即就有。但是這種樂觸，與大梵天王的樂觸還是不一樣，還會有演變的過程，最後才能成爲與大梵天一樣的樂觸。這就是說，初禪中的第二天梵輔天人，心中還是要提（不是像練氣功那樣提肛），只是心中生起一個念，希望胸腔中的樂觸出現，它就會隨即出現（用「提」字比較傳神）；若是不想要的時候，只要覺知心不把它提上來，胸腔的樂觸就會消失掉。這是在梵輔天中的境界，只要覺知心一提，樂觸就在胸腔出現；這就是說，他在善根發之後並沒有退失掉。這一類人大多是從下而發，運運而動漸漸遍身；遍身之後就會永遠有這種樂觸存在，除非他不想要，除非他不再打坐而使定力退失，否則這種樂觸都不會再失掉，這就是梵輔天的境界，是由於**「欲習既除，離欲心現，於諸律儀愛樂隨順」**而產生的快樂果報。這是由離欲心而產生的快樂果報，所以與男女欲的樂觸截然不同，是完全無欲的樂觸。四阿含中說比丘們以諸禪定而自娛樂，就是講這個境界。

至於梵輔天爲什麼有這個名字？這表示他們的初禪定境足以服眾，可以擔任某些職務，輔佐大梵王統攝梵眾天。所以初禪三天的境界其實是住在同一天的境界中，只不過初禪天人的心境有三種層次，分爲三種天人，所以名爲大梵天、梵輔天、梵眾天而名爲初禪三天；「三天」是指三種天人，並不是一般人所以爲的初禪有三個不同的天界世界。

「身心妙圓，威儀不缺，清淨禁戒，加以明悟，是人應時能統梵眾，爲

大梵王，如是一類名大梵天。」接下來，有的人還會再轉變：「**身心妙圓，威儀不缺，**」這兩句是講梵輔天人繼續進修，或者在人間時把初禪定境再深入進修。梵輔天的初禪天身已經具足發起而增廣了，而他的威儀也不再有缺失了，並且在攝心上面很用心，所以定共戒漸漸圓滿具足了！這當然要很細心注意持心，包括很微細的部分都要守持不犯。這時他對戒律的道理已經明白地體悟了，知道戒律可以使人提升而不是約束自己；當心中確實愛樂隨順於戒律時，心地轉變清淨了，自己的層次也就隨著提升上去了，這就是「**清淨禁戒，加以明悟**」。加上有了對禪定原理的「**明悟**」，這時自然懂得禪定發起的道理，「**明悟**」禪定是由於什麼原因才能出現的；「**明悟**」這個道理以後，心地便更清淨而足夠成為大梵天王，於是有位缺時或者他的功德大過現任的大梵天王時，他就成為大梵天王了。

有很多人未到地定非常好，可以入定兩天、三天，但就是發不起初禪來；可是這種人卻往往自以為已經證得第四禪了，成為一場大誤會，這個原因也要再來簡單說明。為什麼他發不起初禪呢？因為他沒有「**明悟**」初禪，他不知道初禪境界現前的原因，他並不知道初禪實證的道理。初禪的現起，除了需要有未到地定的定力以外，最重要的原因是修除性障，就是修除五蓋：貪欲蓋、瞋恚蓋、掉悔蓋、疑蓋、睡眠蓋，這五蓋就是性障。所以，具足證得初禪的人如果躺上床時，決定那個晚上都不睡覺，就躺在床上住在初禪定境中，可以整個晚上都不睡覺；他可以連續幾天都住在初禪中不睡覺，這就是初禪的功德，但是精神會變得比較差。如果連續幾年都這樣不睡覺，身體也會弄壞，所以爲了維護欲界中的這個人身，平常還是得要睡覺。

但是，眞正具足證得初禪的人，是可以當大梵天王的；他一定會知道初禪的發起其實是由於離五蓋，也就是消除性障，特別是指男女欲；是因此而提升上來，才能使初禪善根發。所以初禪所需的定力不必很好，除非想要當大梵天王。如果無相念佛的雙運境界，能夠每天都保持著，這種定力已經足夠進入初禪了。所以想要發起初禪的人，不該只是在定力上增進，卻老是慢心看待別人；因爲他們不能發起初禪的原因，正是由於性障所障，被五蓋蓋住初禪了。有很多人極努力在修定，但是定力都修不起來，是因爲沒有人教導修定的各種方便善巧，這是事障；可是自己有方便善巧而把定力修很好了——未到地定修得非常好了——卻始終無法發起初禪來，原因就是沒有在「修心」上面用功，出了定境以後總是瞧不起別人，慢心很重；又對於三乘菩提及諸天境界始終有所懷疑，於是就被這些心性上的障礙所遮障，就會障礙初禪的發起，所以古德說：「性障初禪，事障未來。」

「事障未來」，是說沒有好好打坐修定，或者有努力打坐修定，卻始終修不好，這都屬於修定的事相上沒有弄清楚，所以未來應該證得的未到地定發不起來，叫作「事障未來」，全都是因爲對打坐的方便善巧等事相沒有好好修習而盲修瞎練。「性障初禪」所說的「性」是指覺知心的心性，心性若不能轉變清淨，就與初禪天的清淨境界不相應；心性不被染污性所遮障，就沒有性障，才能與梵天相應—初禪是梵天—將來才能往生到初禪天中；發起了往生初禪天的心性了，將來才有資格往生初禪天，這個欲界身中才能發起初禪定境來，所以五蓋屬於心性上的染污，會自我遮障，使初禪無法發起，所以叫作「性障初禪」。懂得這些道理了，就是「明悟」了「清淨禁戒」的人，這種人通常都是一時遍身發起初禪的人。懂得這個道理就是對禪定的原理能夠明了，就是沒有被遮蓋，已經具足知道禪定怎麼出現、怎麼修成，才叫作「明悟」。

這個人和前面二種初禪天人不一樣，這樣的人如果愛樂色界天的境界，死後就會生到初禪天去，可以當大梵王，就是初禪梵天之王。但是菩薩一定不想要初禪天王的職位，所以證得初禪的菩薩們雖然有很多，卻沒有一個人想要去當大梵王。除非修到某一個層次時，需要修集很廣大的福德才能再往上進修時，才會去當大梵王。因爲當大梵王時可以爲初禪天中的天眾們說法，能爲初禪天的天眾們說法，度人是可以度得快又多，一世爲初禪天人說法度眾的福德當然很大。一般而言，菩薩們若是沒有入地以前，都不會想去當大梵王，因爲地前的道業不需要用到這麼大的福德。這個人既然和前面說的兩種人不一樣，對於初禪的實證特別殊勝，所以說「**是人應時能統梵眾，爲大梵王**」，所以 佛說：「**如是一類名大梵天。**」

大梵天，婆羅門教認爲：一切世間，一切人與物，都是由大梵天所創造的。一神教的基本教義其實是從這裡脫胎出來的，脫胎於婆羅門教這種理論；他們另外建立一個獨一的天神耶和華，然後說世界是由耶和華所創造。其實是由古時修學婆羅門教的人，離開婆羅門教去創造一個新教天神，名爲耶和華，所以天主教與基督教的教主其實是耶穌而不是耶和華。探究耶和華的性質，其實就是婆羅門教中所講的大梵天造物主，體性是一樣的；但是創造一神教的人所別立的唯一天神耶和華，他的境界卻沒有超脫於欲界；而婆羅門教的神卻是超脫欲界的，而且是初禪三種天人中的第三天的境界，所以其中還是有微細的差別。一神教的教主瞋心很重，所以會降下大火、大水懲罰人類，然而大梵天王絕對不會生起一神教天神的瞋心說：「你們若不隨順我，我就把你們剪除。」《舊約聖經》裡常常敘述說，某一些異教徒必須要加以「剪除」，這與初禪天中的大梵天心性完全不同；只在創造天、地、人、物的說法相同，因爲是從古時的婆羅門教中學來的。所以婆羅門教與一神教中都同樣崇奉造物主，但是這二種宗教的天神境界是有差異的。

成就初禪天中的大梵王境界後，在人間還沒有捨報時，心境與身中的境界一樣是與其他實證初禪者有所不同的。也就是說，當你在初禪第二天境界時，想要來到初禪第三天的境界中，先得要把胸腔中的樂觸捨掉。若是不能捨離，就無法轉變爲大梵王的境界，也是因爲對第二天的樂受境界有所執著。欲界六天的天人是執著男女欲，初禪第二天的梵輔天人則是執著色身胸腔中的樂觸，這也是欲，只不過是清淨欲而不是男女欲。接著我要說明如何轉進第三天的層次中：這時應該把胸腔的樂觸給捨了，不必理會這個樂觸捨了以後會不會永遠失去。當你捨掉以後，有時你再怎麼提心，它都不會再生起，一直都不再有樂觸出現；但是你都不擔心，繼續打坐或者繼續禮佛作無相念佛的功夫，使自己對初禪中的清淨樂觸的貪著也滅除了，繼續增長定力及修除更微細的性障；然後有一天在打坐或禮佛時，接著會自然地出現八種現象。這八種現象是陸續出現的，不是一次同時出現的；時間所限，也不是現在講經時所應該全部描述的，所以我就不再一一解說。我只簡單舉述總相：澀、滑、猗、樂，以及溫、涼、冷、暖，共有八種。這八種各有二種深淺的變化差別，也是要經過二個階段來完成的，只有親自走過來的人才會知道其中的差別。但因爲我們這裡主要目的不在講禪定，而是在講般若，是依世尊的聖教來說明三界的形成原因，所以這個部分的細微內容，就等以後正覺寺建好了，開始講枯木禪時再來說明。

但是說了這麼多的初禪樂觸，其實就是七覺分中的「猗」覺支；因爲要描述初禪三天的差別，就必須講述初禪樂，必須講到「猗」覺支，其餘的我們就等以後的因緣再來講述。初禪具足圓滿的人體驗的八種樂觸中，有一種是「猗」，就是七覺支中的「猗」覺支。有些人不瞭解，可能會產生誤會，我們就稍微說明一下，以免不瞭解而產生障道的現象。猗，你們如果讀到《釋禪波羅蜜》或者《俱舍論》，或者阿羅漢們寫的論中，往往都會提到。猗，剛開始發起時是從會陰產生樂觸，這時雖然也會產生性器官的興奮，但卻是完全沒有男女欲的清淨樂觸，所以和欲界天或人間的淫觸之樂完全不同。運運而動的人，雖然樂觸同樣是從會陰發起的，也一樣可以遍身，可是遍身之後又漸漸回歸到會陰，然後又消失掉；但他心中是完全沒有淫欲存在的，只有清淨念，這才是猗觸。然後繼續進修，更加遠離欲界境界，才會漸漸發展，一一發起不同的樂觸，最後具足八種現象。

這八種現象，必須是從下而發繼續進展具足初禪，或是一時遍身發的人，在發起以後一段時間才能具足經歷。必須善根發以後，陸續一一經歷，才能轉進大梵天中。這時表示你的境界更加清淨了，對於初禪定境的內容具足實證而完全瞭解了；接著自省及觀察自己來到這種境界中的過程，也就完全明悟禪定與攝律儀戒之間的關係。這時已經和以前不同了，在初禪的第二天，想要享受胸腔的樂觸時，還得要將覺知心提一下，樂觸才會出現；覺知心若是不提時，樂觸就不在了。比如有人找你談事情，你如果專心與對方處理事情時，覺知心忘了把樂觸提起，於是胸腔中的樂觸就不見了；等到後來事情結束時再想起來，想要住心於樂觸而重新再提時，樂觸才會再度出現，所以不能遍一切時存在。

可是大梵天的樂觸並不一樣。當你進修大梵天境界時，本來已經把樂觸捨了，後來心地更清淨時，樂觸重新出現了；當它突然出現之後，這種樂觸是比以前的樂觸微細許多的，是比較勝妙的，而且是持續存在而不中斷，不必用覺知心提它。雖然是比較勝妙的，但是六欲天的天人或是諸位，如果能夠體驗一下初禪中的梵輔天樂觸與大梵天樂觸，我想，你們應該都會選擇梵輔天的樂觸；因梵輔天的樂觸比較強，而大梵天王的樂觸比較弱；但梵輔天的樂觸是要提才會有，大梵天王的樂觸不必提，是一直都存在的，除非睡著了（這是說還沒有往生色界天之前仍然保有人身時的境界）。這是因爲心的清淨究竟與否而產生的差別，導致選擇時會有差別，可是大梵天一定堅持地認定比較微細而持續的樂觸，才是更清淨的樂觸。

大梵天的境界如何取證呢？這時你還沒有捨報生到初禪天去，你就在人間繼續進修定力，繼續把性障修除得更徹底，把你對樂觸的貪著繼續修除；然後就會如同我剛才說的那樣，使樂觸轉變爲更微細，卻是恆時存在而不會消失掉；這時不論有沒有起心動念提它，它都會持續存在，你根本不必理會它。有時當你專心在講經說法時，它一樣會存在，都不必你去理會它。反而是當你講經時越發一心不亂地講解，它就越發強烈；打坐時也是一樣的情形，越是一心不亂，樂觸就越強。當然我說的是在等持位中，在等至位中，樂觸是不現前的。這就是講大梵天的修證。這三天同樣都是初禪天，但三種層次差別，是不一樣的。

至於這些實證的內涵，要去哪裡找出來閱讀呢？當然是找不到的，因爲阿羅漢們的論中沒有說，智顗法師的《釋禪波羅蜜》中也沒有，他的《摩訶止觀》中也沒有詳細說明。但是我卻要說：還是可以查得到的，只是極簡略而使大眾都讀不懂。譬如常常有人提出問題，以前常常有人問我一些問題，我知道如何解答，可是我並沒有讀過那些解答的內容；所以如果有人要我提出根據時，譬如有人問我說：「**老師！你這樣解說，有什麼根據？**」我說：「**我也不曾讀過呀！但是我知道這個道理。**」可是後來往往也會找到證據，譬如禪定的內容，後來也曾在《摩訶止觀》裡找到，智顗法師曾解說過發起初禪以後爲什麼身中會有樂觸？他說是因爲初禪天身在你的欲界身中出現，當初禪天身和欲界肉身重疊在一起時，就會互相有摩擦；由於互相摩擦的緣故，所以樂觸才會出現在身中。我後來加以觀察，也證實這是正確的說法。所以你一旦進入等至位中，樂觸就不見了，因爲你把欲界肉身給忘了；只剩下初禪禪等至境界時，連初禪天身也忘了，所以樂觸就不見了。所以當你進入初禪的等至位中，樂觸一定不會出現，就是這個道理。而這個道理，後來我查到《摩訶止觀》裡面有講。

這一些色界天的境界，都是應該自己實修親證；如果沒有親自實證、親自體驗，想要把初禪三天講上一個鐘頭，你能講嗎？一定不必十分鐘就講完了，而且還是事先整理一些資料來講的；但你們有看見我整理資料來講嗎？根本就沒有，就直接從自心中講出來。所以這一定要親自體驗實證以後才能這樣直接講出來，不是從別人的敘述中整理出來照本宣科的。如果要再細說，其實裡面還有很多東西可以說明。可是當代那些自稱證得初禪乃至證得四禪的人，單單是請他們講初禪，不必兩分鐘就講完了！如果是講久一些的人，一定是講一些不相關的事情來湊時間，或是從古人的著作中選錄許多文字來宣講。然而世間哪有這樣的初禪人？所以你們不要聽某些人亂講：「**正覺同修會沒有在教禪定，所以我去農禪寺學禪定。**」事實上，不單是農禪寺，各大山頭的所有大法師們，沒有一個人曾證得禪定；說句不客氣的話，他們連無相念佛或禪宗看話頭的功夫都沒有，禪定的實證就更別提了。

所以進到正覺同修會修學以後，還在會裡亂講，說別的道場有人可以教禪定，我今天就公開宣示：「**當代佛教界中，沒有誰能眞正教人修證禪定，都是籠罩人。**」他們根本就不知道禪定的理論與實證的過程和內容，你們如果有人不信，就去學學看。但是一定會有一些人，不去上當五年、十年，不讓他們去試試看，不會相信我的話，都只是因爲四大山頭名氣大、徒眾多。

其實他們根本就沒有親證，我只要聽他們講解幾句話就知道他們的落處了，處處都可以證明他們根本就沒有禪定的實證，更別說是實相般若了。所以會中有人亂放話：「我們正覺都是修般若、修智慧，沒有禪定。」誰說沒有禪定？只是時間還沒到，我不想開始教禪定；而會外有誰是證得禪定的？一個也沒有！我若是提早教禪定，反而會害了許多人。因爲當你禪定成就時，就會急著要修神通了；若是修得神通了，你就慘了！因爲你一天到晚要被鬼神牽著走，如果福德與功德不如某些有威德的鬼神時，一定抗拒不了他們的差遣，那時就只好遠離正法而投入鬼神的事業中了。要是有人不信，就去修神通，看我說的對不對？但是如果四禪八定都具足成就以後再修證神通，沒有一個鬼神能動得了你。別說是鬼神，連最厲害的阿修羅王也動不了你，因爲你的威德勝過他，他的威德不如你，那麼你那時修得神通就不會有後遺症。

爲什麼婆羅門教會說大梵天王是造物主？這當然是有原因的。這就是說，在初禪天以及欲界六天和人間，大梵天王是劫成先來、劫末後去。劫成先來是說，當火災來的時候，初禪天以下所有宮殿與居處全部毀壞，那時欲界天及人間當然也都全部壞滅了；那時最後離開的是大梵天王，因爲他的境界是最不容易被火災毀壞的。當火災過後初禪天開始形成時，由於眾生的業力，初禪天開始有宮殿出現，開始形成居處了，這時則是由大梵天王先來初禪天中，所以大梵天王是「劫成先來、劫末後去」。大梵天王那時爲什麼是先來的？是因爲他在二禪天中的定力退失了，所以下來初禪天中；這時還沒有別的天人來生在初禪天中，所以他是第一個來到初禪天的天人。隨後漸漸才有定力再低一些的天人生在初禪天中，就是梵輔天；因爲梵輔天所居住的宮殿是後時才出現的。當梵輔天人生到初禪天中來，只會看到大梵天王早已住在初禪天了，而且他的宮殿比所有梵輔天人的宮殿大，而且莊嚴；所以梵輔天人在不知道自己爲何會出生在初禪天的情況下，就誤認爲是大梵天王出生了他們，就認爲初禪天的世界是他創造的，於是認定他是造物主，只因爲他是「劫成先來」的天人。

不論是火災後、水災後、風災後，在初禪天中，大梵天王都是「劫末後去、劫成先來」的。當災劫過去了，初禪天的世間出現了，大梵天王最先來，然後梵輔天才出生在初禪天中；因爲大梵天王已經先在初禪天中安居了，所以大家認爲他就是造物主，也認爲大家都是由大梵天王所生的；因爲梵輔天人都不知道自己是如何生在初禪天中的，就這樣突然出生在初禪天中了。然後才是第三類的梵眾天來出生在初禪天中，梵眾天人更不知道自己爲何會出生在初禪天中；聽聞比較早來的梵輔天說，都是由大梵天王所出生的，所以大眾就一同認定都是大梵天王出生的，所以大家都想：大梵天王就是造物主。當梵眾天與梵輔天有因緣來到人間接觸時，就會這樣說給人類聽，於是婆羅門教就這樣宣揚起來了，他們就把大梵天王稱為祖父（因為梵眾天都已是第三代了）；更後來的耶穌基督少年時期學了這樣的說法，他卻自立門戶成立基督教，於是這種一神教便出現了。

有一些人則是因為有神通，能接觸初禪天人而聽聞這些說法，所以也開始傳出來：大梵天就是造物主。所以有時又把大梵天叫作世間主，因為有必要時，他也管得著欲界天，所以也是世間主，這同樣都是講大梵天王。大家都看見劫末時死了往生去別處，而大梵天卻是不死的，其實他只是最後離開，沒有人看見他何時死亡離開，就以為他是永生不死的，所以認定他是世間主、造物主。當大家來到初禪天時，大梵天王早就在初禪天中了，所以就認為這個世界果然是他創造的，造物主的宗教就是這樣產生的。可是他們都不知道：都是由於大眾的妄想而成就初禪的三種天人境界，並不是由誰創造出來。

講到這裡，初禪的善根發已經說完了，我倒是想要把見性與初禪善根發時的一時遍身發，拿來作個比較：初禪的善根發，若是一時之間遍身發，就會有一點點好像眼見佛性；因爲見性分明的人也是剎那之間遍身發，全身遍滿佛性的覺受。但這二者之間還是有很大的不同，因爲初禪發起以後有樂觸，而見性是沒有樂觸的；也因爲見性可以遍在一切時地都看見佛性，而初禪發起以後依舊是看不見佛性的。

「阿難！此三勝流，一切苦惱所不能逼，雖非正修真三摩地，清淨心中諸漏不動，名為初禪。」最後 世尊接著開示：這三種勝流，一切欲界中的苦惱都不能逼迫他們；雖然還不是正修佛菩提道的眞實三昧境界，然而清淨的覺知心中是不會被欲界種種有漏法所動心的，這三種天人的境界就稱之爲初禪。

這三種天人爲什麼名爲「**勝流**」？因爲他們超越了欲界天的境界，所以名爲梵眾天；梵輔天及大梵天王當然更是超越欲界天的境界，都不受欲界煩惱所影響，當然都是「**勝流**」。然而這只是依下地境而說他們是勝流，不是對二禪天人名爲勝流。這三種勝流，「**一切苦惱所不能逼**」，欲界世間的一切苦惱都逼迫不了他們了。欲界天還是有苦惱的，因爲深怕五欲喪失；想要保住欲界中的五欲，當然是有苦惱的，然而初禪天人並沒有這種苦惱。欲界六天的天人們，即使已經生在他化自在天中，還是一樣會執著異性，一直想要看見異性；如果失去那些異性，就會痛苦，所以未能遠離欲界苦惱。初禪天人已經遠離想看見異性的煩惱，但是這樣的清淨心地，仍然不是「**正修眞三摩地**」；因爲佛法中眞正的三摩地，正是如來藏金剛三昧，也就是禪宗的開悟明心和眼見佛性。因此說，初禪天人雖然不是「**正修眞三摩地**」，但他們「**清淨心中諸漏不動**」，就是欲界的各種有漏法都不可能動轉他們了；當然密宗第四喜的大樂大漏境界，更不能動轉他們了，所以叫作初禪。

初禪有五支功德，正因爲有這五支功德，才能叫作有覺有觀三昧；這五支功德，就是一心、覺、觀、喜、樂。什麼是「覺」？什麼是「觀」？那個樂觸剛出現時的了知，名之爲「覺」；接著能夠繼續深細觀察樂觸境界，那時的了知叫作「觀」。剛開始的覺知是比較粗糙的，就是「覺」；隨後漸漸轉爲深細的了知，就叫作「觀」；前心分別就是覺，後心了知即是觀；初禪有這二種知覺，所以是有覺有觀三昧。因爲初禪等至位中，只離開五塵中的香塵與味塵，還沒有離開色塵、聲塵與觸塵，所以從五塵來看，還是有覺有觀的，因此名爲有覺有觀三昧；其中的覺與觀，是初禪五支功德中的二支。初禪中是一心不亂的，當然是更高層次的離念靈知，不是未證欲界定、未到地定者的離念靈知者所能想像的。一心，如何分成覺、觀呢？比如證得未到地定的人打坐時是一心無念的，可是無法進入初禪中；然而初禪純熟的人，上座以後覺知心決定要入初禪等至位時，剎那間就能進去了；可是剎那之間其實還是有分前後的，前面一剎那粗心，叫作覺；後面更深細的一心境界，就叫作觀；所以「**前心分別名為覺，後心了知名為觀**」，仍然是在一心之中有覺也有觀；乃至入定很久以後，定中突遇外境大聲時，一樣是會有覺也有觀的。初禪為什麼有喜、樂二支功德呢？因為心得決定時，得心一境性，所以心中歡喜；後來產生了樂觸，常常領受樂觸，所以叫作樂。由此緣故，說初禪地中有這五支功德：一心、覺、觀、喜、樂。這樣才是證得初禪，不是可以空口白話自稱已得初禪的。

可是如今當代那些宣稱證得初禪的人，你若是問他們：你有這五支功德嗎？能不能敘述一下？他們其實都沒有五支功德，最多只能說一心。可是他們那種一心，最多只是欲界定而已，難得看見有誰證得未到地定，因為他們連看話頭的功夫都還沒有，顯然是沒有未到地定。而我們所講的層次與過程，他們也都沒有經歷過。既然都沒有經歷過，如果要像我這樣都不必大綱也不必有文字記錄就直接宣講，一定是做不到的。如果我要像他們全都用文字記錄下來照本宣科，是不是要寫一大堆，好像一本小冊一般，再一字一字唸出來？還能夠像我這樣只用經文直接來講嗎？當然沒辦法講，因爲我這些都不是用文字來記的。我是因爲全部體驗過，所以才能講；他們都沒實證也沒體驗過，當然無法講出所以然來。

他們都沒有實證，都沒體驗，縱使把我今天的錄音帶整理爲文字，然後爲人宣講時，是不是要一個字又一個字照唸？只能成爲照本宣科了！所以說，眞正實證的禪定勝妙處，是沒有辦法冒充的；只能對沒有證得的人冒充和籠罩，在明眼人面前是沒有辦法冒充的；所以說，證得初禪的人，一定有五支功德。初禪的等至又有一個名字，名爲「有覺有觀離諸語言」；但這個離諸語言，是在等至位中離諸語言，事實上卻也可以在等持位中運用語言與別人對話，所以初禪定境中不會對語言法產生障礙。初禪又叫作「離生喜樂定」，很多人誤會離生喜樂的意思：「既然是離生喜樂，那就是出三界了。」錯了！初禪這個「離生喜樂」是說已經離欲界生而出生了心喜與身樂，不是說他不再受生於三界中。以上說的就是初禪三天的境界。由於心境的不同而產生初禪三天的世間，同樣的道理：「若悟菩提，本無所有。」

【「阿難！其次梵天，統攝梵人圓滿梵行，澄心不動寂湛生光，如是一類名少光天。光光相然照耀無盡，映十方界遍成琉璃，如是一類名無量光天。吸持圓光成就教體，發化清淨應用無盡，如是一類名光音天。阿難！此三勝流，一切憂愁所不能逼，雖非正修真三摩地，清淨心中粗漏已伏，名為二禪。」】

講記：「阿難！初禪天之後的清淨天人，統攝初禪天中所有修習清淨行的天人，已經圓滿清淨行了；並且又把自己的定心繼續澄清，使定力更加堅定而不移動，後來非常寂靜而澄湛無雜所以生起光明了，像這樣的一類天人名爲少光天。再繼續加深定力而使原來的光明增強，達到所有光明互相激發而能夠照耀到無止盡的遠方，映照到十方世界普遍成爲琉璃一般的明淨，像是這樣的一類天人名爲無量光天。然後再吸持自己所放出來的圓滿光明而成就了自己的法教體性；所發揚出來的教化是用不著言語來說明的，而且這些教化也都是很清淨的，這樣以光的變化相來教導天人，而且這樣的光相變化也是應用無盡的，像是這樣的一類天人就名爲光音天。阿難！這三種殊勝的流類，是一切憂愁所不能逼迫的天人，他們雖然還不是正確地修證眞實三昧的境界，但他們的清淨心中粗重的有漏性已經降伏了，全都名爲二禪。」

「阿難！其次梵天，統攝梵人圓滿梵行，澄心不動寂湛生光，如是一類

名少光天。」第二禪也有三天，是三種不同層次的天人住在二禪天中。清淨的梵天，也就是大梵天王，他統攝初禪天中的清淨天人，是藉梵輔天來統攝梵眾天；而初禪天中的這些人都是在修行清淨行，由大梵天來統攝教導，這就是「**統攝梵人**」。既然本身是大梵天王，當然梵行比梵輔天、梵眾天更圓滿，並且也要教導初禪天人再繼續清淨心地而修梵行；當他的教導有了成績時，就是「**圓滿梵行**」了。由於自己「**統攝梵人圓滿梵行**」，福德增長了；並且也自己努力修習清淨行，同時增長自己的定力，所以大梵天王後來可以「**澄心不動**」，能把覺知心完全澄靜下來，然後就可以生到二禪天中成為少光天人。

初禪天為什麼不說是「**澄心不動**」呢？因為初禪三天與二禪三天的境界大不相同。初禪天距離二禪天的定境是很遙遠的，不是短短的一段距離。初禪天的大梵王想要轉入二禪中，該怎麼轉呢？得要先捨離初禪中的所有樂觸；若是貪著樂觸，依二禪天來說就是不清淨；樂觸若不能捨棄，就轉不進二禪定境。有一些善知識為人說明二禪應該如何修證，但他們其實連初禪的樂觸都不懂了，還能教人如何修證二禪嗎？都只是戲論罷了！初禪的身樂如果不能捨離，為什麼就不能進入二禪中？因為對初禪樂如果產生了執著，就是心還不夠清淨，不足以進入二禪中；也因為貪著初禪樂而無法捨離時，就會使你無法捨覺與觀二法，被三塵中的覺與觀所限制，無法再向上提升。正因為初禪是有覺有觀，才能領受身中的樂觸；所以是對色、聲、觸等三塵保持著覺觀，還有這三塵相應，當然無法遠離覺觀，一定無法成就二禪，因為二禪境界是無覺無觀。

所以，不能捨棄三塵中的覺與觀，還是想要與三塵相應才能保持樂觸，那就與二禪的無覺無觀絕緣了。在初禪等至的定境中，只有香塵與味塵滅除了，但是色塵、聲塵、觸塵都還在；當心中想要繼續擁有樂觸時，就一定要保有這三塵，當然無法進入不觸這三塵的無覺無觀三昧中。所以我才說，一定要捨棄初禪中的身樂，才有可能進入二禪無覺無觀三昧中。當然，住在人間的初禪人，他的三塵是同時具有欲界三塵與色界三塵的；他的色、聲、觸塵是欲界與色界三塵互相重疊的，所以是色界清淨的觸塵與欲界不淨的觸塵重疊的。但是大梵天王想要進入二禪天中，或是想要證得二禪定境；或者說，你在人間證得初禪滿足了，想要轉進二禪定境中，先得要把身上的微細勝妙樂觸捨掉，千萬別貪著；若是捨不掉，就只能永遠留在初禪中。

這個道理，你們如果有人聽說外面有誰證得三禪、四禪，且先不必問他們三禪與四禪，只要問他們初禪與二禪就夠了：「爲什麼不捨離初禪的樂觸，就無法證得二禪？」只問比較淺的初禪與二禪的關聯就夠了，先別問更深的三禪與四禪；我保證他們都不懂，除非來聽我講過這些道理了，或者將來整理成書出版而被他們讀過了。既然他們都不懂，就表示那些所謂的大師們都還沒有經歷過；乃至南洋在教導次第禪觀—四禪八定—的所謂大師們，譬如葛印卡、一行、阿姜查、朗波田……等人，全都與北傳佛教的所有大師們一樣，都是不曾實證初禪的，當然不懂其中的原由。而我如今直接告訴你們了！但他們都可能會從《摩訶止觀》或者《釋禪波羅蜜》等論中讀來，然後就依文解義，籠罩大眾說：這個我早就證得了。

台北市不是也有居士很早就宣稱他已經證得二禪了嗎？但他能把自己親證的二禪境界講出來嗎？連初禪都講不出來。而我們近來對這些經文爲什麼要講解到這麼微細？因爲幾個月以來會中一直有人在流傳說：「正覺同修會中只有教般若，沒有人能指導禪定的修證。」於是就開始傳說：「我們其實到安和路某寺的分院學打坐，那裡有指導禪定，可以修學禪定。」但我今天就明說了：他們沒有一個人是實證禪定的。我的教導都是很直接，而且也是要你們按部就班，依照佛菩提道的次第走上去；將來到了該教禪定的時節，我自然會教導你們。現在因緣還沒有成熟，你們去學什麼？而且如今佛教界在檯面上的所有大名聲者，不論是誰，全都沒有禪定的實證。說實話，那些大師們的定境，都還遠不如你們的無相念佛功夫呢！他們連看話頭的功夫都沒有，安和分院所屬的那個大山頭的大法師，一樣不會看話頭的功夫。其實是他們應該跟你們學定力，而不是你們去跟他們沒有證得絲毫定力、定境的人修學。可是那幾位離開的同修們不懂，以為去那裡可以學到禪定，我只能說他們是癡心妄想，最後不免要失望。因此緣故，禪定的道理我得要細說，讓諸位都明白，然後你們就不會再被那些都沒有親證的名師所籠罩。所以禪定的內容我就不得不多講一些，讓你們知道事實眞相；不然就被人家用世間法營造出來的名聲籠罩了，那你明心了其實還是沒有智慧生起，又有什麼功德受用？還不是照樣被籠罩？那不是很冤枉嗎？所以我得要跟你們說清楚。

如果初禪人對胸腔中的樂觸不能捨棄，一定永遠進不了二禪的等至位中；因爲二禪的等至位，又名「入一識處」。當初我爲了摸索二禪，有多麼辛苦，你們都不知道。那時我讀《摩訶止觀》，也讀《釋禪波羅蜜》，還是弄不清楚，因爲智顗法師也沒講清楚，只有「入一識處」，看來他也是未證二禪的人，最後我只好向大藏經中找。大藏經中也有一些祖師論著在講禪定，可是那些祖師們講的也是不清不楚，所以我乾脆去阿含中找答案；阿含不是有兩鉅冊嗎？讀完了也是找不到，再接下去就是《佛本行集經》，我就在《佛本行集經》中找到，但也只有幾個字：「滅於覺觀，內清淨、心一處，無覺無觀定生喜樂。」我也曾在《六度集經》尋找到一些教導，但不像此經中的教導明確。所以，住心一處、無覺無觀，就是住在唯餘一識的處所，捨棄前五識才能住在二禪定境中，也就是智顗法師《釋禪波羅蜜》中說的：「入一識處。」但是以前禪定知見極度欠缺，讀了這四字是完全不懂的；後來我自己依據《佛本行集經》的開示加以研討，反而弄清楚了，比所有大師們講的還清楚，我終於知道應該如何轉進二禪了。

禪定的修證全都不離六識範疇，不包含七、八識的境界。住一識處就是說，既然識陰總共是六個識，而我們住在初禪等至位中滅除了舌識與鼻識，所以舌識與鼻識都不現前了；當這兩個識滅了，六識之中就剩下四個識存在：眼、耳、身、意四個識。現在要修證二禪，只能夠住在一個識的境界中——住一識處；那麼六個識中，有哪一個識是可以離開其他識而單獨存在的？探究的結果就只有一個意識。因爲前五識都要依意識才能現起，若沒有意識作俱有依，這五個識都不可能現起；如果保留著前五識中的任何一識，就一定會成爲住二識處；然而意識可以離開前五識獨自存在，如今經中說的二禪等至位中是住一識處，當然就只能剩下意識了。現在問題來了，既然只能剩下意識獨住，那麼如果想要保留著身上的樂觸，一定是要身識繼續存在的，那就同時需要有意識存在，就不可能住一識處了，那顯然就不能入二禪了。所以想要證得第二禪的等至定境，當然就不能再貪戀身樂：**「胸腔中的樂觸眞好，我爲什麼要捨掉？」**不捨掉就無法住一識處，因爲單單剩下意識存在而沒有身識時，是不可能還有樂觸的；所以想要轉入二禪等至定境中，就必須捨棄初禪中的樂觸。懂了這個道理沒有？懂了以後就不會再被假善知識籠罩了。

如果誰說他有證得四禪，你就告訴他：**「我不要問你那麼深的第四禪，我只問初禪就好。你有沒有經歷過胸腔中的樂觸？有沒有經歷過善根發時的全身樂觸？」**他問你說：**「什麼善根發？什麼樂觸？」**那你就知道他是誤會初禪到四禪的修證了，就不必被他籠罩了。如果他說有，那你就說：**「請你把所有過程告訴我。」**他又講不出來了！就算是很會籠罩的人，沒有親自經歷過，也是編不出來的。而我們是老老實實一步一步講經說法，有就有，沒有就沒有，不打誑語。但是現在老實人很少了，籠罩大眾的大法師們卻是多如牛毛。

同修會外也有人這麼說：「我們是先證四禪，然後再來證三禪、二禪、初禪的。」但這也是外行話，只能籠罩不懂的人。因爲四禪的境界比初禪、二禪、三禪要微細很多，他們連最粗的都證不到了，怎麼可能去證得最細的呢？就好像有人誇口說：「我們都是先學會微積分以後，再來學習加減乘除的。」可是以前我們會裡居然還有人會相信，眞是笨到家了！像這種人，我以前還幫他明心，只能說是不觀根器的濫慈悲。不過，好在他並不是我引導出來的，而是被另外一位老師私底下違規引導的。現在暫且不談那個人是誰，也先不談是被哪位老師違規引導的。這就是說，他的證悟因緣還沒有成熟，就被人先引導出來，都是明講密意，所以智慧無法出生而沒有智慧上的功德受用呀！後來就只好去追求禪定等有境界法。禪定是有境界相的，而明心沒有境界，只是有智慧而已；但是因緣未熟就被人明講密意而引導出來，就會繼續再走我以前公開懺悔過的明講密意的老路子，眞是愚癡。

所以我說那些大師們都是用邪說在籠罩人，《六度集經》中有說過禪定的修證過程，其中說到：「以一禪至二禪，以二禪之三禪，以三禪之四禪。」

「以」是憑藉的意思，「之」是到達的意思；就是憑藉初禪而到達二禪，然後再憑著二禪而到達三禪，再憑藉三禪而到達第四禪。這已經講得很清楚，一定要憑藉初禪才能到達二禪，一定要憑藉三禪才能到達第四禪。如果想要籠罩人，至少也把經教讀清楚了再來講；他們都沒有讀過，就敢向天下人胡亂籠罩一番。如今二十一世紀初，這種大法師太多了，我希望諸位都不要再上當了。至少我現在有爲你們講解了，如果你們還不信我的話，還要再去上當，那可就是你自己的事了。以後萬一出了問題，別再怪罪到我頭上來；以後也別再向我抱怨說：「老師！你以前都沒告誡我們，害我們上當了。」如今我可都沒有保留的講了，已經是得罪諸方大法師而講清楚了。

我說的「住一識處」的意思，是說要離開五塵，不讓前五識繼續存在，這樣才能轉入二禪等至位中。初禪時已經離開五塵中的二塵：香塵與味塵。想要轉入二禪中，那五塵中剩下的三塵也得要捨棄，就是要遠離眼識的色塵、耳識的聲塵、身識的觸塵。既然連身根、身識的觸塵都必須捨離，那麼胸腔中的樂觸怎麼可以不捨呢？若是不捨的話，就進不了二禪前的未到地定中，一定是有身識與意識同時存在的，連二禪前的未到地定都進不去，更不可能進入二禪的等至位中。進不了二禪的等至位，將來就不可能住在二禪的等持位中。這都是有一定的次第，所以稱爲「次第禪觀」。

昭慧法師有一篇文章說：禪宗講的無頭公案，根本沒有門可入，人家講禪觀時一定有個次第；次第禪觀有個次第可以一一證得，那才叫作眞正的法，禪宗根本就是無頭公案，自由心證。意思大約是這樣子。那麼請問你們已經證得第八識如來藏的人，請你們說說看：明心時需要什麼次第的入處嗎？又不是有境界法，也不是意識境界，要什麼次第入處？不過就是一念相應，突然間找到如來藏心；然後就是加以體驗，看看是否符合般若與方廣諸經所說。既是一念相應法，要什麼次第的入處呢？所以明心時就只是一刹那間相應到第八識心，找到時就第八識全體現前了，還需要什麼次第？她在二千年夏天寫給信徒的信中要我放馬過去，我已經放了一、二匹小馬過去了，都還沒有她回覆的消息，我看她是不敢在法義上回應的。

這就是說，禪定是屬於次第禪觀，但都是三界中的有爲法，也是意識境界，不是實相般若智慧境界。禪宗的禪則是般若，本來應該名爲禪那，就是靜慮，不是修定。般若是智慧，是以禪宗靜慮的方法求證如來藏，親證眞如法性，生起智慧，不是獲得定境；而禪宗對於眞如法性的悟入，是在一刹那間就悟得的，需要什麼次第呢？只有頓悟後進修別相智，以及開始修學一切種智時才有次第，也全都是智慧而不是禪定；所以悟後再深入現觀而實證的智慧，實質上也幾乎是沒有次第的；因爲從第十住位到五地滿心位的七種現觀，也都不是以次第修學的方法來成就的，而是修學到某一層次時，現觀就自然成就的。話說回來，禪宗的開悟只是剛找到如來藏心的一刹那間，就突然進入實相般若中了；只要一刹那就實證的智慧，當然不需要有次第，所以不懂禪宗般若禪的人應當少說一點。但因爲昭慧不是我辨正法義的目標，所以她有一本書好像是《初期唯識思想》，我就不評論她，只是偶爾提點一下她新創的「業果報系統」，回應她信中「要他儘管放馬過來」的話。所以我放了一、二匹小馬過去試試看，讓她知道自己其實是沒有能力回應的。由於我法義辨正的主要對象並不是她，而是印順與藏密，所以不對她作針對性的辨正。至於四大法師，是因爲他們私底下抵制及無根毀謗如來藏正法，所以我要正式拈提他們，這也不是故意要招惹他們；而我招惹他們，其實也沒有好處；他們道場大、徒眾多、名氣大、錢財也多，我何必要去招惹他們？但因爲他們私底下抵制正法了，所以我得要加以拈提辨正，讓有識之士可以分辨眞僞。

言歸正傳，你若想要從初禪轉入二禪中，一定要把樂觸捨掉；若是還貪著樂觸，不能捨離，就永遠無法「住一識處」——無法住在只有意識存在的定境中。所以，以前有人問我說：「猶如鏡像、猶如光影應該怎麼修？」我說：「最好等你有了二禪的功夫再來修，會比較容易；在初禪中要修這二個現觀會比較困難，因為猶如光影必須要轉換境界，等你整理完畢以後，接著得要進入另一個層次去觀察，看看種子是不是真的轉變了；這得要進入二禪等持位中觀察，看自己的內相分是不是真的轉變了？實證了以後，確實證明是可以轉變自己的內相分，才能公開說猶如光影真的可以轉變內相分。」

但是，猶如光影的證境可以轉變內相分，經上也沒記錄，是因為親自證得以後才可能知道的。而知道內容的人絕對不能講出其中的內容，不知道的人也無法講，這是「唯證者與證者乃能知之」的現觀境界。所以這些現觀的正理，與無生法忍的智慧是互有關係的，卻也不是可以依照次第去修成的；而猶如鏡像與猶如光影是有互相關聯的，也有層次與境界的差別。得要在等持位中觀察它，然後再回到人間境界中來，再作思惟與整理以後再加以轉變，轉變了以後再進入夢境中，察看內相分有沒有轉變完成？得要這樣一再重複進行。所以那段時間我常常睡懶覺，因為賴在床上進入似夢非夢的狀態中，就可以觀察內相分是否有被我轉變完成？這是利用睡前或者剛睡醒時不動心，因爲那時還沒有在外相分上面攀緣，就比較容易觀察內相分。

那時最容易觀察所住境界的內相分，只要一、二剎那就可以轉過去觀察它；然後再回來等持位中再加以轉變，也就是從夢境中出來，回來外相分的六塵境界中，再進入等持位中思惟整理；整理好了再進入夢境中觀察，看內相分有沒有被轉變成功。最後發覺，只要把某些法義整理完成以後，內相分種子就轉變了，這就是猶如光影的現觀。所以這些禪定境界也是很需要的，不過問題是，在十迴向位應該滿足的般若別相智還沒有具足以前，不必急著修證初禪與二禪的定境。要到十迴向即將滿足時，才開始修證初禪，來發起斷除五下或五上分結的解脫果，然後留惑潤生，再進入初地心中。我當年是因爲對般若還沒有通達，不曉得要走一切種智的路，所以才會走上修證二禪的路，而當年修證二禪時也是很辛苦的。

所以這都是此世的因緣合該如此，並不是故意要去走那一條不正確的路；因爲當時先走那條路是很辛苦的，每天都在打坐，又沒有善知識指導，那是很辛苦的。所以說，開始修證二禪時是要親證「住一識處」的境界，這時當然要捨掉初禪的境界；因爲初禪定境中除了意識以外，還有其他三個識存在，就不是「住一識處」；所以得要把其他的三個識除掉，那當然得要離開那三個識的三塵境界。從實證二禪的人來說，這其實是很簡單的道理，爲什麼那些宣稱證得二禪、三禪的大師或居士們，各個都講不出來呢？那就表示他們根本就沒有實證，而是自以爲證得二禪了。

這樣講完了，諸位就明白二禪的境界了，但這是因爲能夠「澄心不動」，所以心境寂靜湛然而生起光明了，別人已經看得見他發出光明了，就成爲少光天的境界了。「寂」是因爲心無煩惱，不想接觸五塵，到了心境澄清無塵而不動搖時就名爲「湛」，當你「寂」而且「湛」時，心就開始發出光明了；當定心開始發光時，這個人就稱爲少光天的天人。爲什麼少光呢？因爲定心的作用還沒有辦法很明顯運用出來，也就是在人間時還無法很迅速進入二禪等至位中，定力還不是很強的緣故。當二禪善根發時，是心喜涌動而沒有樂觸的，如果有人告訴你：「二禪的樂觸比初禪更強。」你就斥責說：「亂扯！」他根本就不懂，因爲二禪是把初禪的樂觸丟掉了，才能入於二禪等至位中的。對於實證二禪的人來說，有樂觸在身上，是很吵鬧的事，因爲必定同時還會有色塵與聲塵存在，當然是很吵，所以說「初禪叢鬧」，絕對是與二禪等至位中離五塵的「澄心不動」而「寂湛」的境界不相應的。

我明心前曾經讀過智顗法師的《釋禪波羅蜜》，可是我那時都沒體驗過禪定的善根發境界，所以讀不懂書中說的是什麼意思。那時讀得很辛苦，智者大師一本《釋禪波羅蜜》，我整整讀了兩年，還是一知半解的。其實應該是悟後再來研讀，自然就很輕鬆了；因爲所說內容都能了知，就不必那麼辛苦；所以當年不信邪，想要讀通那本書，勉強去讀，也浪費了我不少時間。等到後來明心以後，過了幾年重讀時，其實也讀不下去，因爲他原來也不是明心的人，只是依文解義，講不清楚，未悟的人讀起來當然是不容易懂。這意思是說，親證的人自然會有方便善巧把內涵表達清楚，即使讀者沒有親證，也不會讀得很辛苦。

言歸正傳，必須把初禪的境界捨掉，才能夠進來二禪等至位中；可是剛進入時並沒有樂觸—身上沒有樂觸—只有心的歡喜，是因爲終於進來二禪等至位中，不觸五塵而安住了；心中很歡喜地起了一個沒有語言文字底念頭：**「我終於能夠住在這裡不動，不接觸五塵了。」**可是才剛生這個念頭，就已經退出二禪等至外面了，因爲心中涌動就無法住於其中了。我剛開始修二禪時是很煩惱的，那段時間對一隻小狗幹了不好的事情——用玉蘭花丟牠；因爲我在三樓佛堂修二禪，對面人家在二樓陽台養了小狗，巷子很小，只有三米寬。牠可能是肚子餓了，就在對面陽台不斷地叫。我以前有個習慣，常常會買一些玉蘭花供佛；就用一個白色的、早年結婚時人家送的咖啡杯的碟子，四周都有鏤花；我就用它盛著玉蘭花供佛，第二天才撤下來，再換新的香花供上去。但撤下來以後我都不會立即丟掉，因爲它還很香，也還沒有枯萎，就把它放在讀經專用的四方桌上面。我就在桌旁打坐用功，那時是才剛剛進入二禪中，但因爲是第一次進來，心中只是一個念頭，並沒有語言文字：

「我終於進來二禪了。」結果又立即回到初禪去了。

這表示二禪並不堅固，只要心中一動，立即退回初禪中。後來長時間慢慢地練習、一再練習安忍不動，漸漸可以安住半分鐘、一分鐘了，也是因爲經過好幾個月鍛鍊以後才能住個半分鐘、一分鐘。爲什麼要花好幾個月才能安住半分鐘、一分鐘呢？因爲我辛苦了很久才進去住了半分鐘、一分鐘，那小狗又汪汪大叫，把我吵了出來，心裡實在很不喜歡；忍了好久，後來眞的沒辦法，就把方桌上的玉蘭花（因爲我又不可以起瞋，免得動怒而無法再進入），就拿玉蘭花一次一朵丟牠；因爲對面房子很近，不到四米的距離，所以就丟過去。丟了以後，牠覺得奇怪，不知道發生了什麼事，就暫時不叫了，我又回去坐。然後才剛剛要進去，或者才剛剛進去半分鐘、一分鐘，牠又在叫；沒辦法，只好又去丟花。就這樣丟了好幾個月的玉蘭花。這件事情，我都沒有跟我同修講過，對面人家可能也會覺得奇怪：爲什麼陽台上每天都會有玉蘭花呢？

這就是說，修定也得要有那個環境；我目前這個家沒辦法修定，所以我把它叫作喧囂居。我家對面陽台上養小狗，我們後面窗外則是幼稚園，兩面都受到夾擊。對面那條狗在那邊叫，距離只有四公尺遠，吠聲也是突發而不是連續穩定的，眞的很難修定。所以我修二禪是經過一段很長時間，終於可以安住了，以後就不再繼續修了，因爲浪費時間。也是因爲每天讀經，已經探討出來禪定原來是三地才需要修習的，那我現在修它幹什麼呢？眞的事倍功半。如果當初把時間用來多讀經，現在才來修二禪就很容易了。

我當初剛入二禪時常常會因爲突然間起一個念，雖然那個念頭並沒有語言文字，但我知道它是什麼意思；只要這種念頭一起就退回初禪去了，二禪總是住不了很久；可是這種念頭很難抑制，總是突然間冒出來。這是由末那識主導的，不是意識；所以突然間出現一個沒有語言文字的念頭，一閃就過去了，可是就自然退回初禪了，所以那時修二禪時覺得很苦惱。你們不知道這個過程，我今天是第一次講出來，以前都沒有跟任何人講過。因爲有一些事情我覺得不需要講，時間若還沒有到，講它做什麼？可是如今有些同修信力不足，也沒聽我講過這些過程，就私底下講：「老師有什麼初禪、二禪？大概騙人的啦！」私底下開始流傳起來。我必須攝受大家，因爲你們都是稀有動物，不該退轉；所以今天我就說給大家聽，過程就是這樣子：只要有一個念頭出現了，雖然那個念頭沒有語言文字，而且立即就過去，不曾留存在心中，卻會使你立即回到初禪中。

到最近幾年，我發覺根本就不必去壓制念頭，想要叫它生起來還眞的不太容易；都是爲了弘法和利眾需要時，故意去提起來思索該如何做事時，念頭才會生起，已經不會主動自己生起念頭了；這表示在一心爲正法、爲眾生做事久了以後，把自己的煩惱都給丟了。煩惱丟了以後，再來修禪定就容易修了；所以當你有了二地滿心位的猶如光影證量時，內相分轉變了，心地夠清淨了，煩惱滅除了，自然就不會爲了世間法生起那一類無語言相的念頭，所以一上座就很快入定，住在離五塵的定境中。所以我說要等到大眾已經投入弘法利生的工作很多年以後，煩惱不在了，或者減輕很多了，那時禪定就容易修了；到那時我再來教導禪定的修證，諸位修起來就事半功倍了。

所以佛菩提道安排的四禪八定修行，以及四無量心、五神通的修行，都是在三地心的住地心後期才開始修的。有了猶如光影的證量，可以轉易自己的內相分；但外貌看起來跟世間人都沒有差別，所以都沒有人知道你的證境。只有你自己清楚：可以把自己的內相分加以轉變。這時表示心中已經沒有世間煩惱了，那種沒有語言相的念頭就不容易再生起了，四禪八定便容易修得了。所以到了三地心時再修四禪八定，眞是事半而功倍；一分的努力可以得到四分的成果，一出一入之間是四倍之多。所以，應當是到了該修禪定的時節因緣再修，對大家才是比較好的。如果有依照 佛陀安排的次第去修，整個佛道完成的過程，一定會比別人少了一半的時程，甚至只要三分之一的時程就完成了！務必要遵循 世尊教導的次第進修，四禪八定、四無量心、五神通是在三地心中才修證的。

當然你們之中有一些人喜歡有境界法，想要先修禪定，那也可以不信我的話，現在就去修。等你十生、百生以後修成四禪八定時，人家現在雖然一樣沒有禪定，但是在智慧上快速增長，在十生、百生以後同樣也具足禪定證量了，而你那時的智慧卻是遠遠落後而不能與他們相提並論的，那時已經相差很遠了。結果是：今天是同修，將來人家成佛時，你仍無法成爲他座下的第一弟子，已經不曉得要排到最後面第幾位去了。所以，我把佛菩提道的次第列出來，用意就是在這裡：要大家都事半功倍。今天因爲經文中講到禪定，我就多講一些自己的體驗；這也是為了攝受某一些喜愛禪定有為境界的同修們，別被離開同修會的那一些人虛言籠罩，所以才要為大家講解到這麼詳細，才不得不公開指證當代佛教界的所有大師們都沒有證得禪定。我被逼而這樣公開講出來，其實是得罪諸方大師而對正覺沒有好處的。

既然前面已經講得很詳細了，應有的禪定知見諸位也已經瞭解了，所以接下來的部分就不需講得很詳細了！而且，我後來的弘法工作越來越忙，也沒有時間可以為自己打坐修定了，所以我也只能到少光天而已。以後若是時間與道場允許而可以開講枯木禪，你們就一面學一面修，那時如果我應該也開始有時間了，我就每天打坐，一面講一面自修；希望那時沒有很多事情可以做，我就可以每天有很多時間再繼續打坐了！那時就讓你們在後面慢慢追，我在前面快快跑，然後放了繩索給你們拉。我說的這些都是事實，當然你們也可以不信，這純粹是各人和我的法緣深淺不同所關聯的。

所以說，當你能夠入住二禪時，親證二禪而且鞏固了以後，你將會發覺想要入二禪時，反而是先入等持位中，然後再轉入等至位中。有人不懂，就私底下提出來質疑；但是有的人聰明，會先去問親教師；親教師當然會來問我，我會提出說明，也解釋為什麼次序會反過來的原理。但是有幾個人不懂，就在背地裡質疑，說我講的不對。譬如我有一本書，好像《甘露法雨》或是哪一本書，我有講到：證得二禪以後，將來要重新進入二禪的等至位，都是先入等持位，要經過等持位才能重新進入二禪等至位。不懂的人都會說：「禪定的修法是要先入等至，然後才有等持，你怎麼顛倒過來？」我說：「事實上就是這樣，當你二禪的等至穩定不退時，將來要重新進入等至位，是經過等持位才進入等至位的。」二禪以上的所有定境都是如此的，只有初禪沒有這個現象。這是事實而不能單憑想像，若是用想像的人，一定會主張二禪穩定以後，想要重新進入二禪中，是先入等至位再轉入等持位。這就是沒有實證的人，不懂其中的事實與原理。現在那些宣稱證得四禪八定的人，有誰知道這個事實？都不知道；又有誰知道其中的原理？也都不知道。不知道事實與原理的人，而說他們有證得禪定，只能騙鬼，騙不了眞正實證的人，今天我就一併爲你們說清楚。但其中的原理，我不公開講，只在私底下講解；因爲若是公開講了，那些人聽了、讀了以後又會拿來籠罩天下人了。

現在回到經文中作個結論：如果能夠住在二禪中的第一天少光天境界中，光量不會很大，不過是兩丈、三丈而已；光量正強時就會像光柱一樣放射，光柱很強，可是無法變化。但若是證悟者放出的二禪定境光芒，會在定光中夾雜著金光；定光是白光，般若智慧所顯現出來的光卻是金光，與黃色光不一樣。若是還沒有悟得如來藏的金剛三昧，證得二禪時就只有白色光芒，沒有金光。這樣實證第二禪的人，如果有意願往生色界天中，就會成為二禪天中的少光天。

「**光光相然照耀無盡，映十方界遍成琉璃，如是一類名無量光天。**」接下來再講「**無量光天**」，是二禪中的第二天。「**少光天**」是能夠在二禪中安住了，但是他的覺知心在定境上面的作用，還不能很強烈地顯示出來，所以叫作少光天。可是接下來因為不斷地進修，定力已經很堅固了，所以能夠隨意讓定心生起作用，使定光越來越光亮，後來定光當然就會很強烈，看起來好像所有光芒是互相在燃燒一般，就稱為「**光光相然**」。當他繼續深修而增強定力以後，定光繼續增強而使定光轉勝。若是證悟的人，當他的定光轉勝時，定光中的金光也會跟著轉勝；只要是定光所能照耀到的地方，金光就會跟著到達，因為他的定是與般若智慧相結合的。如果沒有開悟而有證得禪定，就只有白色的定光，定光中沒有夾雜著金黃色的光芒。修定的人修到「**光光相然**」時，最後會成為「**照耀無盡**」的境界，可以把定光遍照到十方世界，讓十方世界都變成很清晰可見，遍地猶如琉璃一樣，這時他的功德已經可以在捨報後往生二禪天中成爲「無量光天」；所以在人間這樣實證的人，也可以叫作無量光天，在還沒有往生時就可以稱他爲「無量光天」了。這表示他的定光是無量的，是不能計量的了，因此叫作「無量光天」。

如果有人對你說：「我們師父的光明好強好強，他可以照耀半邊天。」請問：他有沒有般若？還是沒有呀！因爲他只有白光。就算能夠照遍全世界，乃至照遍諸佛世界，依舊只是無量光天而已，還是沒有明心的凡夫。所以你們如果有天眼的人，聽我這麼講過了，可以自己觀察；如果有誰說他有很好的二禪，也自稱開悟了，你就去看他的光，他的光如果都是白光，你就說：「你這野狐！你是以定爲禪。」就斥責他：「你根本沒悟！」因爲他的光是白色的，沒有夾雜著金光。而這兩種光明會互相增益，當禪定的境界出現時，會跟他的般若智慧互相增益，所以他的金光也會跟著增長。如果他說可以遍照半邊天，但是你觀察的結果根本就沒有光明照耀天際，你就知道他連二禪都沒有實證。

如果那個人顯現綠光、紅光、藍光、黃光，你就應該趕快離開他，再也不要跟他同事。如果那個人放的光都是很強烈的紅光，表示他在淫慾中是每天晚上都獲得「全味」的，那個人一定是喇嘛，即使他僞裝而穿著一般人的衣服。你們自行觀察就知道了。如果你眞的有天眼，就依照我的話去觀察，會證實我沒有騙你。所以不管誰的定光白光多麼強，都只是無量光天而已，將來也只是二禪天人，並沒有證悟，一樣只是凡夫。有幾位同修傳說有一位老菩薩的光明多麼強，放光一照就半邊天都是光明，說他是八地菩薩；但是那位老菩薩卻開示說：成佛以後他的眞如心要跟諸佛合併，卻又說他的眞如心是在頭部。那我告訴諸位，假使他眞的有禪定實證，你可以注意觀察他的光，一定只是白光，照遍了半邊天時也還是定光而沒有慧光——假使他眞的有定光。縱使眞的有這樣的定光，也還不是親證般若的人，依舊只是無量光天的凡夫境界，不是正修眞三摩地的菩薩。

「**吸持圓光成就教體，發化清淨應用無盡，如是一類名光音天。**」當二禪天主吸納二禪境界歸於自心之中，就稱爲「吸」。當二禪天主能夠隨順自己的光明而到達究竟的地步時，就能圓滿應用自己的定光，自己發明而轉變爲更清淨，清淨到很圓滿時就能開始變化光明，以定光的各種不同光明相來作變化，用來教導二禪天人，使二禪天人經由他的定光變化而知道他要顯示的意思，就可以淨修梵行；所以他以光明的變化相用來教導二禪天人，以光明取代聲音而作教導，這就是二禪天主的教體。也就是說，二禪天主不必假藉言語聲音來教導二禪天人，是以定光代表聲音來傳達他對二禪天人的教導，所以名爲光音天。

意思是說，二禪天主吸持自己的定光而圓滿了各種變化的功能，用不同的定光變化來成就教化的主體，教導二禪天人清淨心地，增長定力，以求遠離對二禪天中的少光天、無量光天等境界的貪著。他以光代音而作教導，所以光音就是二禪天主的教體。由於他能「**吸持圓光**」而成就定光的無量變化，使二禪天人懂得他的教導，這就是「**發化清淨**」。因爲他的定心比以前更清淨了，才能發明而變化出來這些光音。

猶如人類的肢體語言，當他耳朵尖起來，眉毛豎起來，臉紅起來，脖子血管脹起來了，你就知道他生氣了；他不必再用語言說「我生氣了」，你就知道他生氣了。同樣的道理，二禪天主是從無量光天的境界中，進一步修成光音天的境界，就能把無量的定光隨心所欲作出種種變化；由定光的顏色與強弱所作的種種變化——這種變化無量無邊——各自代表不同的意義，於是就可以「**應用無盡**」，表示出各種不同的意思，所以才叫作光音天。成爲光音天時就是二禪天的天主了，就以光代音而教導二禪天的無量光天與少光天，繼續往上提升。這是無量光天所做不到的功德，所以他才能統領二禪天的諸天。

但這是必須進修而比無量光天更清淨，也就是把思惑又降伏了一部分，比無量光天降伏多一些。所謂九品思惑，其實就是對三界九地虛妄的迷惑；迷惑越少的人，就是伏惑越多的人，就越能成爲高位的天人或天主。但因爲他們沒有見道，所以只能伏惑而不能斷惑，最後還是無法出離三界生死，只能住在無色界中，依舊會下墜人間，再從頭修定生天，重新輪轉一遍；所以見道斷惑才是最重要的，禪定不是急須求證的重要境界。這就是說，色界天人是降伏欲界中的思惑而不能斷除，全靠定力來降伏而不是斷惑。再把初禪天的思惑降伏而不是斷除，所以往生在二禪天中。乃至降伏無所有處惑而不能斷除，所以生在非非想天中。但因爲都只是降伏而不是斷除，所以最後思惑現行時就下墜於人間，又重新再修定上升，重新再輪轉一遍，無法出離三界生死。所以斷我見—確認五陰十八界全部虛妄—斷見惑，才能繼續進修而斷思惑；修定都只能伏惑而不能斷惑，永遠不離三界生死，所以光音天依舊是生死輪迴中的凡夫。

「**阿難！此三勝流，一切憂愁所不能逼，雖非正修真三摩地，清淨心中粗漏已伏，名為二禪。**」佛陀接著開示：這三種殊勝的天人流類，「**一切憂愁所不能逼**」；雖然不是眞正在修證眞實法的三昧境界，但他們的清淨心中粗糙的有漏思惑已經降伏了，所以就稱爲二禪。爲什麼這三類天人也稱爲「勝流」呢？是因爲二禪天最低的少光天，就已經勝過初禪天的大梵天王了，所以名爲「勝流」。無量光天又勝過了少光天，而光音天又超越了無量光天，所以全都名爲「勝流」。

初禪天中有三類天人，名爲初禪三天；二禪天中也是有三類天人，所以名爲二禪三天。二禪天中的所有天人「一切憂愁所不能逼」，因爲在初禪的梵眾天是貪著胸腔樂觸的，所以別人告訴他：必須捨棄樂觸以後，才能再往上修證，否則初禪第二天、第三天的勝妙境界就無法實證。他們心中也知道應該捨，可是心中又捨不得，常常又去把樂觸提一下，於是就持續停留在梵眾天中。梵輔天也是一樣，因此而繼續停留在初禪的第二天境界中，無法往上升進。初禪天中的天人如是，在人間證得第一、第二層次的初禪人也是一樣。這意思是說，初禪地的第一天境界迷惑若是還沒有降伏，就不可能更進一步成爲初禪的第二天——梵輔天，這就是初禪梵眾天的迷惑，屬於思惑所攝。但是色界天人對思惑都是只能依靠禪定來降伏而不能斷除，所以都是伏惑而不能斷惑，久後還是要下墜於欲界中；不能斷除思惑的原因，則是因爲沒有斷見惑，就是認定五陰十八界中的某一陰或某一界是常住法。

但光音天能夠「發化清淨」，所以比二禪天中的下二天更殊勝，能夠「應用無盡」。至於二禪的三天「一切憂愁所不能逼」，講的是對於失掉初禪境界的憂愁已經不能逼迫他了！既然已得二禪，當然初禪的境界不會再丟失了，所以二禪以下的境界都不能影響他，因此而稱為「定生喜樂地」。二禪天人的境界純粹是由定境而生的，初禪天人的境界則是由遠離男女欲及證得粗淺的未到地定就可以出生了；所以二禪的定要非常好，定力如果不是非常好，就不可能發起二禪定境，所以想要證得二禪定力，要比初禪的定力加倍以上的努力，二者間的距離很大。初禪的定力不必很強，主要在降伏性障，明心的人則是斷性障。但是因為二禪跟初禪之間的定力差距很大，相差很多倍，所以一般初禪人很難實證二禪定境。然而再接下來的二禪與三禪之間差距，可就縮小了，不像初禪與二禪之間的距離那麼大了！至於三禪跟四禪之間的距離又更小了。當然，我說的道理，你們現在都可以存疑，等以後枯木禪開始修證了，等你們未來證到第三禪時，就會知道我從來沒有欺騙你們，現在我先把話說在前頭。（註）既然定力極強，就表示比初禪人清淨很多，所以說這三種勝流「一切憂愁所不能逼」，因為他們已經得定而生喜樂，所以叫作定生喜樂地。（註：講經當時，楊先生等退轉者常常放話否定平實導師的說法，有不少人心中懷疑難信，所以平實導師不得不講這一類的話，攝受會中的同修們。）

這個定生喜樂地——二禪地——雖然還不是眞正實修如來藏金剛三昧，但是他們的「**清淨心中**」粗糙的有漏性已經降伏了，講的是「**粗漏已伏**」而不是粗漏已斷；因爲四禪八定的修證屬於凡夫的修證，只有三地菩薩所修的四禪八定才能通於無漏。沒有斷我見、沒有斷三縛結的人修四禪八定，都屬於有漏定；至少必須是聲聞初果人來修四禪八定，才能成爲無漏性的禪定。在三乘菩提中，凡是還沒有見道而修四禪八定，都屬於凡夫修學禪定；所以世尊說二禪天中的三類天人都是「**粗漏已伏**」而不是粗漏已斷。必須是斷我見、斷三縛結的初果人，或者斷三縛結以後又開悟明心的菩薩，證得二禪以後才是粗漏已斷，不會像證得二禪的凡夫們成爲「**粗漏已伏**」。既然我執得要悟了以後才能斷，因此說凡夫證得初禪二禪時都是「**粗漏已伏**」。

至於什麼是粗漏？是因爲初禪境界屬於有漏法，所以仍然是粗漏；也因爲初禪境界離欲界很近，所以初禪人所降伏的有漏只是欲界漏，當然也是很粗糙的；然而從諸佛菩薩來看二禪人所伏的初禪境界時，仍然認爲是粗漏。因爲依三界九地而言，欲界惑是最粗的，再來是初禪惑，這只是三界九地惑中最低的兩個層次，當然是粗惑，還不能說是細惑。因此，當然要說二禪天人降伏欲界惑與初禪惑時，仍然是「粗漏已伏」；而且仍然不是「粗漏已斷」。二禪天人的瞋心已經斷除一部分了，不論是眾生瞋或者法瞋，都已經斷除一部分了！如果是有無生法忍的二禪人，那當然是早就斷除二種瞋的現行了，是只剩下瞋的習氣種子而不會有現行了。所以諸地菩薩不會因爲有人破壞正法，就使瞋心現行。

但是未見道的二禪人還是會起瞋，特別是法瞋。地下菩薩都會有或多或少的法瞋，進入初地以上的菩薩就不會有法瞋；不論外道或佛門外道怎樣破法、如何誣罵與毀謗，都不會起瞋；但是該怎麼弘法利眾，該如何破邪顯正，菩薩還是會繼續努力去做，心中絕對不會起瞋。如果遇到大破法者，而你心中起瞋了，就表示你還沒有到達初地，因爲瞋心現行了。但是遇到嚴重破法的情況時，也有世間凡夫不會起瞋，因爲他證得第四禪了。佛法是否會被滅亡？他都不關心而不起瞋，所以這些人都是伏漏而不是斷漏，因爲禪定的實證屬於世間有漏禪定，在還沒見道以前所得的禪定都不通無漏。但是不論有沒有通無漏，所有人證得的二禪中都會有四支功德，叫作內淨、一心、喜、樂。但是，這得要等下週再來分解了。

……（講經前的當場答問，移轉到《正覺電子報》〈般若信箱〉，以廣利學人，此處容略。）我們繼續講《楞嚴經》一七六頁第三行，上週把這裡講完了，但還有二禪的四支功德還沒有說。二禪有四支功德，就好像初禪有五支功德一樣。但是初禪變化比較多，譬如初禪第二天的境界中，有冷、暖、溫、涼、猗、樂、澀、滑等八種樂觸，每一種觸都同樣有五支功德，也都是清淨的樂觸；即使是有時偶爾出現的猗，雖然是從會陰發起的樂觸，卻也是清淨的樂觸，因爲這是由離欲而出生的樂觸，所以都伴隨著五支功德。這絕不是像宗喀巴《密宗道次第廣論》中說的打坐觀想與女人交合受樂，那是極不淨的男女欲的妄想，也是三界中最染污的煩惱。密宗有一些喇嘛或上師們，把那種不淨的樂觸解說爲初禪的猗，根本就是牛頭逗馬嘴；由此證明宗喀巴與所有喇嘛們都不懂禪定，他們連初禪的清淨樂都沒有。

初禪有五支功德，二禪也有四支功德：內淨、一心、喜、樂。內淨，是說心地清淨，已不攀緣於五塵，靜坐時完全緣於內境而使心地清淨了，所以叫作內淨。內淨，是從「住一識處」而產生的清淨性，因爲離開外五塵了。二禪人的喜是從何而來的？喜是從能夠住於內境而不再接觸外塵，不受五塵的干擾了，所以心中由定力的大幅度增長而產生喜悅；這是由於發覺自己能夠這樣安住於自心內境而不觸五塵時，心中非常的踴躍；因爲一直都想要證入不觸五塵的自心內境而修不成功，如今終於可以進住了，所以心中非常歡喜。這種喜是很強烈的，與初地的極喜完全不同。初地的極喜是很深沈的，絕對不外露的，臉上都看不出他有什麼歡喜；可是他心中暗喜：我已經把十迴向完成，已經進入初地了。

可是二禪喜，是一種狂喜，會顯現於外；因爲初禪跟二禪的距離很大，我來作一個比方說明：比如從初禪前的未到地定到達非非想天的非非想處，如果有一丈長，從中間切一半，第一半再把它切成兩份，第一份就是初禪，從未到地定到初禪得要經過半丈的一半；從初禪到二禪，則要經過前半丈的另一半。接下來從二禪到三禪時，就把剩下的半丈再切成一半，再把前面的一半再切一半，也就是一丈的八分之一，就是二禪到三禪的距離；接著那半丈的一半的一半，也就是一丈的八分之一，就是三禪到四禪的距離。這樣一來，一丈只剩下四分之一了，這四分之一就是四空定的總距離。

我爲什麼能知道這個道理？當你瞭解有覺有觀、無覺無觀，以及這兩種禪定中間的無覺有觀三昧時，把其中的微細差異都實證而瞭解以後，就會知道這些距離了。所以當你瞭解了這個道理時，在剛進入二禪時能夠安住下來了，心中必然是一陣狂喜，這就是二禪的喜，完全是因定而生的喜。當然，一陣狂喜之後二禪立即不見了，又退回初禪去了；到最後能夠很堅固安住於二禪中，心中眞是快樂得不得了，所以說二禪人有喜的功德存在。

但是這種喜的功德經過一段時間以後，大約七八天、十來天以後，最多不會超過一個月，接下去就又是身樂了；這種樂，不論是在什麼時間裡，或者與別人講話，或者正在做事、講經、寫書，他都住在初禪等持位中，這時胸腔中又有樂觸生起了；而這時的樂觸是比以前只證初禪時更微細，沒有那麼強烈，但是比較微細而常住不失，這就是二禪的樂支功德。這樣有三支功德了，內淨、喜、樂；接著還有一心的功德。如果以初禪的一心來跟二禪的一心相比，眞的是相差很遠；因爲初禪中的一心支，是有四個識同在的，是與四塵相應的；如今在二禪等至位中，只剩下意識一識而已，所以定心是更強的，一心的功德是更堅固而深細的。這就是二禪的四支功德，就是二禪三天的境界。人間的修定者所證得的二禪境界相，我在這裡也就同時爲諸位講解完了。

【「阿難！如是天人圓光成音，披音露妙，發成精行，通寂滅樂，如是一類名少淨天。淨空現前，引發無際身心輕安，成寂滅樂，如是一類名無量淨

天。世界身心一切圓淨，淨德成就，勝託現前，歸寂滅樂，如是一類名遍淨天。阿難！此三勝流具大隨順，身心安隱得無量樂，雖非正得真三摩地，安隱心中歡喜畢具，名為三禪。」

講記：「阿難！像這樣的光音天人以圓滿光明化成法音，披開各種法音而顯露勝妙的清淨法，發起而且成就了精細的清淨行，通聯於寂滅無擾的清淨樂中，像這樣的一類人名爲少淨天。清淨的空相現前之後，引發了沒有邊際的身心輕安，成就了寂滅之樂，像這樣的一類天人名爲無量淨天。世界與身心等一切全都到了圓滿清淨的地步，清淨行的功德已經成就，殊勝的身心依託現前了，歸於寂滅的快樂中，像這樣的一類天人名爲遍淨天。阿難！這三種殊勝的天人流類，具有對於寂滅境界的大隨順功德，身與心都已安隱而獲得無量的快樂，雖然依舊不是眞正證得眞實常住的三昧境界，安隱無憂的心中歡喜全都已經具足了，名爲三禪。」

「**阿難！如是天人圓光成音，披音露妙，發成精行，通寂滅樂，如是一類名少淨天。**」接著是講三禪三天的境界了，三禪天中有三種天人，所以稱爲三禪三天。三禪天的境界和二禪有所差異，而三禪的境界要以二禪天的境界爲基礎來進修，才能證得；不能先得三禪再來修二禪，所以一開頭就講「如

是天人圓光成音」；意思是說，要以二禪中的第三天光音天的境界來進修，才能進入三禪天的第一天少淨天中。二禪中的光音天人，或者人間已經證得光音天的人，由於能將定力繼續進修而使光音境界繼續發展，所作的種種變化益發精妙，能夠具足以光音顯露種種妙法的功德，使二禪天人都能具足熏習而成就清淨梵行。當二禪天主光音天，把這種功德繼續深修而擴展到圓滿的地步時，便發起了極精細的清淨行，於是心境極爲寂靜，就與寂滅境界的快樂互通了，這樣的光音天人就成爲少淨天，捨報後能往生在三禪天中。

有很多人修學禪定時都會出現一個問題，他們心中想的是：**「當我證得第幾禪的時候，就會有天人境界，就會有各種神通。」**雖然是可以如此，但這樣一來就會永遠停留在目前所證的層次中，不能繼續升進，所以是錯誤的觀念。修學禪定時，特別是修習四禪八定，就像發射火箭一樣，向上升到一個階段時，要先把最大的一截捨掉，這譬如捨棄欲界境界的貪愛，才能成就初禪；因爲欲界境界的貪愛最粗重，好比最大最粗的那一截火箭。接著再繼續向上飛，飛到第二個階段完成時，再捨下第二截火箭；這譬如捨棄初禪境界的貪愛，就是把初禪中的覺與觀捨棄，成就第二禪的境界；所以初禪就好比第二截火箭，必須捨棄以後才能再往上飛。啓動第三截火箭而繼續往上飛，才能飛到太空中，在進入太空之前，就把第三截火箭丟棄，才能繼續飛往太空中；第三截火箭就如同第二禪。然後才能以太空梭自己的發動機繼續往上飛，終於到達太空而能安住於太空中，這時連太空梭自己的發動機也停止了，於是在太空飄行了，就等於是到達第四禪了。

修學禪定也是同樣的道理，要先把最粗的欲界法捨棄，然後再把次粗的初禪覺觀捨棄，再把第三粗的二禪境界捨棄，然後以自己的動力到達第三禪。所以想要到達三禪天的境界，必須在人間開始把欲界愛、初禪愛、二禪愛不斷地捨棄，然後到達三禪時安住下來。若是繼續進修第四禪及四空定，道理也是一樣的；必須次第捨離下界比較粗糙的定境，才能轉進比較細、比較寂靜的上界，捨到最後才能成就最細、最寂靜的非想非非想定境界，這就是四禪八定的修法。

外道把四禪八定的境界認作眞實有，也作爲修行實證的最後標的；但二乘定性聖者修四禪八定時是修八背捨，修一個捨一個；是修得第一個定境時便立即觀行它的虛妄，然後背棄、捨離，隨即轉進下一個定境，直到完成滅盡定爲止，所以叫作八背捨。八背捨還得要依九次第定來修，卻是背捨四禪八定的，四禪八定是修證滅盡定的過程而不是目標。這裡要特別跟諸位交代：如果你們有人私底下在家裡打坐修證禪定，千萬記住我這句話，不要期待有境界的定境法相。期待有境界的法，就會永遠保持在很低的層次；一不小心，鬼神來了，就得被他們牽著鼻子走；到最後，趕也趕不掉，三、五年後就得住進榮民總醫院長青樓中的精神病院去了。

所以修學禪定時是一路不停地捨，而不是一個又一個繼續得。譬如你若證得第四禪時，你會發覺原來是什麼都捨掉，包括三禪定境中的淨念都得要捨掉；連「念頭出現時那個念頭是什麼，自己都不知道」，連這樣的念頭都要捨掉。所以必須特別要注意一個知見，修學禪定時並不是證得初禪以後，比未證初禪以前多了什麼境界，是反而少了欲界的境界。證得二禪時，是少了初禪與欲界的境界；證得三禪時，是少了二禪、初禪、欲界的境界，因此越往上就越寂靜。但四禪八定等次第禪觀的定境，都不是涅槃的寂靜；最後是必須把意識中斷了，並且還要再把意根的五遍行心所法中的「受、想」也滅除，才能捨棄非想非非想定而進入滅盡定中，所以禪定的修證是不斷地捨，不是持續地得，這在後面還會再講到。

這就是說，因為將光音越來越加以深細運作，次第顯露出來給二禪天人觀看，這就是「披」；「披」就是把它全部展開鋪平，給大眾看得很清楚。猶如閩南語說：「請你把那件毯子披開。」披就是把它攤開，平整地全部顯現出來。當二禪天主光音天，把光音全部都弄清楚了，有能力全部展現而無遺漏，以光音作爲教導二禪天人的「教體」；時間久了以後應用純熟，能把光音全部具足披露而顯示它的精妙性；並且將它發展成就更精細的清淨梵行，於是把他的光音功德，以及寂滅而迥無五塵的快樂定境互相聯通，這樣的二禪天主捨壽後就可以出生在三禪天中，成爲三禪天中的少淨天。

可是在二禪天主的境界中，或者在人間時已經證得光音天的二禪境界，想要像這樣子轉入第三禪中，還是要先把二禪的喜樂捨棄。如果不能捨，還有一絲絲的心想：「這個喜樂若是捨掉了，萬一再也沒有喜樂了，那我以後行住與靜坐之中都沒有喜樂了，眞的很可惜。」如果有這個心念，就離不開二禪的境界，永遠無法進入三禪前的未到地定中。未到地定又名中間定，有時又簡稱爲未到定。四禪八定每一定之前都有一個未到地定，離開欲界定而向初禪進發，住在繼續增長的定中，但是仍未到初禪地，所以叫作未到地定；離開初禪而未到二禪地之前的定境，也叫未到地定。乃至離開無所有處定，但仍未到非想非非想定之前的中間定，也是未到地定，因爲未到非非想地，但未到地定本身即是定，所以就名爲未到地定。至於離開初禪而未到二禪地的未到地定，另外設一個名稱叫作無覺有觀三昧；因爲二禪前這個未到地定中，已經沒有初禪中的覺，但是還有初禪中的觀存在，這個詳細的部分就暫且不說，等到以後講枯木禪時再來說明。

由於親證了初禪有覺有觀三昧，再親證二禪前的未到地定而了知無覺有觀三昧，然後證得第二禪時有了無覺無觀三昧，就對四禪八定有了深入的了知。這三個境界是最難實證的，只要證知這三個定境的同異性，就知道四禪八定的全部梗概；不必全部實證，就能爲人講解四禪八定了。若是沒有證得無覺有觀與無覺無觀，只證初禪的有覺有觀三昧，就不太能完整講解四禪八定了。當你知道了我說的這些道理，就曉得如果想要轉入第三禪，必須把二禪的喜樂全部捨掉，只剩下內淨一心；然後由內淨一心繼續進修，住在全無語言名相法塵的狀態中，純粹只住在覺知心自己的境界中；當定力越來越深細，平常對自己的性障也除得越來越微細，然後就在未到地定中突然發起第三禪，一樣也有善根發，卻是在寂滅樂中突然有三禪地的善根發起。三禪的善根發起以後，不管在什麼時候，舉止都會比我現在還要安祥。

當一個人證得二禪以後，如果沒有停止再進修，他在一切時中不論做什麼事情，都很安祥，眞正在修行的人都很容易發覺他的舉止與平常人不同。

但是如果沒有繼續進修，把它擺久而退失了，漸漸就跟常人一樣了。因此，如果是眞正能夠離開二禪而進入三禪前的中間定，也就是未到三禪地的未到地定中，它是很寂靜的，全都不對外攀緣；由於這時是聯通於寂滅之樂，對未到地定中的三塵都無接觸的意樂，才能使三禪善根發起。如果不是心中很清淨安住，不能捨離一切境界，就無法使三禪的善根發起，所以這就是三禪善根發的要件。如果能夠這樣修習，善根發起以後，在善根發以後的幾秒鐘裡，就會被身樂所激動而離開等至位，轉入等持位中；在進入等持位以後是遍身受樂，而且心中很深沉的歡喜心就出現了，這就是三禪的善根發，這一類人叫作少淨天。由於後來重新進入三禪等至位時，已經稍微體會到寂滅的快樂，所以說「通寂滅樂」。但這種寂滅境界的快樂，都不是涅槃中的寂滅，請不要誤會。

「**淨空現前，引發無際身心輕安，成寂滅樂，如是一類名無量淨天。**」

三禪善根發以後，如果只是每一週之中靜坐二、三天，每次一小時；或者只是每週禮佛作無相念佛功夫二、三天，每次只有一小時，這只是在保持三禪的定力，沒有很精進再繼續努力深修禪定或禮佛，就會停留於少淨天的層次中。如果接下來再繼續努力進修，由於繼續深入迥無五塵的境界中，覺知心住於清淨而無五塵的空相之中；這時只剩下覺知心與三禪定境法塵了，使清淨的空相具足現前，就會引發無邊無際的身心輕安，成就迥無五塵而且定境也很微細的寂滅境界；這時知道更趨近涅槃了，於是「成寂滅樂」，已經不只是「通寂滅樂」了。可是，有時也會在二禪中體會到「寂滅樂」，但那並不表示已經證得三禪，那只是意味說，你過去世曾經證過三禪，而這一世已經忘失了；或者是在二禪中因爲「通寂滅樂」而領受到寂滅境界，仍然是很粗糙的善根。

在三禪少淨天中，或者已證得三禪少淨天的定境以後，如果有一天覺得自己的覺知心是無邊無際的，那時不需要害怕，絕對不必擔心回不來色身中；因爲如來藏駐於色身中，覺知心流注出去以後終止這個境界時，仍然要收歸於如來藏中，所以絕不可能會因此而回不來。你儘管繼續靜坐深入，定境中的覺知心既然開始無邊無際，你就讓祂繼續無邊無際，都不要有恐懼。正因爲不害怕，所以雖然是無邊無際，但卻非常清淨，沒有一絲一毫的五塵，就這樣繼續安住、繼續深入，就會「引發無際身心輕安」；從此開始，永遠都可以住在清淨空虛的境界中，就成爲三禪天中的第二種天人，名爲無量淨天。必須是經過初禪、二禪進修過來的，才能說是三禪；不是自己以初禪前的未到地定，由於感覺心無邊際而清淨無妄想，就自認為是三禪，那是嚴重誤會；如果自稱已得三禪，那也是大妄語，依舊是未證言證，只是不到阿鼻或無間地獄中，卻還是得要下墜一般的地獄中受苦。即使有時打坐出現一次覺知心無邊無際而很寂靜，卻只是幾分鐘就生起一個念頭而不見了，這只是過去無量世以前的三禪定境影像，只是因為打坐時牽動到往世的種子突然出現而已，不算是眞的證得三禪。

這就是說，「淨空現前」以後，三禪中的第二種天人境界出現了；就是說，雖然本來就在三禪的等至位中離諸覺觀，但是繼續進修之後，突然又有「**無際身心輕安**」的境界出現時，一樣也是轉入等持位中了！因為只在等持位中才會有身心輕安無量無邊的狀況。這時的寂滅樂是比前面善根發的寂滅樂還要再進一步的；在少淨天中的寂滅樂只是相通而已，但在無量淨天中是擴大而成就了寂滅樂；而且少淨天的三禪樂觸並不遍身，只在胸腔中才有；到了三禪第二天的無量淨天境界，歡喜是遍滿身心的，也是廣闊的，所以才叫作無量淨天。

「**世界身心一切圓淨，淨德成就，勝託現前，歸寂滅樂，如是一類名遍淨天。**」由無量淨天中繼續進修，還是要回歸到三禪等至位中，不能在等持位中進修。在三禪等至位中繼續進修，漸漸到達身心二者都全部圓滿清淨的境界以後，所住的自心世界也跟著清淨了，這就是「淨德成就」，是清淨心的功德成就了；這時有三禪天身心的更殊勝依託出現了，也就是比三禪第二天的境界更殊勝的轉依境界出現了，這時只是寂然一心，不再像三禪中的第二天有時不住於寂滅境界中；而是把身心全部歸於寂滅之樂，表示他的身心是普遍清淨的，不是像第二類三禪人有時不住於寂滅樂中。這時是什麼境界都不想領受，根本就不想進入等持位中，是身心普遍清淨的，那麼他們自己相應的世界自然也是普遍清淨的，像這樣的一類天人就名之爲遍淨天。

有一些人對自己的往世很好奇：「我上一世不曉得幹了什麼事情，所以障道因緣這麼多；又不曉得曾經種了什麼福德，所以能夠遇到這個如來藏妙法。」心中很好奇，就一直想要知道往世的事情。但你不需要立即知道，等你到了二禪，也有了如來藏妙慧時，自然就會知道了！因爲常常一不小心滑入等持位中，往世的事情就會出現，那時你自然會知道。這跟作夢不一樣，夢中是彩色的，跟現實境界完全一樣。但我在等持位中看見的往世大部分是黑白的，彩色的很少；而且大部分只有影像而沒有聲音，但是看見時就知道那是什麼事件，這些都是在等持位中看見的。對往世好奇而想要知道，是人之常情；但是到達三禪天的第三天遍淨天境界時，根本不想進入等持位中再看往世的事情，只愛樂住於寂滅境界中。

到這個地步時，如果轉入等持位中，就會有遍身之樂，從頭頂到腳底都有樂觸，而且滿心歡喜，這就是三界中的至樂；而且這是清淨無欲之樂，三界之中無有一法比這個境界更殊勝。但我這個說法是指修行人，如果是世俗人，你若有辦法讓他體驗一下這種快樂，讓他比較婬觸的樂受，一般人卻是不想要這種樂，而是想要婬樂。只有心地清淨的人才會喜歡這種樂，因為這種樂的體性迥然不同。為了讓大家瞭解，所以我才會講清楚一些，免得以後向我抗議說：「**你蕭老師騙我，這個初禪樂、三禪樂並沒有婬樂那麼強盛呀！**」那就表示你心地不夠清淨，所以才會想要欲界中的婬樂。

但是當你心地清淨時，一定想要這種寂滅引生的身心之樂，因為這是清淨之樂，都不必辛苦動作，是在輕安的狀態下所領受的身心之樂，也因為這種樂是每天從早到晚都存在的。就好比一輩子都有飯吃，雖然都是粗茶淡飯；而另外一種是可以三天之中大吃大喝，然後沒得吃了，要等一個月後才又可以連續吃喝三天，那你要選哪一種？這就很清楚了。三天之中雖然都是大魚大肉，吃香喝辣，但是每個月只有三天可以飲食，你還是會選擇一生之中每天都有食物，即使是粗茶淡飯；禪定之樂與婬欲之樂的樂觸，就是有這種截然不同的體性。先瞭解這個道理以後，才能確定是否要遠離欲界樂觸；將來發起禪定時，也才不會覺得是被我騙了。

未來初禪、二禪發起來時，胸腔中常住的樂受，諸位如果想要知道，我就用一個類似的境界來形容，當然不可能完全相同。到了初禪天的第二天、第三天的境界中時，也就是你在人間成就梵輔天、大梵天境界時，胸腔的樂觸，就好比有一條路，很寬廣很平順，也沒有任何人車或阻礙；但是有一個不很長的斜坡，坡度不很陡，卻又可以快速加速，那時你騎著單車溜下去，由於高度持續快速下降而使胸腔中有一點癢癢的，但卻覺得歡喜的樂受。這樣描述比較貼切一些，但是當然不一樣，而諸位由這樣的敘述就稍微可以體會出來了。這種樂觸在證得初禪第二天、第三天的定中境界時是永遠存在的，不會消失；除非睡著了或者悶絕了，才會消失不在；其餘時間只要意識覺知心存在，它就一定會存在。而且這種樂觸不會像騎車下坡時有刺激感，是很平順的樂觸。這樣說明以後你們就瞭解了，你若是沒有體驗過，就無法講得出來。但我現在說的是在平常的時間裡，是善根發以後轉變成的境界。正在善根發的境界中，那種樂又跟這種樂不一樣。初禪善根發的遍身發，那種遍身樂的境界，在人間找不到一種類似的境界爲大家說明，你們只能從我所說的形容中稍作體會。這意思是說，禪定的境界相，全都要靠實證才能講出來的，不能瞎說籠罩人的。

猶如《楞嚴經》對禪定的描述，當然也是親自經歷過的賢聖才能說得出來的；而我以自己親歷的初禪與二禪來比對，發覺那是完全符合現量的。所以我說，那些否定《楞嚴經》的六識論者，譬如密宗的應成派、自續派中觀見者，也就是達賴與印順等人，都是不曾證得禪定的人，連欲界定都不可能證得，未到地定與初禪就更別說了。至於第七識意根與第八識如來藏，他們是公然否定的，當然更不可能證得，由此證明他們都是凡夫。再由他們都主張意識常住，這樣的說法也證明他們都是未斷我見的凡夫；所以他們都是未斷我見，連世間禪定也不曾證得的世俗人，空披僧衣受人供養。

「阿難！此三勝流具大隨順，身心安隱得無量樂，雖非正得真三摩地，安隱心中歡喜畢具，名為三禪。」這三種人都稱爲「勝流」，因爲這三種三禪天的天人，或者是在人間已經證得三禪境界的人，他們都超勝於二禪天、初禪天。少淨天勝於二禪天人，所以是「勝流」；無量淨天勝於三禪中的少淨天，所以是「勝流」；遍淨天勝於三禪中的無量淨天，所以更是「勝流」。

這三種勝流，都具有一種大隨順——隨順於安隱寂滅的境界。由於這個緣故，比二禪天以下更遠離劫災，也更接近出三界的境界，因此使身心安隱而得到無量快樂，所以稱之爲三界世間中最勝妙的樂。但是，這種世間禪定所得的快樂，雖然依舊不是眞正的三摩地（佛菩提道中所說的三摩地，是指如來藏金剛三昧，也就是禪宗的明心，才是眞正的三摩地，而這些禪定都屬於三界世間境界），但因爲心中非常安隱，歡喜心畢竟具足圓滿，所以名爲三禪。

有很多人喜歡禪，覺得神祕，所以去學禪，也自稱是學禪宗的禪。可是絕大多數的人們其實都是在修定而不是學禪，並且所學的定也是錯誤的方法與知見。當代中國佛教各大道場中，所謂禪宗的禪都是誤會的，都是以定爲禪；所以全都每天打坐求一念不生，以離念靈知作爲求證之標的。最常見的求一念不生，是修數息觀；而他們所修的數息觀，卻又是錯誤的數息觀，不但落入聲聞法中，也是無法成就數息觀的；所以有很多人修數息觀，每天打坐數息超過二十年以後，不但與禪宗的禪悟無關，連禪定都無法證得；說老實話，他們自己連數息觀都不懂，而且是師徒都不懂。所以說他們都是以定爲禪，而且無法證得禪定；因此說他們的修法都不是佛門中所講的眞三摩地，眞三摩地是如來藏金剛三昧，證得金剛心如來藏而住於實相般若智慧中，心不動搖、心得決定，這正是禪宗的明心，才是佛菩提道中的金剛三昧。

世間人修證三禪境界時，雖然仍不是眞正的三摩地，但他們安隱心中發起了無量的快樂；這是因爲他們可以控制自己的心，已經降伏了三禪天以下的思惑；雖然還沒有斷除，但已經降伏了，所以心中獲得大安隱，於是「安隱心中歡喜畢具」。所以常常有外道誤以爲這就是涅槃。這種人的境界就是三禪的境界，不是涅槃的境界，也不是佛菩提道中的金剛三昧境界。

三禪又名離喜妙樂地，是因爲它的歡喜心跟二禪人不一樣。證得二禪時，覺知心歡喜得不得了，簡直是涌動不止；可是三禪的定境得要把二禪的喜心捨掉，才能轉入三禪中；因此必須離喜才能發起三禪，所以三禪也叫作離喜妙樂地。三禪境界也有五支功德：第一支功德是捨，必須捨離二禪覺知心中的狂喜，所以有捨心。第二個功德是念，也就是對於有覺有觀、無覺有觀、無覺無觀中的微細境界，能夠憶持不忘。這個功德在二禪中也有，但是因爲不夠深細，所以在三禪中才說。如果有人眞的實證有覺有觀、無覺有觀、無覺無觀，眞的理解其中微細的差異，他才可以說自己有禪定的證量；這樣的人一旦進入三禪境界時，他對三禪以下定境的細節都已瞭若指掌，猶如對自己手掌中的掌紋完全看得很清楚一般，所以憶持不忘而具足念心所的功德。因爲這是他辛辛苦苦走過來的路，是親自體驗而不是想像的。第三支功德是智，就是對於禪定的境界、原理與實證方法的智慧，三禪人已經具足了。第四支功德是樂，身中遍樂，而覺知心也有歡喜。第五支功德當然一樣是一心，一心功德也是每一種禪定都必有的功德。具備這五支功德而不是想像的人，就是三禪的實證者。接下來要講解四禪天了，在四禪天中有兩條歧路，大家都必須要理解，所以 世尊也將這兩條歧路爲佛子們說明：

【「阿難！次復天人不逼身心，苦因已盡；樂非常住，久必壞生；苦樂二心俱時頓捨，粗重相滅，淨福性生；乃至劫壞，三災不及，如是一類名福生天。捨心圓融勝解清淨，福無遮中得妙隨順，窮未來際，如是一類名福愛天。阿難！從是天中有二歧路：若於先心無量淨光，福德圓明修證而住，如是一類名廣果天。若於先心雙厭苦樂，精研捨心相續不斷，圓窮捨道，身心俱滅，心慮灰凝經五百劫；是人既以生滅為因，不能發明不生滅性，初半劫滅，後半劫生，如是一類名無想天。阿難！此四勝流，一切世間諸苦樂境所不能動，雖非無為真不動地，有所得心功用純熟，名為四禪。」】

講記：「阿難！接下來，三禪中的遍淨天人由於苦樂等法都已經不逼迫身心了，這時如果把三禪天的苦因除盡了，了知三禪之樂也不是常住法，知道時間久了以後必然還是會有毀壞的狀況出生；由於這樣的分別而有了無常的認知，於是把三禪天中的所有苦心與樂心全都一時頓捨了，於三禪天中的粗重相便滅除了，清淨天福的自性出生了，可以生在四禪天中，能夠在很長時間裡安住於四禪天中；乃至一個大劫過去而使世間毀壞時，那時火災、水災、風災也都不能達到這裡，像這樣的一類人名之爲福生天。繼續進修以後，使捨離苦樂的心到達圓融的地步，對於四禪捨苦捨樂的勝解道理已經了知而得清淨，在所獲得的清淨福德全無遮障之中得到了勝妙的隨順，可以窮盡未來際，都不會被劫災所壞，像這樣的一類天人名爲福愛天。阿難！從這個福愛天之中上進時有二條岐出的岔路，使人無法證得菩提：如果於先前已證的福愛天定心之中發起無量的清淨光明，福德圓滿清明修證而安住於四禪天中，像這樣的一類人名爲廣果天。如果於先前已證的福愛天定心之中既厭惡苦受也厭惡樂受，精細研究捨離苦樂之心而且相續不斷，圓滿窮究一切盡捨之道，以致色身與覺知心全都滅除，意識覺知心思慮如同死灰一般，凝固於這樣的無知無覺境界中，經歷五百大劫；這一類人既然是以生滅法的意識作爲根本因，由此緣故不能發明不生滅的法性，初生到無想天中時經歷最初半劫以後，心想方才滅除；又於即將捨棄無想天壽命時，再經歷半劫方始出生了心想，像這樣的一類人名爲無想天。阿難！這四種殊勝流類的色界天有情，一切世間的所有苦樂境界都不能動搖他們，雖然並不是無爲法中所說的眞正不動地，然而住在有所得的覺知心中，對於覺知心的功能德用已經極爲純熟了，所以名爲四禪。」

「阿難！次復天人不逼身心，苦因已盡；樂非常住，久必壞生；苦樂二心俱時頓捨，粗重相滅，淨福性生；乃至劫壞，三災不及，如是一類名福生天。」接著 佛陀敘述如何從三禪進修而上生爲四禪天人。在三禪天中的三種天人，在色身與覺知心兩方面，都沒有任何痛苦可以逼迫他了，這是因爲「苦因已盡」，除了劫災以外，已經沒有任何事物可以使三禪天人受苦了。又如證得四禪的人，如果還住在人間，當他遇到意外很痛苦時，只有避入第四禪等至位中，才能暫時免除身上的痛苦。譬如古時在人間，即使你成佛了，若是不小心被刺到腳，一樣是很痛；所以，如果醫生要幫你治療時，你就只好進入四禪中，讓醫師手術治療；不然就入無想定或滅盡定去都可以避痛，否則就只能挨痛。現代是有麻醉藥，一般人動手術也可以免除色身上的痛苦。然而在這個年代成佛了，假設有人能從你後腦勺打一棒，照樣會悶絕，那也可以免除痛苦；可是醒來以後，除了腳痛以外，又多了一件頭殼疼痛，所以人類色身都是無法免除痛苦覺受的。

到了色界天，都沒有人間這種勝義根頭腦，因爲色界天人是以禪定爲所託，所以色界天人都以禪悅爲食；凡是能生在色界天中的人，也都不可能心生惡想而突然打別人一棒。而且依禪定證量的高下，色身的高下與莊嚴也是相差很大的；上一層次的天人威德大很多，下地天人想要算計上地天人，根本就沒有辦法。然而，你如果在世間成佛時，假使（我說的是假使，當然不可能）被人從後腦勺打一棍，一樣會昏厥；但是你以意生身暫時轉到天界示現時，卻是不論誰都要聽你的。你那時成佛了，當然不會處罰對方，但是護法神一定不會放過對方，而因果律也會自然實行。然而這種情況當然不可能發生，我只是作一種譬喻說明。這意思是說，凡是在人間出生的人都有十八界，就一定要被十八界的法則所侷限。這是誰都無法改變的，否則就不能說是人身的種子具足了。在欲界天中還可以有兵刃殺伐，但是色界天中一定沒有，因爲不可能會有「貪恨爲罪、貪憶爲罪」等事情發生在色界天中。而色界天與欲界天全都不會有感冒的事，所以也不會有色身上的逼惱。但是欲界天中雖然沒有病菌困擾，卻還是有五衰之苦；而色界天中的初禪天，還有三塵叢鬧，所以心中還是有逼惱法。二禪天的境界則是有喜心涌動，所以無法成就三禪的常樂，因此心也是還有逼惱的。到了三禪天時，雖然色身與覺知心都沒有世間苦難可以逼迫他了，所以「**不逼身心，苦因已盡**」；然而三禪天人所受的禪悅喜樂，終究還不是常住之樂，「**久必壞生**」，時日久了以後一旦捨壽時至，身心俱壞的事情一定會發生。由於這樣子實際觀察的緣故，他已經知道應該捨離三禪之樂，轉進上地，才能免除身心被壞滅的痛苦，於是就把三禪天中的一切身心之樂捨離；當三禪天人把三禪樂捨離以後，苦心自然也就不存在了，這就是「**苦樂二心俱時頓捨**」。

當他把「**苦樂二心俱時頓捨**」時，三禪天境界對他的繫縛便斷了，這時就是「**粗重相滅，淨福性生**」的時候。因爲三禪天的樂受與喜心的執著已經斷除了，三禪樂的壞滅之苦也隨之捨離，以致三禪天境界對他的繫縛斷絕了，當然「**粗重相**」就隨之滅除了。三禪天「**粗重相滅**」的時候，同時就「**淨福性生**」，也就是成就四禪的定境，捨壽後當然就會往生於四禪天中。「**粗重相滅**」是說三禪天的境界相，對於四禪天人來說，三禪天仍然是粗重相；因爲四禪天中已經不必再呼吸了，也不會有三禪天中的極微細妄想了，所以從四禪天人的境界來看三禪天的境界，確實是「**粗重相**」。當三禪天的「**粗重**

相滅」以後，四禪天的定福便隨之出生了，這就是「淨福性生」。

在人間時也是一樣，從證得四禪的人來看證得三禪的境界，也認為三禪定境是「粗重相」；譬如進入三禪定境中的時候，仍然有極微細妄念，這是心的「粗重相」。由於頭腦中還有極微細的妄念生滅，所以必須有氧氣與營養供給到腦部，於是必須有心臟跳動輸送血液，這就是色身的第一種「粗重相」。但是輸送血液時必須混合氧氣，所以也必須有呼吸，呼吸則是色身的第二種「粗重相」。有這三種「粗重相」，當然不能獲得四禪天的「淨福」。當三禪的實證者懂得這個道理了，於是不再執著三禪的身心俱樂，於是決定捨棄三禪的身心俱樂時，「苦樂二心俱時頓捨，粗重相滅」。當他捨盡時，「粗重相滅」得徹底了，四禪天的「淨福性生」，於是成就第四禪，入於第四禪中，息脈俱斷；因為他的念清淨了，不再有極微細的妄念了，成為「念」清淨；而捨心也究竟了，所以「捨」清淨，在定中都不必有呼吸與心跳了，這就是「淨福性生」，捨報後有福德可以往生四禪天中。

這些道理，在現代是沒有人懂得的；因為當代南北傳佛法中的所有大師們，直到目前為止，尚未看見有誰是證得初禪的，當然也就不必再提第四禪了。至於密宗，就更別提了，因為雙身法的追求與貪著，正是修證禪定的剋星；不論是誰，只要是喜愛雙身法的樂空雙運，他就與初禪的實證永遠絕緣；可是密宗卻都自稱證得禪定，原來他們都是以雙身法中的四種樂觸，扭曲爲初禪到四禪的實證，全都是指鹿爲馬、倒黑爲白。前兩年也有外道宣稱他們證得第四禪，有可能是被南老師的書中所說誤導；以前南老師在《如何修證佛法》書中說四禪中的無想定很容易證，其實也全都是誤會一場；因爲他把四禪中的無想定，誤會爲心中沒有語言文字妄想的境界了！然而心中沒有語言妄想時，不過是欲界定罷了，如今已經成爲笑話一場了。

如果誰說他已證得四禪「捨、念清淨定」，我只問他：「你的呼吸停了沒？」他就不敢講話了。有些人宣稱說他有四禪，我問到他說：「你呼吸停了沒？」他狡辯說：「我會停止呼吸的。」「停多久？」「停四分鐘。」我說：「你這是憋氣，不是停止呼吸。停止呼吸是自然停止的，不是用憋的。」再問：「你的心跳停了沒有？」「沒有。」「那怎麼叫作四禪？連初禪前的未到地定，你都還沒有證得，怎麼叫作證得第四禪呢？」在初禪前的未到地定的深定中，是睜著眼睛靜坐而坐到「不見頭手床敷」的，這是我發起初禪前親自走過的路子，他們全都沒有，竟敢說已經證得第四禪了。以前常常有些同修跟我講：「我們遇到某一個人，他說他有修得四禪。」我說：「你們回去問他：定中還有沒有呼吸？還有沒有心跳？如果還有，就不是四禪。」結果全都沒有消息再來回我。所以我說，這些人都是不懂還要裝懂，反過來唬弄你們這些明心的人；而你們也眞的很好騙，都因爲心地太單純、太直爽了。

如果眞的有人證得第四禪，來到我眼前炫耀，我還要再問他順序的問題：「你進入四禪的順序如何？」如果今天我講了，你聽到了，明天來籠罩我，我就反過來問你：「你出四禪的順序如何？」這個內涵我可不講了，留著考那些唬人的騙子。所以我常說，現代佛教界喜歡籠罩的人太多了，說老實話的人卻是少之又少。我們總是安分守己，老老實實地講；既不縮水假裝謙虛，但我們也從來不誇大，結果卻是被佛門喜歡籠罩的大師與外道們看賤，私底下極力抵制；於是我們被逼不得不開始摧邪顯正，如同玄奘菩薩所說：「若不摧邪，難以顯正。」大師們講一大堆「膨風」的話—牛皮吹得很大—大家就信了。眾生就這麼愚癡，我給他們眞法，他們嫌我不好；而大師們給他們假法，他們說那個法眞好，只因爲大師們的道場大、名氣大。

因此，當你要進入四禪之前，一定要先捨掉粗重；粗重就是三禪境界中的色身氣動、氣脈、循環、心跳、呼吸，這些都是人間三禪實證者的粗重；三禪天人的粗重，則是只剩下呼吸，他們本來就沒有氣脈與血液循環等粗重。只要捨了這些粗重，人間的三禪實證者的粗重便捨掉了，息脈就跟著斷除了。請問你們：爲什麼三禪中的這種粗重能捨離？你們得要懂這個道理，不然將來修學禪定時就無法實修四禪境界。

當你突然間一念心動，可是這一念心動，只是一個念的前頭過去了，這個念頭比話頭更細。話頭，是一句話的前頭，這一句話的語言都不會在心中生起，你住在這句話的前頭，而這句還沒有生起的話頭是什麼意思，你很清楚知道而不讓這一句話在心中生起。可是再進一步，是心中的念頭閃動了一下，雖然只是一閃而過，不曾停留於覺知心中，可是你已經知道那個一閃而過的念頭是什麼，這比話頭更細了。接著是三禪中常常會有念頭一閃而過，而那個念頭究竟是什麼？你根本就不知道，這種念頭就極微細了，我常常以「心動」來解釋這種念動；但不是世間人所說對於某些事物產生愛樂的心動，只是在定中發覺自己的覺知心動了一下；但這時並沒有想起什麼或想要做什麼，只是覺知心沒來由地動了一下；三禪中正因爲還有這種心動的現象，所以無法止息覺知心的粗重，於是第二、第三種粗重的息與脈，就都必須繼續運作而不能停止。

但四禪中是連這種念都沒有了，覺知心根本就不會稍微動一下。三禪中的這種心動，是誰在動呢？其實就是末那在動搖，使覺知心發覺自己心動了一下，正是末那識意根在搞鬼，而末那識其實就是你自己。只這麼一剎那間心一動，呼吸心跳就統統都有了，已經退回三禪中了；這表示應該捨的執著還沒有捨棄乾淨，不該生起的妄念也還沒有停止，所以「捨」不清淨、「念」不清淨，於是無法證得第四禪；也正因爲這個緣故，所以第四禪稱爲「捨、念清淨定」。可是他們都誤會成「捨念」了，以爲心中沒有語言文字妄想時，就是捨、念清淨定，是誤以爲捨離了語言妄念以後就是捨念清淨定，就是證得第四禪，那眞是誤會嚴重了！所以當你能夠把極微細的念都捨掉時，表示對三禪中的樂受執著煩惱確實離開了，於是不再對住於接近四禪境界的三禪極深層等至位覺得氣悶，腦袋中不再需要營養與氧氣了，於是氣動就停止了；氣脈不再運行以後，心跳就跟著停止了，再接下來呼吸就跟著停止，於是三禪中的一切粗重便不存在了，「粗重相滅」以後「淨福性生」，出生了第四禪的清淨福德，就進入第四禪中了。這些道理，至少必須實證第二禪以後才能瞭解，因爲已經對有覺有觀、無覺有觀、無覺無觀三種三昧都實證了，瞭解這三種三昧的同異性以後，才有能力理解三禪以上的原理與境界，剩下的就只是有沒有時間爲自己修行的事了，當然也就有能力爲人講解禪定三三味的理論與實證了。

所以有很多人修福時，不懂福有幾種，單修一味；修福並不是像慈濟講的，只是常常送錢財給眾生、爲眾生服勞務，這其實是層次最低的福，而且是不淨之福，因爲心中還不能遠離欲界愛，來世一定不能超越污垢的欲界。其他高層次的福，學佛人也應該要修，譬如定福與法施之福。第二種的定福，是屬於色界天的福報，學佛人到了特定的位階時也得要並修；譬如到了十迴向位的某一個階位，正好有因緣遇到眞正實證禪定的善知識在教導禪定的實修時，你就要把握時機修學定福了，否則是無法入地的，因爲入地的人至少要證得四果向，所以都已經證得初禪。想要破參之前當然要修基本的定福——看話頭，這也是修福。

第三種福，就是做眞正佛法的布施。藏密那些法王、上師教導別人密宗的法義，做所謂佛法的布施，其實是在戕害眾生的法身慧命，不但沒有福，而且是陷害眾生於惡業中的大惡業！宗喀巴寫成了《密宗道次第廣論》專講雙身法的淫樂境界，也在《菩提道次第廣論》的後半部止觀中，專說雙身法的淫樂境界，已經造下破壞佛教正法的極重惡業，所以他不可能再回到人間來，在那一世捨報後就得要到阿鼻地獄中受苦了，因爲他是在破壞正法嘛！

所以修集法布施的福德時，一定要以正法來弘法，才有福德可言。

往生欲界天中，只需要極粗淺的欲界定就行了，不必未到地定；未到地定的實證，是想要生爲他化自在天王的人才需要修的，並且還得要像慈濟的釋證嚴一般努力修集財施的福德才行。然而那種財施是不淨福，所以只能生在欲界天中，無法到達清淨的色界天中。至於四禪天的定福則是屬於往生色界天的天福，這種天福是清淨福，不是基於對欲界六天中的勝妙五欲貪著而出生的，是對欲界的五欲根本不貪求；乃至連初禪天的身樂、二禪天的心喜、三禪天的身心俱樂也都不貪，根本就不想再見色聞聲了，因此三禪究竟以後，才能轉進於三禪後、四禪前的未到地定中。這樣繼續安住久了以後，「粗重相滅」盡了，使得「淨福性生」起了，就可以在三禪天中捨報以後往生四禪天中，成爲福生天中的天人，這樣才能叫作捨清淨、念清淨。以具足捨以後的清淨心作爲體性，不再有意根的煩惱生起而動心—意根的心動情況已被降伏了—所以在三禪天中捨報以後，或是在人間捨報以後，可以憑藉這個淨福而出生在福生天中，成爲福生天人。

到了福生天的境界中，「乃至劫壞，三災不及」；這是四禪天中的第一種天人，三災已經不能及於他的身上了。也就是說：初禪天中還會遇到火災，二禪天中會遇到水災，三禪天中也會遇到風災。初禪天中是火、水、風等三災都會遭遇的，二禪天中沒有火災，但是會有水災與風災，四禪天中卻是三災都無法到達的，所以四禪天人覺得安隱無患。火災來時會燒到初禪天中，是因爲初禪天人離欲不久，心中的欲火雖然息滅了，卻還是離欲界境界很近，所以欲界天被欲火所燒時，火向上熏蒸，初禪天中一定不能避免被燒。二禪天人之所以會有水災，是因爲二禪天人以定水潤身，而火災也不能到達二禪天中；但是二禪天人既然必須有定水滋潤，生活中就必須有水，有水就不免會有水災。三禪天人雖然沒有欲火、也不必有定水滋潤，卻仍然必須呼吸；既然必須呼吸，表示他們周遭還是有一些空氣存在，才能生存；既然如此，有空氣就無法避免有時生起風災；因爲三禪天人不是大家修定都很好，譬如少淨天的天人有時會心動嚴重而有粗糙的呼吸，久而久之必然形成風災；因此劫災到來時，強烈的猛風會把三禪天的所有宮殿都吹壞，所以說三禪雖然沒有火災與水災，卻有時會發生風災。可是這三災最多只會到達三禪天，若能出生在四禪天中，就沒有這三災的苦難了，所以說四禪天人「乃至劫壞，三災不及」。

或許有人聽了我這樣解說，心想：「那我若不趕快修證四禪，劫壞時該怎麼辦？」其實不必耽心，還早著呢！地球至少還可以維持幾百億年，而你這一世不過幾十年，彌勒菩薩都還沒有來人間成佛，急什麼呢？根本就不必杞人憂天！如果有人這樣想：「萬一彌勒佛已經來人間了，我也沒有悟，也沒有證得禪定；甚至到了最後，賢劫千佛都已經過去了，我都沒有悟，也還沒有證得禪定，那我該怎麼辦？」也別擔心，到了欲界壞時，自然會有人證得初禪定境，他們就會告訴大眾：「初禪快樂，初禪快樂！」他們自然會教導大眾實修，那時就表示你在欲界的業已經受完了，該生初禪天了，那時對欲界五欲不敢再有喜樂心，所以一學就會了。當火災即將來臨時，自然會有初禪天人證得二禪，向大眾說：「二禪快樂，二禪快樂！」他就會來教大眾修證二禪，於是你就會上生二禪天去了，所以都別著急。二禪天的水災即將來臨時，自然會有二禪天人證得第三禪，他們高唱說：「三禪快樂，三禪快樂！」就會來教導大眾，同生三禪天中，三禪天往生四禪天的情形也是如此，所以大家都別急，時節因緣成熟了，自然就會一步一步往上生，重要的是千萬別造惡業來妨礙自己向上往生。

如果你眞的能夠在娑婆世界待到劫壞時，我也眞的服了你！賢劫之中有千佛傳法，你竟然都沒有辦法修證，那我也只好服了你。眞的！千佛出世都還修不好，還能修什麼佛法呢？其實佛法都是可以實證的，禪定也是如此，至少今天我把初禪中的境界與理論及實證過程，也算是講了很多，以後還會再講枯木禪，那時還會細講；所以如果今天在座的人，還能挨到賢劫將壞時而仍然不能證得如來藏金剛心，仍然悟不了般若，我是不會相信的。至少要在這一世明心，來到能夠實證了義正法的大道場中，好處就是這樣。我們正覺同修會的大，不是道場大，而是法大，所以我們是眞正的大道場；如果建築金碧輝煌，但是沒有能力使人親證三乘菩提，再怎麼大的道場，徒眾廣有三千萬人，也都還是小道場。

在大道場中要混個明心很簡單，只要跟定了這個道場，一直走下去，再怎麼沒有福報，三年、五年、十年都沒有被錄取禪三，三十年總有機會被錄取吧！所以想得個明心回來也容易。想想看，古今祖師罷講經典以後，入了叢林三十載，都沒有辦法悟入，積恨以終；你混到三十年後就能破參，已經很行了！已經是比那些古今大師們有福報了。何況農禪寺曾經有一位法師當面對我說：「**我不敢想要見性，我只要三十年能夠明心，就很滿足了。**」因爲他不相信我們正覺同修會可以在短短幾年之中就開悟明心，所以我就當面砍下手刀，同時說：「**好！你就三十年明心吧。**」所以他得要等三十年，我已經為他授記了！現在他還剩下二十二年。他沒辦法提前的，除非另外有造作特別的護法因緣。這是在《念佛三昧修學次第》出版的前一年授記的（編案：這是二〇〇三年初所講，《念佛三昧修學次第》是一九九五年出版的），他是奉命來提出交換條件，想要勸阻那本書的出版；因為書中提到聖嚴法師的虛空粉碎、大地落沈都只是定境而不是開悟，我在書中雖然沒有指名道姓，但是當時的農禪寺大眾如果讀了，都會知道那是在講聖嚴法師悟錯了。得要從那一年開始算起三十年，所以他還有二十幾年的時間要奮鬥。然而在正覺同修會中，大多數人都不必等這麼久。所以不必擔心劫壞時，你還在凡夫位中輪迴，只要好好跟著親教師一步一步走上去就行了。

因此說，到了四禪天是「三災不及」的，火災、水災、風災都壞不到四禪天人。到那時在四禪天中往下看，心想：「三禪天也會壞掉。」再不濟，當三禪天以下世界全都壞了，你竟然連初禪、二禪、三禪天都上不去；那也別耽心，最多就是被燒死、淹死、吹死，死了以後還是會往生到別的世界去，並不是娑婆世界壞了就斷滅了，還是會依自己的層次往生到別的世界投胎，所以別害怕耽憂。不論哪一個有情，死後都不會斷滅，這在本經的卷一到卷五之中，都已經明白告訴諸位了；而各人的如來藏都是現成的，當然會依業種及無明種子另外出生到別的世界去，不必害怕成爲斷滅空！這樣聽過了，心中也就安定下來了；從此以後，只要好好修學就行了，不必想太多了。以上說的是福生天的境界。

「**捨心圓融勝解清淨，福無遮中得妙隨順，窮未來際，如是一類名福愛天。**」接下來，第四禪的第二天是福愛天，是在福生天中把極微細的淨念都捨了；表示他也能把極微細的四禪中的正念淨念捨棄了，不再有所緣的淨念而清明地安住著；末那識已經被降伏而安住下來，不需要攀緣於福生天中的極微細清淨正念了。以這樣的捨心繼續修定，使這種捨心達到很圓融的地步時，對於這種離念境界的勝解轉變清淨了（因爲這種淨福中還是有四禪天的果報存在，也就是福生天定境的果報，屬於禪定果色。如果對四禪天的禪定果色產生了執著，表示捨心不夠圓融，還只是捨離下四地—欲界、初禪、二禪、三禪等四地—卻仍然對四禪天的禪定果色有所執著，就是捨心不夠圓融）；當福生天人能如實了知這個道理，對於四禪中的捨心有了更深入的勝解，心又轉變爲更清淨，對於福生天的天身執著滅除了，這時的淨福體性就少了許多遮障，於是對福愛天的淨福能夠「得妙隨順」。

這時已經確定轉變成爲福愛天的境界了，因爲從此以後窮未來際，都不會使四禪境界退失，可以很自在地安住於四禪天中，已經遠離三禪天的境界了，不像福生天還臨近三禪天的境界。不過這句「窮未來際」，是說已經生在四禪天中，如果是證得福愛天的四禪定境以後，還在人間尚未捨報以前，卻遇到惡知識來爲他亂說法，使他誤以爲四禪境界就是涅槃；譬如大名氣的當代大師們對他說：「你這個就是涅槃境界，恭喜你成爲阿羅漢了。」而他也相信了，向人宣稱自己眞是阿羅漢；那就不能「窮未來際」了，捨報後就下地獄去了。如果沒有遇到這種惡緣，他在人間捨報生在四禪天中，可以窮未來際而不會被三災所害，直到壽盡爲止。因爲有這種業果正報的禪定果色的福報，而這一類天人也對這樣的果報有所愛樂，所以叫作福愛天。

「阿難！從是天中有二岐路：若於先心無量淨光，福德圓明修證而住，如是一類名廣果天。」可是在四禪的福愛天境界中，繼續進修以後還會有兩天，分屬不同的二種修法，都無法證得如來藏金剛三昧，是修學解脫道或佛菩提道的岐路，所以說：從福愛天繼續進修時會有兩條不正確的修道之路。意思是說，在福愛天的境界安止下來以後，應該終止禪定方面的修證，改而修學如來藏金剛三昧才對，不應該再往禪定的路上前進了。所以 佛陀開示說：如果於先心—先心是福愛天心—假使於福愛天境界中的自心無量清淨光明中，繼續深修，使定福圓滿具足而明白顯示出來了，接著就這樣長時間安住下來，經過一段時間以後就成爲廣果天人。

「若於先心雙厭苦樂，精研捨心相續不斷，圓窮捨道，身心俱滅，心慮灰凝經五百劫；是人既以生滅為因，不能發明不生滅性，初半劫滅，後半劫生，如是一類名無想天。」如果不是往廣果天的道路前進，就是往無想天的道路前進；因爲不知道要修學如來藏金剛三昧的緣故，所以往這二天前進取證，都是佛菩提道的岐路。如果有人心想：「色界天仍然有無常苦，所以我的覺知心存在時仍然是苦，不是涅槃。」因爲覺知心存在時一定就有行苦，雖然在四禪天中是捨清淨、念清淨，但覺知心依舊繼續存在、連續不斷，還是不離行苦。既然不離行苦，未來免不了還是會有壞苦，所以還是應該要捨棄覺知心。可是他心中想：「我如果捨了覺知心自己，豈不變成斷滅空了？」把自己變成斷滅空，當然不可以。由於沒有證得如來藏，或者只是六識論者而不信有如來藏，所以他又想：「我把覺知心自己捨了，可是我的四禪天身還在呀！三災既不能及於四禪天，我就留著四禪天身，滅了自己的覺知心，就不會成爲斷滅，這就是涅槃。」

由於如此錯誤的認知，所以他就靜坐而把四禪中的寂滅樂捨離；捨離寂滅樂以後，寂滅樂的生住異滅就跟著捨離了，這就是「雙厭苦樂」。當他完成「雙厭苦樂」的過程以後，再設法滅除覺知心，仔細觀察四禪定中的覺知心如何滅除的方法，這叫作「精研捨心」。就這樣不斷地推究——在四禪的福愛天境界中不斷推究；相續不斷而推究到底，後來果然「圓窮捨道」，他就把色界天的覺知心捨了；當覺知心自我捨棄而不再現前時，其實也就捨離福愛天的色身了；當覺知心已經不再住於四禪天的福愛天身中了，自然就捨報了，所以說是「身心俱滅」。於是他就往生在無想天中，成為無想天人，依舊不是進入涅槃。

當他生到無想天時，發覺自己還是有天身存在，而覺知心也重新現起了，所以這時他想要把覺知心滅除，繼續進入涅槃中，於是滅除覺知心而成為「心慮灰凝」的狀態，不再使覺知心出生；就這樣經過五百劫，都不再有覺知心出現。他再把覺知心滅掉，其實依舊沒有辦法真的永滅覺知心，因為他沒有斷我見，於是五百劫中覺知心都不現前，暫時中斷了，以後還是會再生起覺知心的，所以還是無法遠離生死輪迴。如果他在無想天中的壽命不中夭，會有五百劫的壽命，使他的無想天身整整五百劫中存在不壞，就這樣過著「心慮灰凝」全無知覺的五百大劫時間。（《佛說較量壽命經》卷一：「若廣果天，壽命五百劫，然後命終；若無想天，壽命亦然。」)

這就是說，他是以生滅法爲因，是以意識及四禪天身等生滅法，作爲他的「本修因」；而生滅性的四禪天身及四禪定中的覺知心都是生滅法，以生滅法的修行作爲涅槃的正因，就是以「生滅爲因」。這樣的天人或是在人間這樣證得無想定的人，都是「以生滅爲因」的愚人。既然「以生滅爲因」而認定不移，當然就不可能相信有第八識如來藏金剛心可證，於是絕對不會求證金剛心如來藏，就「不能發明不生滅性」。所以當他誤以爲可以入涅槃而滅除福愛天身與覺知心時，沒想到卻出生在無想天中，那時才知道其實沒有入涅槃，於是就會有下一步的動作。當我們證得金剛三昧時，則是以金剛心如來藏的不生滅性爲因；由於如來藏常住不壞的金剛性，所以證得如來藏而發起決定不移的智慧，就稱爲金剛三昧；所以我們正覺同修會不是以生滅法意識爲因，而是以不生滅性的如來藏爲因。但無想天人是「以生滅爲因」，因爲他是以四禪中的福愛天身及覺知心意識作爲「本修因」，因此是「以生滅爲因」；也「不能發明不生滅性」，也就是不能發明如來藏的金剛性。於是當他以爲把福愛天的色身捨了，就可以入無餘涅槃中，如今卻擁有了無想天身，依舊不是涅槃。

接著他想：「**我把天身留著，以免斷滅；我把覺知心意識捨了，就是涅槃。**」他以為涅槃是這樣修證的，所以他接著再設法把無想天身中的覺知棄捨了，捨了意識自我以後就進入無想定中，完全沒有覺知心存在；而他在進入無想定以前，自以為這樣所入的境界就是涅槃境界。事實上他只是在進行「**初半劫滅，後半劫生**」的過程，仍然不是進入涅槃。這個道理，可就必須要從他受生於無想天中的時候說起，也要說到他在無想天中即將捨壽時的情況了。

當他剛剛生到無想天以後，是用「**初半劫**」把覺知心滅了，滅掉覺知心以前認為這樣就是進入無餘涅槃中。可是你們不要把覺知心的滅除誤以為需要半劫之長，事實上對他來講只有二個剎那，第一剎那確定想要捨掉覺知心自己，第二剎那住進無想定中，覺知心中斷而不現起了，從此開始對他而言已經沒有時間了；可是那兩個剎那之前則是半劫之中思索如何滅掉無想天中的自己，所以半劫就過去了；但是對他而言，其實也只有兩個剎那是在滅掉覺知心自己。如果這個無想天人的壽命是不中夭的人，當他滅掉覺知心而成為無想定時，接下來的四百九十九劫中是沒有時間可說的，因為他的覺知心是不存在的。譬如，你們很可能有人體驗過未到地定，在入定之前靜坐十分鐘後，終於進入很深的未到地定中，在這種過暗的未到地定中，覺知心是對六塵不覺不觀的，只住在定境法塵中，也不會對定境法塵加以觀察，所以都沒有什麼時間感覺；然後等你出定時，覺得奇怪：「**天怎麼暗了？我才只靜坐十分鐘而已。**」事實上是不止靜坐十分鐘，而是五個鐘頭已經過去了。那時你所認知的靜坐時間，其實是來自入定前的感受印象；在過暗的未到地定境界中，你是沒有時間感覺的。

「**初半劫滅**」以後住於無想定中的現象也是一樣，其實說穿了，無想天人入定時只是兩個剎那而已；但是在思索入「涅槃」以及如何滅掉自己的方法，加上實際上把自己滅掉的時間，總共卻需要半劫之久，所以說「**初半劫滅**」。那時他誤以爲已經把色身也捨了，但因爲他沒有斷我見，所以他的覺知心滅了以後，色身全都沒有滅，還具足完好地存在無想天中，所以他其實只是入了無想定中；因爲意根並沒有滅，還在主導著如來藏持身不動，所以色身並不會毀壞。如果他是具足五百劫而不中夭，那麼接下來的四百九十九劫中，覺知心都不會再出現，也就是意識心都不會再出現，就只是一個無想天的天身在宮殿中坐著不動。

在無想定中經過四百九十九劫之後，再加上進入無想定之前的半劫，他的壽命只剩下半劫。在最後半劫之中，覺知心極緩慢地漸漸離開無想定境界時，大部分時間都是不知不覺自己的存在，等他了知自己仍然存在時，剩下的半劫已經幾乎過完了；直到最後兩個剎那時，他才覺知到自己原來還是存在著；所以半劫對他而言還是兩個剎那，只是在最後念頭動了一下，第二個剎那就生起了對自己的覺知：「原來我還在這裡，原來我並沒有入涅槃。」在最後半劫又重新出生了覺知心意識，接著就是下墜於人間或三惡道中了，就這樣結束無想天一生五百大劫的壽命。在這樣的一生之中有什麼果報呢？都沒有，只是用五百大劫時間不知不覺而耗盡定福，所以中間無報，這就是無想天人的生命眞相。因此如果看見有人證得四禪中的無想定，別羨慕，那不是好果報；因爲下來人間時能不能繼續當人呢？還在未定之天！如果他在人間曾造了一些小惡業，那他天福享盡了，剩下就是那些小惡業，下來人間便可能當畜生。所以證得無想定與解脫無關，因此說，證得福愛天的境界時，千萬別轉入無想定中，免得坐到後來成爲習慣性了，死後就會生到無想天中，這是第二種岐路。有智慧的人，都應該在證得福愛天的四禪定境以後，趕快修斷我見，別再繼續修定，免得進入廣果天或無想天等二條岐路；也必須趕快明心，免得死後入無餘涅槃，無法成佛。

為什麼那些四禪天中的天人們會走入岐路中呢？都是因為將滅止生，正是《六祖壇經》中六祖所斥責的「將滅止生」；都是「**以生滅為因**」，而不懂得要實證如來藏，所以「**不能發明不生滅性**」。你們看看現在有哪一個道場不是「將滅止生」的？從台灣釋印順的《妙雲集》開始，延續下來的弘誓學院乃至四大法師的道場，哪個道場不是將滅止生？都是想要把覺知心的妄想滅了，變易覺知心成為不生滅的眞如心。凡是想要把妄心意識滅了變成眞如心，都是將滅止生。但是最大的問題是，他們卻無法把意識滅除，因為他們同時又都認定意識是不生滅的，所以他們都還沒有資格接受六祖的斥責。實際上會被六祖斥責到的人，正是二乘無學位聖者，也就是阿羅漢們，凡夫不可能被六祖斥責到。而不迴心的阿羅漢們都是將滅止生的，都「**不能發明不生滅性**」。

眞正學禪的人，應該是所證的眞如心是本來就在的；必定是本來就在，本來已經如是無生無念無想，不必修行；所以要親證從來無生的第八識如來藏，才不會成為將滅止生；這樣實證的涅槃，才是本來就有的涅槃，而不是有生有滅的涅槃。無想天人無法出離生死的原因，正因所證的涅槃是有生的——覺知心滅掉而成為無生，這樣的無生境界是在滅掉覺知心時才出生的；

既是有出生的無生、有出生的涅槃，當然未來一定也會滅掉，所以是「**以生滅爲因**」，「**不能發明不生滅性**」。聲聞所證的涅槃，講難聽一點就是五蘊的究竟自殺，是把三界我殺掉，剩下如來藏獨住的涅槃；但因爲他們不曾證得不生滅的如來藏，所以被六祖斥責爲將滅止生。但是若從親證本來自性清淨涅槃的菩薩們來看，阿羅漢們的無餘涅槃其實也不是將滅止生，還是要回歸到佛菩提道來看，才不是將滅止生。正因爲無想天人「**既以生滅爲因，不能發明不生滅性**」，所以「**初半劫滅，後半劫生**」，生天五百大劫以後終究不能免除生死輪迴；都是因爲落在識陰中，不能先斷我見，才會在證得福愛天的定境以後，走入岐路中，繼續輪迴生死。

「**阿難！此四勝流，一切世間諸苦樂境所不能動，雖非無為真不動地，有所得心功用純熟，名為四禪。**」佛又開示說，這四種人名爲「勝流」，因爲他們遠勝過下地境界；而且欲界到三禪爲止的三災，也都不能擾動他們，一切世間的苦樂境界也全都不能動轉他們。而這些天人會在這種境界中長時間安住，既然捨了三禪境界，所以無苦亦無樂，看來似乎是與八地菩薩的不動地相同了，可是仍然不是無爲法中講的眞正不動地，所以方便命名爲不動無爲。

昨天我看見一位法師在宗教電視台宣講唯識而解說四禪時，他說不動無爲也是寂滅。這哪裡是佛菩提中的寂滅？只是在定境中離五塵、離妄念的寂滅，只是與定相應的寂滅，不是佛法中的寂滅。所以你們明心以後學過《成唯識論》了，外面不管哪一位大師講解唯識學時，你都將聽不進去了，你也都會從他們所賣的每一顆雞蛋中，挑出骨頭來，由著你一根又一根把它們挑出來。因爲他們所賣的雞蛋中確實有很多骨頭會扎人，當然必須把它們挑出來。然而，他們講唯識時縱使錯誤連篇，但是有誰聽得出名堂來？只有你們會知道，其他的佛教界人士都不知道。

也有人講唯識時講到了睡眠，我聽了也覺得很好笑，他說在睡眠之時還有意識存在。《唯識三十論頌》，他到底讀過沒有呢？所以佛法是有很多層次差別的。不過我們原則上還是認同他們講唯識，原則上還是讚歎他們講唯識；因爲以前凡是有人提到唯識時，都只提倡六個識的「虛妄唯識」內容，從來都不講第八識的「眞實唯識」內容。現在終於有人敢講如來藏、敢講眞實唯識了！以前都沒有人敢講第八識正法呀！以前只要有誰敢上電視講第八識如來藏，台灣的釋印順派下許多法師就大力攻擊，立即毀謗，扭曲爲外道的梵我、神我，指責講者是外道常見思想。現在沒有人敢公開講如來藏是外道神我了，這是個好現象。所以原則上我對這些人是讚歎的，這只是舉例給大家知道，只是作一個比較：他們有很多微細內容是不懂的，所知是極粗糙的。但這卻是很正常的，我們大家都不該指責他們。

所以，第四禪的境界，在六無爲中被歸類爲不動無爲。六無爲中的不動無爲並不是指佛法中的涅槃寂靜無爲，只是講第四禪的不動境界。但這個不動無爲，要依附第八識、末那識、五勝義根、意識，還要再加上心所有法以及十一個色法，才能在人間修成第四禪而顯示出第四禪中的不動無爲，所以才說這種不動無爲是「四所顯示故」。也就是說，先得要有「一切最勝故」的八識心王，也要有「與此相應故」的五十一個心所法，然後要有「二所現影故」的十一個色法，還要有「三位差別故」的二十四個心不相應行法；有這四位總共九十四法了，才能夠顯示出四禪的不動無爲。若不是有這前面九十四法中的或多或少的運作，這個第四禪境界的不動無爲法性是顯現不出來的，而你也將是無法親證第四禪的。所以，雖然第四禪無爲的境界，因爲是世間苦樂所不能動，所以也能稱爲無爲，但不是如來藏金剛心的眞正無爲，因此只能叫作不動無爲，不許稱爲八地菩薩的不動地境界。

所以第四禪不動無爲，絕對不是講八地菩薩的不動地境界；因爲依舊是有生滅性的境界，還是可壞法，還不是眞正的不動。依生滅性的意識而有的四禪境界，當然是可壞的；意識既是生滅法，依意識而有的四禪不動無爲，當然也是可壞法，因此 世尊說這個境界是有所得的境界，住在其中的覺知心意識當然就是「**有所得心**」。四禪的境界中當然還是有所得，因爲不能離開三界中的色界境界，往生去四禪天以後還是要取得四禪天身，當然還是有所得心。四禪天既然還有色身與覺知心，也有所證的第四禪境界，當然是有所得境界；既然是有所得的境界，當然是要由有所得的心去修成，所以當然是由意識覺知心去修證的；意識是生滅法，所修證的四禪天境界也是生滅法，所以「**非無爲眞不動地**」，只是「**有所得心功用純熟**」了，因此才會成就四禪境界。

至於眞正的無所得心如來藏，祂需要修什麼四禪呢？祂根本就不需要。祂本來就在不生不滅的涅槃境界中，何需修四禪的不動無爲呢？而且四禪的境界相也是由祂顯現出來的，所以祂也不必修；而且祂也不會修，祂也不能修，而祂自己本就是眞正的不動地。所以四禪的不動境界，並不是佛法中的眞正不動地境界；也因爲四禪的不動無爲，仍然屬於依附有爲法而產生的暫有的不動心境界，屬於定法。定法，始終是有爲法，也是有壞苦、行苦；只不過是從三界未到四禪地的有爲境界來相比較，而說四禪是無爲，所以才叫作不動無爲；卻也是要依如來藏心的運作才能顯示出來的，所以依舊要說四禪中的意識覺知心是有所得心。當「**有所得心**」意識被訓練禪定的實修而到達「**功用純熟**」時，便能成就四禪天的境界，因此把它命名爲四禪。

到這裡，把四禪的境界也說完了；連同此前所說的，下從三惡道，上到人間與欲界六天的境界，都屬於欲界地；然後又說色界的初禪地、二禪地、三禪地、四禪地，總共是二界五地境界了，而這些都是世間有爲法的境界，全都是凡夫的境界，都是還沒有證得如來藏眞如法性的凡夫境界。而這些世間的形成原因，世尊已經都清楚告知我們了：由於衆生心的種種差異，所以就有種種不同的世間形成，以供不同種類的衆生生活與流轉。但這些世間都是假有、變異、無常，也都是由衆生的心性以及所造業種，由大家的如來藏共同成就，不論層次多麼高，終究還是輪轉法、生死法、不離衆苦。所以不管誰的禪定境界多麼勝妙，不論他們藉著禪定修成的神通有多麼勝妙，畢竟都只是凡夫，是無法了知涅槃與實相智慧的；所以你們只要明心了，當他們來到你眼前時，在佛法中都沒有他們說話的餘地。

譬如他們可能說：「**我在四禪境界如何、如何，我是息脈俱斷的。**」你問他說：「那麼你這個第四禪定境，是不是有出有入？」「對呀！當然有出有入。」你就說：「那你這個定境還是太差！」「你怎敢這麼講！那你的定境有多好？」你就說：「我這個定是大龍之定，無出也無入：既不住定中，也不住定外。」他一聽可就傻眼了，定中既不住，定外也不住，這是什麼境界？可眞是搞不懂了。但在法界的現實中卻眞的是這樣啊！於是你就說：「我這個才能叫作金剛三昧，因爲我這個定是無始以來就不出不入的，是永遠不壞的金剛法性。而我現在正在與你講話，我也還是住在這個三昧中不出也不入，所以永遠不壞。你的第四禪是有出有入的，是無常變異之法，不是金剛三昧。」他一聽就傻眼了，抓抓後腦勺，眞的弄不清楚了！所以我說他們到了你們面前還是沒有講話的餘地，因爲你能講般若大定，他們根本就不懂，何況能講？

這就是說，無爲與有爲是迥然不同的。因此，明心以後也不必豔羨別人證得第四禪，沒什麼好豔羨的！而我蕭老師證得的禪定，你們也沒有什麼好豔羨的，因爲都是「世間有爲功用」。只不過，假使將來到了三地心中，還是得要修證；因爲如果在三地心中不修禪定，便無法成就三地滿心位的現觀智慧，就無法邁向第四地。也因爲接下去的修證是與禪定有關的，所以也跟色界天的境界有密切關係。雖然禪定是世間法，但是到了這個階段時如果不證禪定，對如來藏的功能體性便無法更深入了知，一切種智就不可能繼續修學而具足圓滿，當然無法地地增上。所以禪定雖然是世間法，然而到了三地心以後還是得要修它。但是還沒到三地心以前都不必艷羨，因為你們的般若智慧是他們實證禪定的人都摸不著邊的實相智慧；即使是三明六通大阿羅漢們來到你們面前，一樣是開不了口。瞭解這個道理以後，就可以安下心來，好好在種智上面努力進修。接下來 佛陀要宣講色界的五不還天了，所以 佛開示說：

「阿難！此中復有五不還天，於下界中九品習氣俱時滅盡，苦樂雙亡，下無卜居，故於捨心眾同分中安立居處。阿難！苦樂兩滅，鬥心不交，如是一類名無煩天。機括獨行，研交無地，如是一類名無熱天。十方世界妙見圓澄，更無塵象一切沈垢，如是一類名善見天。精見現前，陶鑄無礙，如是一類名善現天。究竟群幾，窮色性性，入無邊際，如是一類名色究竟天。阿難！此不還天，彼諸四禪四位天王獨有欽聞，不能知見；如今世間曠野深山聖道場地，皆阿羅漢所住持故，世間粗人所不能見。阿難！是十八天獨行無交，

未盡形累。自此已還，名為色界。」】

講記：「阿難！在這四禪天之中還有五不還天，對於此處以下的色界欲界中的九品粗糙習氣已經一時全部滅盡了，苦受與樂受兩邊都已經銷亡，對於此天以下境界再也不會有安居的時候了，以此緣故於捨離苦心樂心的四禪天眾同分之中安立自己的居處。阿難！苦心與樂心兩種都滅除了，苦心與樂心互相交鬥的情況已經滅除了，如是一類的天人們名爲無煩天。捨心如同飛箭一樣自頭至尾獨自飛行，苦樂二心相研相交的事情已經無處可以發生了，像這樣的一類天人名爲無熱天。遠離定障與慧障故，十方世界妙眼明見圓滿澄清，再也沒有客塵諸象等一切沈積污垢，像這樣的一類天人名爲善見天。由於精明能見之性現前以後，已能如同陶師捏陶、金師鑄冶一般無所障礙地加以轉變示現，像這樣的一類天人名爲善現天。已經究竟所有眾生種類，也已經窮究種種物質法性的自性，能隨意進入有色類眾生的境界中，無有邊際而無限制，像這樣的一類天人名爲色究竟天。阿難！這五種不還天的境界，那些四禪天中的四位天王都是只能仰慕而聽聞，不能了知也不能看見；如同今天世間曠野深山中的神聖道場地界，都是阿羅漢所住持的緣故，是世間粗心愚昧的人們所不能看見。阿難！這色界十八天的所有天人都是獨來獨往而沒有欲界中男女互相交往的情形，但也還沒有滅盡身形之累。從這個色究竟天往下到初禪天爲止的所有十八天境界，都名之爲色界。」

「**阿難！此中復有五不還天，於下界中九品習氣俱時滅盡，苦樂雙亡，下無卜居，故於捨心眾同分中安立居處。**」四禪天總共四天爲何會出現與存在的原因講完以後，接著講五不還天世間的概略情形，首先說明五不還天形成的原因。「**五不還天**」爲什麼有五？而且叫作不還呢？「五」表示總共有五種天的層次，爲什麼不還呢？因爲這些人最少已證得初地及四禪等證量，也就是最少要斷五下分結證得不還果，而且還要有四禪的證量，並且已經有無生法忍而成爲地上菩薩。我們常常講：要到色究竟天去的菩薩，至少要有初地的證量。初地證量中的一個條件就是永伏性障如阿羅漢，所以初地菩薩是阿羅漢迴向大乘證悟佛菩提，並且進修無生法忍獲得道種智，才能到達初地心。如果不是像俱解脫一樣迴入初地心，至少得要有三果人中的最勝妙證量，可以永伏性障如阿羅漢，並且證得第四禪了，才能迴心大乘實證道種智而入初地。

就是說，大乘通教三果菩薩迴入別教初地以後，都有無生法忍的智慧，一定會迅速增上解脫果的智慧，隨即成爲慧解脫者，足夠在捨報時取無餘涅槃，所以一切已入地的菩薩們都是有能力取無餘涅槃的，但他們都故意保留最後一分思惑，留惑潤生，世世生在人間繼續度眾生。換句話說，已入地菩薩的層次都是超過三果人的，都有能力成為阿羅漢；但都故意不斷阿羅漢所斷九品惑的最後一品，或者斷盡以後故意再起一分思惑，以潤未來世重新再出生，名為留惑潤生。所以故意保留著覺知心世世存在—都是世世捨報後再去受生而重新發起覺知心—繼續度眾，如是次第邁向佛地。到了有一天，他在人間的任務圓滿完成了，有人繼承任務了，他才會在三地心中實證四禪八定，然後往生到五不還天中繼續親奉報身如來學法，也會常常在十方世界示現化身而度眾生。

由此可以了知初地心至少是要七種三果人中的最頂級三果，比一般的三果人還要高一點，至少要成為向阿羅漢，才有能力在迴心大乘證得道種智以後進入初地心中。入地以後由於無生法忍的增上，都是可以成為阿羅漢的，卻都故意保留一分思惑不斷而不證阿羅漢果，但其實捨報時都有能力取證無餘涅槃。若是想要往生五不還天中的第一到第四天，就不一定要像初地菩薩一樣擁有捨報時能入無餘涅槃的證量，只要有四禪天的福愛天或廣果天，以及三果人斷五下分結的證量就行了；因此，五不還天是具足四禪的聲聞三果人及初地以上菩薩所到，不是未證得第四禪的三果人及初地菩薩所能往生。

然而，一般的聲聞人證得第三果以後，解脫慧都還遠不如初地菩薩，所以最多只能生到初禪天中，然後依序逐漸上生而來到四禪天中，再依序上生到五不還天中；但他們終究不會再還來人間，所以聲聞聖者也是天：不是世俗天，而是解脫天。菩薩也是天，名爲第一義天，所以都叫作不還天；但菩薩們大多由於大悲願力，特地留在人間繼續受生。五不還天不純粹是菩薩所住，遲鈍的聲聞三果人經歷完四禪天以後，還會來到五不還天中，乃至到不了色究竟天還無法出三界，因爲他們沒有道種智，解脫慧又很闇昧，還必須次第經歷四空天境界以後才出三界。這個五不還天的有情，全都是實證大小乘菩提的聖者所往生處。

今天諸位應該都已拿到〈略說第九識與第八識並存…等之過失〉了，可能已經有很多人在座位上讀了一些。這個緣起，是因爲有人發明新佛法，說有另一個眞如心出生了第八識阿賴耶識，而我們經過大約四週時間聯絡，想要救轉他們；如今確定失敗而無法救轉了，所以我寫出這份短文，來討論八、九二識並存的過失。他們那些退轉的人認爲：佛法應該像月溪法師所講的，第八識心中含藏著第九識，是由第九識出生了第八識。但他們把第九識改個名詞：眞如。他們主張有另一個眞如心，由這個眞如心出生第八識阿賴耶識；說這個眞如心就是佛地眞如，於現在因地就已經和我們的第八識同時存在著，說第八識是由這個眞如心所生的，所以我說他們所主張的眞如就是第九識。因爲他們這樣新創佛法，所以認爲我們證的第八識法不究竟，他們新創的第九識眞如心才是最究竟法，認爲證量比我們更高。我們一直想與他們討論而救轉他們，但是幾週以來他們終究拒絕面見討論而無法救護。因此我在上週五確定無法見面救護他們時，於下午六點開始寫這份短文，總共將近一萬三千字，在禮拜六晚上寫完，並在禮拜天早上把它潤色一下，然後就拿去影印送給諸位。

證得佛地眞如，意思是已經成佛了。從這裡，已經明心的人可以瞭解明心並不就是佛，明心時並不是證得佛地眞如，仍然是因地眞如。如果明心了就是佛，那麼玄奘菩薩便應該還沒有開悟，達摩大師上至禪宗第二祖大迦葉尊者，乃至傳到中土所有的祖師也都應該沒有人開悟，因爲這些祖師們都還不是佛。所以他們主張開悟就是證得佛地眞如，這個問題很嚴重！因爲三乘經典全部都應該改寫了。爲什麼這樣說呢？如果是要悟得佛地眞如才算開悟，那麼經中的大精進菩薩，以及追隨 世尊的 文殊、普賢、大慧等菩薩，以及後來的無著菩薩、龍樹菩薩、世親菩薩們，所有的菩薩們就都不是開悟的人了！可是，只要證得實相心第八識，就已經是開悟者，所以如果依他們所說：要證得佛地眞如才叫作開悟，其中的問題是非常嚴重的，會導致大乘經典要全部改寫，特別是第三轉法輪的唯識諸經。

佛說的佛地眞如是由因地的阿賴耶識，淨除了煩惱障的現行，並淨除煩惱障的習氣種子，加上淨除無始無明的所有隨眠而斷盡異熟愚，才使第八識阿賴耶識轉成佛地眞如心；是把因地第八識中的種子隨眠修除盡淨之後才變成佛地的眞如，改名爲無垢識，又叫作眞如，仍然是第八識阿賴耶識心體。但是現在有人認爲：另外有一個佛地眞如心和因地第八識同時存在，而這個佛地眞如是出生阿賴耶識的心。這樣就變成大家都有九個識了，可是這樣一來，問題就很嚴重！等於如來藏系的所有經典全部要翻新，都得全部改寫；那麼 世尊就必須重新下生人間，把佛法改頭換面重新再講一遍。

那麼阿含四部總共一千多部經典也得要改寫，因爲四阿含中說的是：把十八界滅盡以後，就是無餘涅槃了。可是問題來了！如果是九識與八識並存，是由第九識出生第八識，第八識有生則必有滅，顯然也是虛妄心，那麼第八識也應該要滅除呀！那麼阿含所說本住法第八識常住的說法，就應該改寫了。也應該說：滅了十八界以後，還要再滅除阿賴耶識，才能成爲無餘涅槃。如果有第九識佛地眞如跟阿賴耶識同時存在，聲聞解脫道的法義就必須如此。可是如果阿含這樣改寫以後，可眞是茲事體大，也變成是指責 佛陀打妄語了，因爲 佛所印證的一千二百五十位阿羅漢們就應該都不是阿羅漢了！是不是這樣呢？是呀！因爲阿羅漢就是要滅盡虛妄的八個識，連阿賴耶識也該滅除，只剩下一個佛地眞如才能說是眞正的無餘涅槃呀！那才可以叫作阿羅漢，才可以說他們眞的入無餘涅槃了。

然而那是不可能的，因爲所有不迴心阿羅漢們都不曾證得第八識，也都不知如何滅祂，那他們如何能滅除第八識而入無餘涅槃？說句不客氣的話，即使已經被我教導而找到第八識的楊先生等人，他們也無法滅掉第八識，何況還沒有找到第八識的不迴心阿羅漢們？如果主張有八、九識並存的楊先生等人退後一步說：「**我們不滅阿賴耶識，一樣可以進入無餘涅槃。**」那麼無餘涅槃顯然是有兩個本際共存：一個是第八識阿賴耶識，另一個是第九識佛地眞如。於是問題又會增加出來了！如此一來，實相就不是絕待，實相就變成有對待的兩個法了，成爲兩個實相了，於是他們的法就會出大紕漏。

如果他們所說的八、九識並存屬實，四大部阿含諸經也得要改寫了。接下來，般若諸經也得要改寫，除了講第八識非心心以外，還得要增說另一個佛地眞如心。那麼諸菩薩們的論也須要改寫：《攝大乘論》、《顯揚聖教論》、《瑜伽師地論》乃至玄奘菩薩的《成唯識論》都得要改寫，《百法明門論》與「解」，也同樣要改寫，也不能再稱為百法，至少得要改稱一百〇一法；再加上佛地眞如並存而衍生出來的種種心所功能差別，如何與阿賴耶識互動，以及與前七識間的互動；這又要增加很多心所法出來，變成「一百多法明門論」了。這眞是茲事體大！

所以我這篇短文，諸位如果讀到最後一頁的最後一段，在第一百〇五之後，我有寫到（我這短文是在確定無法獲得他們接見論法的那一天晚上六點開始寫，以一天加上一個晚上的時間）：我是依據《成唯識論》，從卷一開始，一面讀一面探究他們所說八九識並存的過失，從卷一開始讀起，將他們的過失一一簡略寫下來；寫到卷三完畢時，總共有一百〇五點。這還沒有詳細加以探究其中的過失，只是大略的記錄下來。如果詳細探究每一過失中的種種過失，從卷一到卷三絕對不只一百〇五點的錯誤，還會更多。如果像這樣略說，到卷三為止，八、九識並存就已產生這麼多的過失，如果要記錄到卷十完畢，那會有多少過失？所以八、九識並存的主張，確實有很多的過失，並且我不是像他們那樣只是在口頭上講一講，我是以文字一點一點列出來；你們之中已經明心的人，自己讀過以後就會瞭解其中的過失無量，就不需要我再作很多深入的分辨了。（編案：後因楊先生等人不斷改變其所流傳之說法，是故平實導師後來於2003/3/19略作補充以回應之。詳見正德老師著《學佛之心態》書後之附錄四：〈略說第九識與第八識並存…等之過失〉一文。文中再度以略說方式增補為一百九十種過失，但仍只是到卷三為止，只作略說之增補，並未全數辨其過失。）

我的意思是說，識共有八，這是大原則，絕對不該新創佛法；所有佛法修行者都必須遵循諸佛的教誨，不該有創見，否則一定會出大紕漏。而且，道的次第也非常重要，絕對不該把道的次第推翻或更易。我們不認同宗喀巴的原因，就是因為他把 佛說的道次第推翻，他依照密宗的教義自己另外弄出一個不同的成佛之道的內涵和次第，所以我們不能認同他，必須破斥他。同樣的道理，成佛之道的內涵及次第，一定要遵循三乘經典中 世尊的聖教，不可以自己創新，也不可以躐等。也就是不可以跳躍，一定要按部就班依照順序來教導、修證；必須由淺入深，讓大眾能夠瞭解它的眞正義理，才有實證的可能。譬如我們講經說法時，突然丟出一個八地菩薩的境界給你整理，你能整理嗎？你連理解都辦不到了，更不可能會整理其中的內容。且不說八地，即使丟一個初地境界的題目，你們都無法整理，怎能像他們那樣一開始就講佛地眞如？而他們所謂的佛地眞如，必然是返墮離念靈知心中，因爲第八識以外最會被貪著的就是意識心；如果不能安住於阿賴耶識如來藏的離六塵境界中，都是心不決定的人，於阿賴耶識心性不能修得「止」的功德，就表示他們的「觀」是邪觀而不是正觀。

所以一定要從最基礎的法義開始說明及修證，不能像他們那樣一開始就說已經證得佛地眞如了！猶如《楞嚴經》的開示，剛開始只講妄心的虛妄性，然後再證實妄心附屬於眞實常住的如來藏心，所以成爲非眞亦非妄；最後才點明妄心的種種自性其實都是如來藏所含攝的體性，然後才讓大眾體驗到如來藏的所在；再接下來才講其他的內涵以及進修的道次第。佛法的實證一定有先後次第，所以道的次第不可以弄亂。道的次第，爲什麼一定不許改變？當然有很重要的原因，就是必須由淺而深、由粗轉細，每一部分才都有能力在實際上一一體驗；所以必須先從自己的前五識、第六識、第七識，依序開始體驗，然後才有能力證實五陰、十八界確實虛妄；已斷我見以後，才能再繼續深入觀行與體驗而斷除我執。也必須先斷我見以後，不再落入意識境界中，才有可能實證第八識如來藏，這就是求證悟的人最重要的順序，這就是先除異生性障。異生性如果除不掉，又不曾證得第八識，絕對無法眞實理解唯識增上慧學。悟後若是不肯先除掉異生性，唯識學鑽研得再好，一樣進不了初地，何況能夠直接證得佛地眞如？都是空口白話而無實質；所以說，道次第必須依照三乘經典來說，不許自創。

我也是因爲這個原因，確定他們已經不肯回來了，所以老參班（編案：後來改爲增上班）就先由我來代課兩週；如果沒有人來接，我就眞除——由我繼續帶領老參班，但是要改講《瑜伽師地論》。……（中略。因屬於教學事務，無關法義。）爲什麼要講《瑜伽師地論》呢？因爲《瑜伽師地論》中所說的道次第淺深分明，只要從頭學，眞正明心的人都可以聽懂我的解說。如果是還沒有找到如來藏的人來聽講，不可能聽懂我所說的眞正義理，但會自以爲懂。因爲它的次第分明而且由淺入深一直講到佛地，所以我才準備爲大家講《瑜伽師地論》。

接下來，將來在《阿含正義》出版完畢以後，本來以爲這樣就可以輕鬆下來了；但因爲退轉者謗法及全面扭曲《成唯識論》的緣故，又必須要把它作個略註。但不是詳解，詳解是如同我們每週二講經那樣講得很細，往往都還有舉例說明；但因爲《成唯識論》如果要詳解，整理出來可能會多達一百冊，部頭太大。我們希望像《楞伽經詳解》那麼厚，大約五冊或六冊就能略註完畢；足夠讓已經明心的人讀懂及深入法義中，讀得很歡喜，但不是爲尚未明心的人來作略註。但我要對它略註當然是有原因的，猶如古人說：「好讀書，不求甚解。」甚解是解釋太過，超過原來的本意而產生偏差。如今「不求甚解」已經被作了歪曲的解釋，有時學校老師會罵學生：「你讀書不求甚解！」其實是這位老師罵錯了，「不求甚解」的本意是褒獎而不是責備。「甚」是太過分，比如這一段文句或者一個成語，它的意思被解釋到太超過而偏差了，就好像畫完一條蛇以後又添了四隻腳一般，所以成爲「甚解」——解釋太超過了。

「甚解」一定會產生問題，特別是在佛法中一定會產生問題，所以「不求甚解」才是正確的。猶如爬山，爬到山頂最高點時就不要再往前爬，就在那裡立個碑或照一張相片，就可以下山了。若是愚癡到不知道它已經是最高點，還想繼續爬，越爬就越往山的另一邊低下去了。同樣的道理，修學佛法也不能依靠聰明；譬如我這個人笨笨地，但是因爲所證的法義正確，所以一直走下去的結果，都是正確的。不要耍聰明，否則就會走偏了，就會依照自己的妄想亂加解釋；或者在經文、論文中鑽牛角尖，就會產生很嚴重的偏差，於是不免像他們那樣成爲外於眞實心如來藏而另外尋覓眞實心，於是成爲心外求法。既然已經找到了眞實心，卻又自己否定了，說還有另一個更勝妙的佛地眞如才是眞實心，就等於把眞實心擺在一邊而想要另外再找一個想像所成的眞實心，當然成爲心外求法的佛門外道了。

可能還有人不很相信我這些話，不過我這篇八、九識並存的過失文字，已經在電腦檔案中放到《學佛之心態》裡面去，把它當作附錄；以後那一本書如果流通完了，還會再一次改版變成第三版，將會附錄在那本書中對外流通。因爲我們會中既然有人會產生出這種問題來，會外的人同樣會有人產生這種疑問，所以就決定這篇短文附印於《學佛之心態》中。並且還會轉貼到成佛之道網站去，因爲他們也會在網站上提出質疑，我就讓他們瞧一瞧：爲什麼單單是主張八、九識並存，依《成唯識論》所說，只到第三卷爲止，就會有這麼多的過失？也讓他們瞧一瞧，到底什麼才是眞正的佛法。

不論是誰說法（從初悟的人一直到佛地都一樣），說法時一定不許甚解。不作甚解式的說法而依然能說得勝妙，才是眞正的勝妙。如果是甚解，解釋得太超過而偏差了，就不是眞正善說妙法，因爲所說必定不能如實。如果說法不如實，把眞正的實相心第八識否定了，再另外尋找或自稱已經證得另一個實相心，也是退失的一種。雖然他們已經知道密意了，仍然是退失；因爲佛道一定會走偏，不免錯將意識中的一部分錯認爲第九識佛地眞如，但事實上並沒有第九識存在。退失是佛菩提道中的正常事，諸位不要覺得很奇怪。我們編印的《三乘唯識—如來藏系經律彙編》中有一部經典《菩薩瓔珞本業經》，其中說：世尊在天界說法，度了十幾億人、天，後來有八萬人退失。不但那部經文這樣說，我們這部《楞嚴經》後面也會說到這樣的情形。

所以，縱使進入正道之中，但是新學菩薩（學佛以來不超過百劫）往往會因爲甚解而退失掉；表面上覺得自己是更上一層樓，骨子裡是往下墮。所以，這一篇八、九識並存的過失文章，諸位帶回去以後要好好探討。如果將來時間夠，也許我會再從卷四的論文再補充到卷十，將會有幾百個大錯誤。如果沒有時間，就寫到目前卷三爲止。老參班的課，目前我會先代課，如果沒有合適的人，我就自己「眞除」，就這樣子宣布。（編案：由於楊先生等人公然否定阿賴耶識，謂非如來藏，另行施設一心名爲如來藏及佛地眞如，謂爲能出生阿賴耶識心者；推究其所證之如來藏，則是離念靈知意識心，實爲退回凡夫常見境界中。又佛於《入楞伽經》卷七〈佛性品〉中曾云：「大慧！阿梨耶識者名如來藏，而與無明七識共俱。」又云：「大慧！如來藏識不在阿梨耶識中。」因爲如來藏識即是阿梨耶識。《入楞伽經》卷七〈佛性品〉中佛云：「大慧！此如來心阿梨耶識如來藏諸境界，一切聲聞、辟支佛、諸外道等，不能分別。」意已極明：阿賴耶識即是如來藏。不意楊先生等人竟然外於眞正如來藏阿賴耶識心，另立離念靈知意識心爲如來藏——佛地眞如，宣稱爲可以出生阿賴耶識者，成爲極重妄想。）

回到《楞嚴經》一七七頁第二段，我們農曆過年前已經說完五不還天。這五不還天，爲什麼說是不還呢？是說入地菩薩已經證得第四禪以後，就能在捨報後進入五不還天中，隨報身佛修學佛法。最鈍根的三果人，是從四禪天中再往上進修而進入五不還天中的第一天，次第到達五不還天的第四天以後，還要再進入四無色天的空處天中，一一往上次第受生，直到無所有天中捨報時，或者在非想非非想天中捨報時才進入無餘涅槃，終究不會再往下受生，所以也稱爲不還。所以五不還天是只有三果人以及入地菩薩，於證得第四禪以後才能往生的；若是沒有禪定的三地以下菩薩，就得要從初禪天中繼續修證禪定，依序往上受生，才能漸次出生在五不還天中。

四禪天中總共有四天，再上去還有五天，都稱爲不還天；五不還天是聲聞三果及諸地菩薩證得四禪以後才能往生的地方。但是別教菩薩即使修到四、五地了，也有可能生到五不還天的下四天中，目的是去那裡利樂下地菩薩們。若不是往生在下四天中，而是想要進修無生法忍，就應該生到色究竟天中。以上所說是五不還天，五不還天中的有情都是聖人而沒有凡夫。凡夫的禪定修得再好，具足四禪八定與五神通以後還是去不了五不還天中，因為五不還天是證得出世果的人才能往生的，而且是連初果、二果與未證四禪的三果人都無法往生的天界。所以五不還天中的一切天人，都是 佛陀的聖弟子；他們「**於下界中九品習氣俱時滅盡**」，所以「**苦樂雙亡，下無卜居**」，因此而受生於五不還天中。

「**於下界中九品習氣俱時滅盡**」，是指粗習氣，粗習氣是指欲界九品思惑的現行已經滅盡了，色界惑也部分滅除，這不是像地上菩薩一般開始斷除思惑的習氣種子。如果有人宣稱證量到了初地以上，可是每當有人毀謗他，就立即生氣起來罵人，那就不對了！如果氣得跳腳，顯然是瞋的現行俱在，當然更不對。阿羅漢有時也會生氣，因為他們只是瞋的現行斷除而已，是在我見、三界九地各九品我執思惑的現行斷除以後，瞋的現行也斷除了；但是瞋的習氣種子仍然未斷除，所以阿羅漢還會有瞋的餘習、慢的餘習、貪的餘習現行。然而地上菩薩的習氣種子大部分是不會現行的，如果有人毀謗正法，那是對方的事；雖不起瞋，但是該破斥還是會繼續破斥，不受影響。

所以每當有人向我搖頭說：「老師啊！人家否定我們正法，這個事情很嚴重哪！」我說：「這只是一個小事件。」他們覺得奇怪，異議說：「怎麼會是小事件？」我說：「當然是小事件，往世被皇帝貶到嶺南，那時嶺南對北方人來說是瘴癘之區，我們都不怕，從來不向皇帝投降。我也曾被達賴五世趕出西藏，也不難過，因緣盡了就走人。何況今天他們否定正法時，又不能阻礙我們繼續弘揚正法，有什麼好生氣的？」所以我在楊先生他們否定阿賴耶識正法時，用十幾個鐘頭就能在電腦上打出這一百多點問題出來，因爲全無一點點瞋心，只是專注於法義而快速寫出來；讓佛教界瞧一瞧：眞正的種智是怎麼回事。

因此，如果想要修到初地，並不是光憑唯識種智就能成辦，還得要修除異生性。而且修學唯識種智時，有一個觀念要你們修正，特別是對老參班（編註：後來改爲增上班）的同修們，你們如果想要探究唯識，必須按部就班，千萬別想要一開始便探究最深的，譬如八地、九地無生法忍。若不信我的意見，修學三十年後將會落後別人很多。人家按部就班，雖然現在只是從五識身相應地開始學起，是從淺的法義開始；有人卻說：「我們已經學到三德『法身德、般若德、解脫德』，也學到三身四智了，你們還從五識身相應地開始，好差喲！」但是我告訴大家：三十年後再來看，他們將差你們一大截，因爲他們都是空中樓閣。（編案：楊先生後來不到一年就講完《瑜伽師地論》了，但平實導師在同一時間開講，從二〇〇三年三月講到二〇一一年九月，才講到第四十六卷，還有五十四卷待講。）一定要每一步都有體驗，一一累積上來。禪淨班的同修們也是一樣，千萬不要一開始就向親教師詢問唯識的內涵，親教師們都不會在剛開始就與初學者談唯識，因爲你現在需要的並不是唯識學無生法忍的智慧。所以應該有次第來修學，等到明心以後，我們自然會安排進修的時程，按部就班把佛菩提傳授給諸位。

明心後想要進入初地，並不是只靠著唯識的修習就能進入的，因爲入初地前還得要修除通達位所斷的全部異生性。如果沒有除掉異生性，而說能入初地，那都是作白日夢。入地的條件，是還要努力修集福德；若沒有福德，三、兩句話下就被人家轉走了。今天老王來跟你講：「你證得如來藏第八識，還不算開悟，得要證得佛地眞如才算是開悟。你只悟得第八識如來藏就自稱開悟，是大妄語，將來要下地獄啦！」一聽到要下地獄，心裡就嚇死了，不就被轉退了嗎？不就要跟隨他們返墮意識離念靈知了嗎？所以還得要修集很多的福德才能到達初地境界，否則是到不了的。

有些人聽我說法時，剛開始往往這樣想：「這蕭老師講話好狂，動不動就講多少劫以前的什麼事。」那麼我今天再爲諸位舉一個實例，我們有一位同修沒有讀過經典，他並不懂得 毗婆尸佛是什麼來由；可是他老是會夢見毗婆尸佛。我告訴諸位，毗婆尸佛是 釋迦佛之前，七佛中的第一佛——從毗婆尸佛時算下來，釋迦佛是第七佛；表示這位同修是在 毗婆尸佛時初發菩提心，然後在這一世明心。這眞的夠快了！《金剛經》講：「**如來滅後，後五百歲；有持戒修福者，於此章句能生信心，以此爲實，當知是人不於一佛二佛三四五佛而種善根，已於無量千萬佛所種諸善根。**」單單是讀了《金剛經》而生起信心，依舊沒有因緣悟得經中的眞實義，但已經能瞭解經文中說的是眞實法而不是斷滅空，佛說這樣的人：「**當知是人不於一佛二佛三四五佛而種善根，已於無量千萬佛所種諸善根。**」要供養過很多佛才能發菩提心，接著再供養過幾尊佛以後才能證悟明心，可見證悟明心是很困難的事；而你們已經有很多人明心了，千萬別再退回離念靈知去。

一般人讀完《金剛經》時，誤會是一切空掉，豈不是變成斷滅？而你們讀了不害怕，知道諸法實有，不是實無。卻發覺那些大法師們都解釋錯了，變成諸法緣起性空，有些人就因此不喜歡《金剛經》。然而，單單是讀了以後「以此爲實」而不是「以此爲空」，所以不害怕，就已經是親歷無量佛所而種善根以後才能信受；如果對《金剛經》所講的如來藏般若，能夠證悟，那麼請問需要經歷過多少佛所而種善根？諸位可以自己想想看。可是這位同修，只是在六佛之前的 毗婆尸佛時初發菩提心，如今就明心了，當然他一定是很努力種了許多善根的，所以今生可以明心。

話說回來，假使有人說：「那眞是很快，只有經歷七佛。」可是這七佛之間是經過幾劫時間呢？諸位有沒有瞭解過？毗婆尸佛是第一佛，七佛中的第二佛距離我們現在是三十一劫，而 毗婆尸佛距離我們現在是九十一劫之前，那是多久的時間？所以這位師兄這一世悟入，距離往昔初發心時已經九十一劫了。如果你們聽到我說，我看見自己無量世前謗人而淪爲老鼠等等，那有什麼好奇怪的？如果你不能信，表示你的信心、慧力還不夠。這種事情，讀了《金剛經》而如實理解以後就應該能懂。想想看，單是讀了《金剛經》而不畏懼，不會恐怕落斷滅空而「以此爲實」，把金剛心當作眞實而不是一切法空，都還不能悟入，就需要在無量佛所而種善根；那你們今天能夠明心，應該是經歷過多少劫了？請諸位想想看！

所以說，想要入初地，也並不是那麼容易的。從初發心進到初地的入地心中，需要一大無量數劫，他們卻想要一悟就成佛，竟然自稱已經悟得佛地眞如了。事實上，明心才只是第七住位，第一大無量數劫還不曾過完三分之一；他們一世就要成佛、或者想要入初地，有那麼簡單嗎？所以入地當然要有條件，可是想要具足這些條件，就得要很精進。如果因緣還不滿足，硬想要擠入初地，就會學得很痛苦，渾身不對勁，而且終究不會成功的。我希望你們學佛是快樂的，不要像我以前自己想要破參時，弄得很痛苦，每天就像李清照的詞中描述的無量愁一般。我不希望大家學得痛苦，因此就把佛道次第明白列出來，希望你們按部就班修學，快快樂樂地學佛，快快樂樂地開悟。開悟應該要很快樂地開悟，不要很痛苦地開悟，最多苦個三、四天就解決掉。

然而，入地之前，除異生性是第一個條件，才能入初地；第二個條件，一定要修很多的福德。福德若是不夠，單單是明心成爲七住菩薩這件事，隨便來一個人丟下一句話：「你是大妄語人，你會下地獄。」於是心裡怕死了，當然就退轉了。正是爲了攝受大家，我才會寫出八、九識並存的過失短文。如果不寫出來，恐怕要退轉三分之一的同修，諸位信不信？我是這樣相信的：最少會退轉三分之一。所以我寫這篇短文，就是攝受大眾。《菩薩瓔珞本業經》中 佛說：如果沒有善知識攝受，或者倒楣而遇到惡知識，就會像往世的王子法才與舍利弗，當時曾經找到如來藏而悟了般若，可惜的是沒有善知識攝受護持，爲他們證明這確實是常住而眞實不壞的金剛心，所以一劫、二劫乃至十劫退菩提心，又自己把所悟否定。於是不信因果而造作惡業，就一直輪迴，直到 釋迦牟尼佛出現在人間，才修學聲聞法，還沒有辦法立刻給他菩薩法。

這就像本會所印《三乘唯識—如來藏系經律彙編》中有一部《大般涅槃經》，其中說有一個婦人很愁苦來見 佛，因爲她的兒子生病了！原來是婦人愛之太深所以照顧太過分了。嬰兒剛出生時本來就應該吃奶，不應該給他吃生酥、熟酥；但那孩子才剛出生不久，婦人就給他吃生酥、熟酥，他根本沒辦法消化；每天吃了都繼續拉肚子，對他當然造成傷害。熟酥、醍醐固然最營養，大人有能力吸收，所以吃了非常強壯；但是剛出生的嬰兒絕對不能吃，吃了反而變成毒藥。佛爲大眾講了這件事情，意思是說，傳法時應該觀察各人的善根成熟了沒有？也應該觀察各人不同的根性。

所以，一定要按部就班一步一步進行，不要異想天開：**「我現在明心了，我這一世一定要成爲八地、九地菩薩。」**沒那個機會啦！我今生悟了以後，都沒有想過要成爲初地、二地菩薩。當年我明心時，根本就沒有這樣想過，我明知自己悟了以後仍不是佛，也不是初地菩薩，我只是探討：「爲什麼同樣是證悟了，卻還不是佛？這裡面究竟有什麼差別呢？」只是想要瞭解而加以探討。當時沒有想過要進修初地、二地的猶如鏡像、猶如光影，我從來都沒有想過。但是你只要按部就班去做，只要有眞正如實進修，（平實導師指著身後的佛像說：）祂老人家都知道，因爲祂都沒有在睡覺，祂從來不睡覺，不像我每天得要睡覺。我這二三個月以來一直在補眠，因爲已經熬夜將近十年了，每天努力爲眾生做事，體力負荷不了，所以現在得補眠。

話說回頭，學法一定要按部就班，不能亂打妄想。除此以外，還要修除異生性障（編案：聲聞見道所斷異生性，不同於大乘見道所斷異生性。詳見平實導師《燈影》書中所說），修集福德，並且要發起十無盡願。十無盡願的內容，可以請閱《華嚴經》就會知道了，這裡也就不說了。佛是不好當的，事實上菩薩就已經不好當了，所以佛更難當；意思是說，十無盡願是無窮無盡的大願，盡未來際永遠都不得休息，所以說是無盡願。以上所說永伏性障如阿羅漢（包括修除大乘見道所斷的異生性），以及修集廣大福德、證得第一分道種智，這三個條件具足了，只要發起菩薩十無盡願，就能成爲初地入地心的菩薩。但也只是入地心，還不是初地的住地心，更不是滿地心。

可是進了初地以後，要開始努力做佛法布施，不是偏在財物布施，但是同時要開始修除習氣種子了。阿羅漢不斷除習氣種子，所以如果有人罵他：「你根本不是阿羅漢，你騙人！」他雖然不會瞪你一眼，但他會打雲板集眾，請你羯磨。我從來不對任何人瞪眼，也不會要求別人當眾羯磨。有沒有誰想要懺悔，那是各人自己的事情。你們跟我那麼久，誰被我瞪過呢？一個也沒有。所以想要生到五不還天中，至少得要是初地菩薩，還得要證得第四禪。初地以上菩薩若已證得第四禪時，色界粗習氣已經斷除了，捨壽後就可出生到五不還天中，習氣種子也已經開始在斷除了。但聲聞人把三界九地各九品思惑的現行斷盡而成為阿羅漢，所斷的三界九品習氣只是粗習氣，不是初地菩薩們開始斷除的細習氣；而且 世尊說的是「下界中」的欲界九品習氣，當然是粗習氣，指的是阿羅漢所斷的思惑。

生在五不還天中的諸地菩薩與聲聞三果人，下界中的欲界九品粗習氣，以及色界部分思惑已經全部滅盡，滅盡了就是「苦樂雙亡」，無苦無樂。既然無苦無樂，當然不可能再度卜居於下界了，所以說「下無卜居」。若是有苦有樂，都是色界與欲界的境界；在五不還天中已經斷盡欲界與部分色界思惑了，所以沒有苦樂；既然心境不與五不還天之下的境界相應了，那麼下界便沒有一個地方是適合他居住的，所以就在同樣都有捨心的眾同分中（也就是五不還天的天人之中）來「安立居處」，五不還天的世界就是這樣來的。

剛剛有一位準博士在紙條中發問說：「爲什麼會有宇宙？」五不還天也是宇宙中的一部分。在一切宇宙中都同樣有三界，而欲界有六天，色界有十八天，所以下二界的天界總共有二十四種天。如今已經說過欲界六天及色界十三天，而欲界中的人間、畜生道、餓鬼道、地獄道也都講過了；所以欲界及色界世間是怎麼生出來的，世尊全都講過了，接著就要開始講解色界天中層次最高的五不還天。這五天的世界是怎麼來的？正是因爲有這些聖者，「於下界中九品習氣俱時滅盡，苦樂雙亡」，所以從無想天開始，以下所有的境界都沒有他們可以居住的地方，因此他們就往上自然出生了這五種天的境界，所有同樣具有這種捨心的眾同分就出生在這些境界中了，五不還天的世間便具足形成了。但是解脫道的三果實證者，從四禪天中捨壽時將會生到五不還天中，再轉生到無色界中；如果不是最鈍根者，來到五不還天中已經轉變成爲生般涅槃者，當他們出生在上一天的境界時，不必很努力修行，捨報時就可以進入無餘涅槃了。

如果想要生在色究竟天，也就是色界的有頂天，必須證得第四禪的初地菩薩才能往生，聲聞人是不能生到色究竟天的；假使你們這一世已經修到初地了，如果世尊沒有指派你到某個人間去利樂有情，而你也已經證得四禪了，當然就該往生色究竟天中去。若是你發起大願寧可來人間度這些愚癡苦難的輪迴眾生，就重新受生於人間。所以往生色究竟天中，並不是單憑禪定來受生的，而是以般若慧為主要，以四禪為佐助，這就是般若慧的異熟果。

「**阿難！苦樂兩滅，鬥心不交，如是一類名無煩天。**」接下來是說明五個不還天的境界差別，佛說：「**阿難！苦心與樂心兩種都滅除了，苦心與樂心互相交鬥的情況已經滅除了，像這樣的一類天人，名為無煩天。**」意思是說，初地菩薩證得第四禪後不會受生於四禪天中，而是往生到無煩天來；生到無煩天時，由於雙離苦樂的緣故，所以心中無煩無憂，不再有苦受與樂受了，再也沒有一法可以在菩薩心中對待相鬥——不再有苦與樂互相來去增減了——苦樂二法全都滅除了，這就表示對於禪定樂受的執著，已經遠離了，定障也已經滅除了，所以無煩無憂，成為無煩天中的天人。無煩天中都是菩薩與聲聞三果人，於修學如來法或聲聞法而且已證四禪的菩薩、三果人所生之處。

有定障的阿那含與初地菩薩都無法生在五不還天中。什麼是定障呢？這有二種意思，其一是在修定上面有障礙，以致無法成功地實證禪定；其二是定的境界會障礙行者修證解脫道與佛菩提道。其一、修定的障礙最主要有二個原因，第一是沒有方便善巧，所以無法證得未到地定。第二是被性障所遮障，所以無法發起初禪，於是其後的二禪乃至四禪就更不可能發起。性障就是五蓋，是五種遮蓋禪定的障礙，就是貪欲、瞋恚、掉悔、睡眠、疑，這五法遮障修定者，使初禪定境無法發起。第二種定障則是在凡夫地發起未到地定時，產生慢心而不服善知識，於是因定而遮障修證三乘菩提，這種人都是未到地定修得很好的人，但始終無法發起初禪。

修定是很多人所欣樂的，但我一直不喜歡傳授；雖然我有禪定的證量，但是目前不想傳授。因爲如果你們還沒有把般若智慧弄得很通達，沒有把解脫智慧弄得很通達，我就開始傳授禪定，我大概常常要跑榮民總醫院的長青樓了。長青樓裡有一層住著幾十位精神病患（編案：這是二〇〇三年所說），那裡面也有自稱台北市長的病患，什麼樣的人都有；根據醫師的說法，其中大約一半的人是學佛學出問題的；當然這一半的人大部分是學密學出問題，而說是學佛學出問題來；但醫師很難理解學密與學佛有什麼差別，我也就不想解釋。如果大眾先有通達實相般若的智慧、通達聲聞解脫的智慧，就會知道禪定只是幫助我們取證無餘涅槃的一個利器，是一種幫助我們的工具而不是學佛時所要求證的標的。

修定不能使人解脫，不能使人出離生死，即使證得非非想定了，捨報時還是要下墮欲界中；然而如果能把九品粗惑都滅盡了，雖然沒有深妙禪定的神異可以表現，不能廣受世人尊敬讚歎，然而捨報時可以入無餘涅槃，是時解脫的聖者，永離三界生死苦。外道與凡夫們縱使四禪八定具足了，卻還是在三界中生死輪迴、不得解脫；但如果是在證得解脫智慧以後加修四禪八定，便成為俱解脫，可以隨時隨地提早取涅槃，或者由於願力而延後入涅槃。因為到這個地步時，閻王老子都管不著你，生死由你自己決定，因為你的威德比他大，他還得要聽你的；而且他還希望拜你為師呢，怎麼可能來支配你？所以四禪八定是幫助我們取證涅槃的工具，而不是我們所要求證的最終目標，只是先拿來作為工具，當作一個好跳板或敲門磚。

可是解脫慧與般若慧如果還沒有修好，每天都在想著禪定的殊勝境界，就會使意識心的我見以及末那識對境界的執著，產生了堅強的我所執，於是我執就開始又增長了。本來已經是斷三縛結，此世即將成為時解脫、俱解脫的聖者，結果反倒因為定境而往下墮，那不是很冤枉嗎？如果是喜樂境界的人，對此定境的貪愛，可得要小心了！假使不能聽受我的話，私底下亂修禪定，到時候出了問題住進長青樓，別怪我沒事先警告。（編案：當時有一批人積極修禪定，邀約同修們去法鼓山修學禪定，是故平實導師如是說。）我一向說，一切境界都是虛妄法；眞正的般若、眞正的解脫道都是無所得法，全都沒有境界。能夠對這樣的智慧實證安忍，能忍於無境界的解脫與實相智慧，然後才可以修學禪定，在修定過程中就不會出問題。

因此我一直很猶豫，一直不想教禪定；而且我們目前也沒有適合修定的場所，因爲教導禪定時，一定每一個人都要有足夠的空間，除了你們現在坐墊的空間以外，每一個人的前後左右都要相隔一尺以上，而且必須安靜，還要空氣流通。除了須有這樣的環境以外，靜坐時都是要坐很久的，定境才能增長。但是如今大家連平常家裡禮佛作無相念佛的功夫，大多沒有良好的環境，想要修禪定打坐，可怎麼修呢？所以目前也不是傳授禪定修證的好時機。定境假使有成績—也就是悟前先證得未到地定了—將會成爲你修學解脫道與佛菩提道的障礙，所以也叫作定障；很多人有這種現象，但並不是每一個證得未到地定的人都會有這種障礙。但因爲大多數證得未到地定的人都會有這種障礙，所以稱爲定障。

生到無煩天來的菩薩都有實相智慧，都是定障已經消滅的人，他們都已經證得第四禪了，而且有實相及解脫智慧輔佐，所以都沒有定障。無煩天中的菩薩們都很清楚知道，所有禪定境界都是虛妄法，都不離意識境界，所以定境障礙不了他們。正因爲他們有能力實證禪定，在四禪定境中也已經苦樂俱捨了，而禪定的境界也不能障礙他的道業，反而成爲幫助道業繼續上進的利器，所以都是無煩無憂，寂滅安止而不再有絲毫煩躁，心中也都沒有煩惱，所以稱爲無煩天。

此外，菩薩修學般若，親自證實一切諸法全都是自心現量；也就是說，一切諸法，不論是見分、相分、自證分、證自證分，乃至衍生出來的心所有法，以及所有的我所，全都是自心如來藏所顯現的事實。這個事實由自己親自證實了，現觀無餘涅槃、有餘涅槃、虛空無爲，所有一切有爲法、無爲法都是自心現量，以致於心中都無煩惱可言。既然全都是自心現量，於世間一切法中，得也好，不得也很好。既然都是自己心中之法，有所不得也不會煩惱，已經得了也沒什麼值得高興的，都是自我本有的。以此緣故，心中全無煩惱，叫作無煩天。換句話說，你若是想要到達初地，一定要心中無煩；你有三界愛的煩惱，就到不了初地。

接下來說：「**機括獨行，研交無地，如是一類名無熱天。**」佛說：「**捨心**

如同飛箭的頭尾一樣獨自飛行，苦樂二心相研相交的事情已經無處可以發生了，像這樣的一類天人名為無熱天。」熱就是熱惱，熱惱是心中急躁，急著想要得什麼，或是急著想要捨什麼，於是心頭火熱，這就是熱惱。「機括獨行」，「機」是弓箭的箭頭，箭頭都有個三角形的鐵刺，這個箭頭就是「機」。「括」就是箭尾，在箭木後端綁了一些羽毛，用來穩定射出的方向。「機括」是指箭頭與箭尾，也就是指箭支本身而不包括弓。「機括獨行」是說如同射出去的箭一般，獨自前進而不拖泥帶水，也是沒有羈絆的意思。

禪宗不是常常講「大機大用」嗎？弟子若是大根機，禪師可得要先猛力把他砍死——讓他識心死得透徹，然後法身慧命就很容易活過來了。若是小根機可就不行了，一定會嚇壞他。猶如一句俗語說的：「千鈞之弩不為鼷鼠發機。」一千斤的力量才能拉得動的大弩，絕對不會為了山澗中的一隻小老鼠發箭的。古時有一種很大的弓箭，要有很多人合力才能拉動弩繩，大弩上的箭大約一丈，這種千鈞之弩當然不會拿來射擊山澗裡的小老鼠。換句話說，小根機不能施以大作用，只有大機才能大用，所以禪門中的猛利機鋒，都只能用在大根機的學人身上，這叫作大機大用；學人若是小機，就只能施以小用。所以「機括」就是指箭的本身，不包含發箭的強弓。

「機括獨行」，意思是說，在一切時中「機括」當然是同時存在的；但平常時還得要與弓弩同時在一起，箭—機括—不會獨行而離開強弓。然而，箭一旦射出去以後，箭頭箭尾一定是獨自前行而不與強弓同時在一起，不再與弓弩並行的了。當「機括」也就是箭已經射出去以後，就不再與弓弩接觸了，那時「機括」與弓弩的相觸（研交）便不存在了，已經沒有與弓弩互相研磨交會的地方了，所以說「機括獨行，研交無地」。

弓弩譬如苦樂煩惱，箭譬如解脫心，當箭被弓弩射出去以後，它就獨自前進而不再與弓弩「研交」了，表示已經離開煩惱了。禪定又譬如弓弩，箭又譬如解脫心；當入地菩薩證得四禪以後，正是被禪定弩射出去，獨自行到四禪天中，由於有解脫慧與無生法忍的緣故，所以不受禪定境界所繫縛；如同「機括」離弓獨行，再也不受禪定弩的繫縛，才能生在無熱天中。這純屬無生法忍智慧境界，所以不再與禪定互相「研交」了，因此說「機括獨行，研交無地」，解脫於四禪天的繫縛。這樣的天人菩薩或聲聞三果人，就名之爲無熱天。

「**十方世界妙見圓澄，更無塵象一切沈垢，如是一類名善見天。**」世尊又說：「**遠離慧障與定障的緣故，十方世界妙眼明見圓滿澄清，再也沒有客**

塵諸象等一切沈積污垢，像這樣的一類天人名爲善見天。」這是說十方世界的一切心，以捨心最爲勝妙。一般人都是想要得：「我來你這裡學法，你又沒給我得什麼法，我爲什麼要護持你？」然而來到正覺以後，我一樣是不曾給你們什麼法，你們想要得到什麼法呢？我傳授的都是你們自己心中的法，不曾給過你們任何一個法，你們哪能得到什麼法？所以你來這裡沒有得什麼法是正常的。而我就在使你們都無所得中，生起了解脫慧與般若慧。

事實上，三寶弟子們努力供養三寶，然而眞正的三寶教給你的還是你自己心中的法，不曾給你任何一個外來的法。並且是教導大眾把身外之物捨棄，還要把自己也捨棄，才能成就解脫果。至於發起實相般若智慧，也只是證得自己心中的法性，不曾有一法是外來的法。尤其是修習解脫道的人，更不是獲得，反而是要不斷地丟棄我所；把六識相應的六塵丟棄，乃至要把六識自己也丟棄，最後則是十八界全都丟棄了，才能入無餘涅槃。當代各大山頭大法師們卻都教人要「把握自己」，要「清清楚楚明明白白處處作主」，都是要抓住六識自己，全都是在弄識神，是反過來加強我見與我執，根本就不能了生死，反而在害大眾增長生死。解脫道中如此，佛菩提道亦復如是；所以從佛法中來說，十方世界一切法，仍以捨心爲最妙。一切有無都是下下法，苦樂法更是下下法，全都應捨。

由於捨心已經到達圓融的地步了，所以「十方世界妙見圓澄」。「十方世界妙見圓澄」，意思是說，這時已經可以觀見十方世界而沒有障礙了，所以「更無塵象一切沈垢」，全都明見無礙。從另一方面來說：十方世界所有一切法，無非都是眾生自己的心所顯現，不論遠近的世界，不論過去、未來、現在的世界，全都是由眾生心所顯現。而所有眾生所見的一切光影，也就是說所有眾生所見的六塵世界相分，也都是各自的如來藏心所顯現。這樣觀見如實無遮，再也不會有所疑，全都現見而證明都是自己的心所顯現，都無遮障，所以「妙見圓澄，更無塵象一切沈垢」，這樣的菩薩或阿那含就稱為善見天。當菩薩在四禪中現見這個法界中的事實，也現見十方世界全都一樣是如此，他就可以從無熱天中往生到善見天中。

「**精見現前，陶鑄無礙，如是一類名善現天。**」善見天之後就是善現天，佛說：「**由於精明能見之性現前以後，已能如同陶師捏陶、金師鑄冶一般無所障礙地加以轉變示現，像這樣的一類天人名為善現天。**」因為善見天中的菩薩們還不能變化，已經善見以後還得要能變現出來，才能成為善現天的菩薩。「**精見現前**」是所見完全正確，而且非常微細精密，無所不見。「**精見現前」之後，了知其中的微細成分與形成的原因，所以就能「陶鑄無礙」，能自行變化無礙。「陶」是將泥土揑製，「鑄」是把金屬燒融灌入模中成爲器皿。譬如做陶器時一定要揑也要揉，才成爲所需要的盆碗等物；製造金屬器物時，譬如酒杯、鐵鍋等，要將金屬融化再灌入模子中，才能爲人所用。同理，善見之後要如何起用呢？得要深入更微細、更精密之處加以細觀，如同經過陶揑與煉鑄以後，讓自己的心完全不受六塵繫縛，對六塵完全沒有任何的遮障；完全不被六塵遮障而能加以變化，才能成善現天中的菩薩。

請問：喜歡住在定境中的人，對六塵能不能遠離呢？全都離不了，因爲定境是法塵所攝；每天都喜歡住在定境中，就被法塵所拘束了。既被定境法塵所拘束，就永遠無法證得解脫果；連慧解脫都證不得，更別說是地上菩薩的境界。如果已經超過第四禪，又有無生法忍，並已深入善觀精微之處了，再加以「陶鑄」，修練久了以後就不再有障礙；這時六塵對菩薩或聲聞阿那含已經全無障礙了，即使是第四禪中的定境法塵都無法使他產生一絲一毫的執著，從此以後就能善於顯現種種神變，出生了四神足的功德，成爲善現天的菩薩或阿那含。如果有人宣稱是八地菩薩或三明六通阿羅漢，卻都還沒有四神足，完全無法變現，那眞是欺誑之語。菩薩到了三地滿心時就能做這些變現，如果有誰宣稱是四地、五地菩薩，請他來變現一番，讓大家看看他是眞的有證量，否則就別再籠罩人了。

如果沒有這種證量，光憑自己想像，就對外宣說，用來籠罩人，久了以後終究會被人拆穿。因爲有證量的人都知道應該如何修到某一個境界，都能爲人解說，除了最後的密意必須保留，其他的道業內容都是可以宣說的；若是想像而不是眞的有證量，他就無法宣說。如果能夠「陶鑄無礙」，六塵是由著他所運用的，是不被六塵所侷限的；到了這個地步，就可以化現於十方世界供養承事諸佛，也可以化現於十方世界廣度眾生。這時菩薩觀察自己正在娑婆世界中靜坐，而自己的化身正在他方世界爲眾生宣說種種法，自己的本心如來藏與意識卻在這裡聽聞化身所說種種佛法，所聽猶如谷響。因爲在他方世界的化身所說的法音，菩薩在這裡都聽得見，所以稱爲猶如谷響。所以善現天的菩薩們都有猶如谷響的現觀證量。

「**究竟群幾，窮色性性，入無邊際，如是一類名色究竟天。**」世尊又說：「已經究竟所有眾生種類，也已經窮究種種物質法性的自性，能隨意進入有色類眾生的境界中，無有邊際而無限制，像這樣的一類天人名爲色究竟天。」

如果能夠把這些眾生們，之所以能夠成爲眾生的身根以及六塵相分的體性中，深入探究色性；也就是將三界每一類眾生的色身與六塵體性，如何組成與如何顯現等，將這些有情的一切色法自性的體性—色性的自性—每一類都沒有遺漏地究竟瞭解，都沒有遺漏，才能說是已經窮究色性的自性了。如果還沒有到達完全瞭解而無遺漏的境界時，就不是究竟。已經窮究一切物質特性中的法性了，也就是已經具足理解四大極微的性質，乃至似有物質的相分六塵色性都已經究竟瞭解了，這時就進入超越色法而沒有邊際的境界中。也就是不再被任何物質之法所遮障，對於一切色法分析到極微以後，再更分析的結果，到達無色境界而成爲無邊無際的虛空，叫作「入無邊際」。

色法的邊際是什麼？就是四大的極微圓相；地水火風的最微細境界就是極微圓相，又名「鄰虛塵」；若是繼續分析到最後，就沒有色法可言了，這時就是沒有邊際的境界了！因爲極微就是色的邊際，超過極微就沒有色的邊際了。而三界中的一切四大極微分子，其實都是由眾生的如來藏心所變現的，那時也是「入無邊際」，只是物理學家們永遠都無法探究到物質邊際，何況能探究到四大極微的根由呢？所以，J粒子、夸克等微細物質是否爲最究竟的物質呢？科學家們都還不敢保證，以後也許會再發現更微細的物質；即使繼續發現到幾萬年、幾億萬年後，都沒有辦法再發現了，算是最究竟的極微了，他們也還是無法瞭解宇宙中這些極微物質是從哪裡來的。

如果找到了極微，能夠親自證實的人就可以做很多種的變化，威力無窮。譬如有人製造原子彈，或者製造氫彈等，都不如色究竟天的大菩薩隨手發出掌心雷；因爲你已經到達色法的邊際，一切物質都可以隨心自在運用，因爲已經可以「入無邊際」了；而他們還只能在粗糙的原子、中子、核子、電子、質子、J粒子、夸克等層次，都還不知道極微是什麼呢。所以菩薩這時已經能往生在色究竟天中了。色究竟天的天人們，身高一萬六千由旬；那種身量，以人類小小的色身而言，眞的很難想像；可是遇到了自受用身的法身佛　毗盧遮那，或者報身佛　盧舍那時，還眞是渺小。

爲什麼這種天界叫作色究竟天呢？因爲這裡是一切物質的邊際，再過去就沒有任何色法了。我們人身爲什麼會這麼小？都是因爲我們的色身物質粗重，所以色身就小。如果生到欲界六天，比如四天王天，身量比我們高很多倍，可是色身的物質卻變微細了；必須是組成的物質越微細，密度越鬆散，色身才能越大，如來藏才能以大種性自性執持它。如果是一萬六千由旬，已經是接近影像的狀態了，因爲那個色身的物質是由極微所組成的，所以如來藏才能持那樣的大身。如果是像我們這種粗糙肉質的色身，別說一萬六千由句，只要是三丈、五丈之身，才站一會兒，腳底板可就很疼痛了，那時可得要加強骨骼與組織的密度了。所以人間的動物只能大到某一個程度，不可能無限制大下去。色身的物質粗細與密度鬆緊，是與身量的大小成反比的；物質越細越鬆散，身量就越大；物質越粗重緊密，身量就越小。這裡既是色究竟天，是色法最微細、最究竟的處所，這表示若超過這一天，就沒有色法存在了，就是進入四空天了。至於四空天，等下一段經文中再來說明。

「**阿難！此不還天，彼諸四禪四位天王獨有欽聞，不能知見；如今世間曠野深山聖道場地，皆阿羅漢所住持故，世間粗人所不能見。阿難！是十八天獨行無交，未盡形累。自此已還，名為色界。**」佛說，這五個不還天都是在四禪天中，但同樣住在四禪天中的四位天王，也就是福生天、福愛天、廣果天、無想天等四天的天王，因爲還是凡夫，所以對五不還天的環境與處所，他們都只能聽見這五不還天的名稱，覺得很欽仰，卻對五不還天的境界都無所知，也都看不見。因爲天眼都是只能看自地境和下地境，都不能看見上地境，所以說四位天王不能知見五不還天的境界。因爲五不還天是諸地菩薩與聲聞三果等聖者所居，清淨無染；而且不只是斷欲界九品粗惑而已，也是已能入涅槃而不入涅槃的諸地菩薩所居。四禪天的四位天王既然還是凡夫，當然無法理解也不能看得見。五不還天又名五淨居天，因爲至少要證得無生法忍或證三果解脫，還得要有四禪的證量；這都不是凡夫所住，所以都是清淨的大乘聖人所住，故又名五淨居天。阿含諸經中有時說的淨居天，是指三禪天與四禪天；但是如果特指五淨居天，就不是三、四禪天了。

提到淨居，有些人說：「奇怪！好像有人就有是非。」我說：「對呀！」「難道我們想要像佛在世時那麼清淨，都不行嗎？」我說：「不行！」因爲這是五濁惡世，所以即使是　佛在世時的僧團也不是完全清淨的，只有剛開始的十幾年是清淨的，後來人多了就開始不清淨了。如果僧團想要完全清淨，或者要求一個共修團體完全清淨，只有完成這個條件才能達到：每一個人都是三果以上的人。那就不會有是非了。如果一百人都是三果人，加入一個凡夫，就會有是非了；或者加入許多的二果人，就會有是非了。所以你們如果讀了律部的四分律（眞正開悟了才可以讀，還沒有悟以及悟錯的在家人就不許讀），在四分律、五分律中，佛世的僧團中也是有許多是非的。佛陀本來只制定一個戒：「諸惡莫作，眾善奉行；自淨其意，是諸佛教。」只是四句偈。然而十幾年過後就開始有很多的戒相了。

那麼多的聲聞戒—比丘戒及比丘尼戒—是怎麼來的呢？都是因爲有人

犯規做壞事，所以 世尊喚他們來羯磨；問清楚以後就施設一個戒，這叫作因事制戒。比丘兩百五十戒，比丘尼五百個戒或禁制，都是因事制戒；這就表示有比丘們犯了兩百多個過失，有比丘尼們犯了五百多個過失；一犯一制戒，所以加總起來就有兩百多戒、五百個戒禁，所以說因事制戒。佛陀領導下的僧團都已經是這樣了，末法時代有可能比佛世更好嗎？當然不可能。佛世有那麼多大阿羅漢，可是只要有個初果人、二果人或是凡夫，問題就會生出來了。何況現在末法時期大部分是凡夫，想要找出一位阿羅漢，門兒都沒有！所以所有道場中都有是非，不管到哪裡都一樣，不管道場大小，裡面總是分兩派、三派、四派的。你們若是不信，可以請問在座的各位法師就知道了！除非是自己一個人獨住的精舍，才會不分派別。

所以這邊就叫作淨居天。五種淨居的天界，意思是說，聲聞人至少要有斷五下分結的證量；若是大乘菩薩，就必須要有地上菩薩的證量。初地菩薩都是永伏性障如阿羅漢的，或者是阿羅漢迴心再起受生願而受學大乘法，並且悟後進修成爲初地菩薩，永不入無餘涅槃，這樣的人才能生到五淨居天中。也只有這樣的人才能住在這五天中，所以都是清淨的聖人所住天界，才會名爲五淨居天。因爲他們已經都是斷了三界有漏性的緣故，所以「**彼諸四**

禪四位天王獨有欽聞，不能知見」；就好像人間的「曠野深山」，有一些處所是「聖道場地，皆阿羅漢所住持故，世間粗人所不能見。」

譬如迦葉比丘住在雞足山，佛不許他入無餘涅槃，交給他任務：要把 佛陀所穿的金縷袈裟，等候將來 彌勒菩薩下生人間成佛以後，當面轉交給 彌勒尊佛。那時 彌勒尊佛來到山中，諸鬼神爲 彌勒佛打開了迦葉比丘所住的山洞。於是 彌勒佛指示迦葉比丘給大眾，說明是往昔 釋迦牟尼佛的聲聞頭陀第一弟子，也說明 彌勒佛座下的所有弟子都是 釋迦佛的遺法弟子；然後 彌勒佛隨即向迦葉取得金縷袈裟穿在身上，那時迦葉比丘身體「奄然星散」，於是 彌勒佛即取香與華，供養迦葉比丘舍利。但今天雞足山的道場聖地，大家都看不見，所以深山裡的聖道場地，不是世間人所能看見的；即使有人去雞足山尋找，想要頂禮供養迦葉，一樣是找不到的。就如常常有人專程去五臺山，想要晉謁 文殊菩薩，總是遇不著。然而有機緣的人就能遇到，機緣差一些的人，就會像無著禪師一樣當面錯過。所以有一些阿羅漢所住持的地方，世間粗人是找不到的，有緣人才能遇見。

佛又說：色界這十八天的所有天人都是「獨行無交」，然而也都「未盡形累」。「獨行無交」是說他們沒有伴侶，因爲都沒有眷屬欲。若是有眷屬欲的人，他一上座就先瞧一瞧聽眾多不多，人眾多了他就很歡喜。下一週若是看到人變少了，心中就難過。這就是眷屬欲。我們從來不這樣想，如果因緣演變使學法的人越來越少，即使剩下一人，我一樣開講。講到最後這個人後來如果也不聽了，我就休息。我以前剛開始度眾時，有一個班只剩下六個人，我還是繼續講，沒有打算停止；但後來又漸漸增加到五十幾人，最後則是成立同修會而合併在一起上課了。所以心中一定要捨棄眷屬欲，有了眷屬欲，就表示自己已被六塵所侷限了。然而色界十八天的所有天人們，全都「獨行無交」，所以色界天中是沒有家庭眷屬的。

欲界天都有眷屬，特別是忉利天，五百天女服侍一位天人。從欲界四天王天，上去直到他化自在天，都是有男女兩兩相交，全都有兩性互相來往，也都是有家庭眷屬的。但是色界的十八天，全都沒有家庭眷屬，更沒有配偶，所以都是「獨行無交」的；因爲色界天人全都是中性身，他們都是因爲離欲而出生在色界天中，所以阿含部裡面有些經典就稱色界天爲淨居天。而且色界天人都是中性身，不但身中如雲如霧而沒有五臟六腑，更沒有男女根；縱使欲界中人譬如密宗，如果密宗還要主張色界天的報身佛境界是有男女交合而領受淫樂，請問：色界有情全都是中性身，都沒有男女根，要如何互相交合呢？所以藏密的雙身法境界絕對不可能生到色界天去，而密宗說的報身佛是雙身交合的，也是不可能存在色界中的虛妄想像。請大家想一想：沒有男女根的色究竟天中的報身佛，如何能與女人交合？又如何在色界天中找到女人？所以說密宗不但不懂佛法，而且還是不懂色界世間法的愚人。

再說雙身法與色界天的境界是互相衝突的，因爲雙身法只限於欲界中才有，專屬於欲界，又是欲界中的最粗重貪愛，是比一般人所追求的欲樂更加粗重的。並且宗喀巴也要求密宗喇嘛們要每天修習八個時辰，要十六個小時抱著女人長住於婬樂中，那眞是人間專求感官覺受的最低等人。而且喇嘛們與許多女弟子共同邪淫，甚至許多人輪座雜交，是嚴重的邪淫罪，將來死後是要下地獄的，他們竟然還敢說是比顯教更好的法。有智慧的人可都不信，但是沒智慧的人依舊深信不疑，眞的救不了他們。

色界十八天的所有天人都是「獨行」的，都是單身漢而且都是中性身，都沒有男女根，當然不像欲界中人要與別人互相交往，或是與異性互相交合，因爲色界天人互相之間都沒有情執。若是有情執，便證不了初禪的境界。如果愛丈夫愛得不得了，愛妻子愛得不得了，就無法證得初禪。有義務時盡義務，既然當初娶了對方或是嫁了對方，對方不願意離婚，我們就不出家，繼續住在家中；但是我們不生起執著，只是爲了家庭的義務，應該幫忙照顧孩子，履行夫妻義務，共同孝敬公婆；是履行義務而沒有情執，才有可能證得初禪。所以說色界天人沒有情執，當然都是「獨行無交」。

雖然沒有情執而「獨行無交」，卻還是「未盡形累」，因爲全都還有色身存在；只要有色身存在就是一個累贅，所以說「未盡形累」。什麼時候才沒有心累呢？入了無餘涅槃才沒有心累；同理，進入四空天中，不再有色身了，才沒有「形累」。色界天的色究竟天以下總共十八天，全都名爲色界。「還」就是從色究竟天往欲界下方回來計算，直到初禪的梵眾天爲止，全部都是色界。欲界也有色身，爲什麼不稱爲色界呢？其實欲界也屬於色界的一部分，因爲同樣都是有色；但是得要從色界中把它分離出來另外建立，是因爲欲界中的有情都是有男女欲的，也都是有五塵欲的，與色界不同，又是很粗重的貪愛，所以劃分出來名爲欲界。這就好像異熟識函蓋阿賴耶識位，所以阿賴耶識也可以稱爲異熟識，因爲阿賴耶識一樣是有異熟性的；但是阿賴耶性滅除以後，就只剩下異熟性，所以一般說的異熟識，通常都是指斷除阿賴耶性以後的階位。同樣的道理，欲界也是有色的，也應該屬於色界；但是超過欲界六天以後就都沒有男女欲了，因此就把欲界從色界中劃分出去，另外名爲欲界，而初禪以後的十八天就全部叫作色界。

這一段經文講的是說，眾生被無明所迷，不瞭解色界一切法也都是由自己的眞實心如來藏產生出來的；都不瞭解一切法就是眞心如來藏，誤將色界十八天的境界當作是眞實境界，執著於色界而無法出離色界；於是色界世間就這樣出現了，也隨之繼續存在，這就是色界世間的由來。都是因為有情心中累積了許多虛妄想，由這些對色界不如實知的虛妄想發明產生了色界天，所以色界十八天依舊是和欲界各類世間一樣「積妄發生」。雖然五不還天是大乘聖者修學佛菩提道的過程中所將經歷的一個階段，也是最鈍根的聲聞三果人所必須經歷的境界，但已不是常在三界世間輪轉的凡夫境界了。因為在色究竟天安住的所有菩薩們，都有能力滅盡一切色法，所以也可立名為空處的淨分。空處，是說一切色法都不存在了。一切色法不存在時就成為空處天，就是無色界了；而色究竟天正是世間物質色法的邊際，過了物質的邊際當然就是空處了；因為色究竟天最接近空處，所以名為色究竟天，又叫作空處的淨分。

到這裡為止，已經講完欲界與色界了！欲界世間，下從地獄、鬼道、畜生、人間與六欲天，接著講到色界的十三天與色界四禪中的五不還天等十八天，世尊已經把欲界與色界世間的由來爲我們說清楚了。在這裡面 世尊已經告訴我們，六欲天是業果色。因爲六欲天是經由持五戒修十善而產生的，可是由於不斷婬貪—不斷男女貪—因此產生了善業的繫縛，所以產生六欲天的世間，供這些持五戒、修十善的人們往生，去六欲天中享受比人間勝妙的五欲，屬於異熟業的果報，這叫作業果色。如果是四禪諸天，就偏在定果色來說了。

有的祖師寫論或者今人寫的佛法概論，他們說：色界天是定果色，沒有業果色。那就不對了。色界天人還是有業果色，只是暫時不會現行，將來業果的色法還是會現行的；眼前只因爲證得初禪而先往生初禪天，證得二禪就先往生二禪天；但是在證得這些禪定之前，這些天人往昔在人間時也曾經造過一些小惡業，或者造過屬於欲界天的善業，只因爲都是小善業、小惡業而暫時不受報，但依舊是有業果種子存在的。而他們因爲定果很強，所以先生到色界天中受定果色；但不因爲先受定果色，就使原來在人間所造的業果色法消失，所以還是兼含業果色，只是業果色暫時不現行罷了。當未來色界天的定果色到了定福享受完了，一旦下墮時就不免業種現行，然後就會下生在欲界天或人間，乃至下生到三惡道中受惡報，那時可就是業果色了。所以定果色與業果色常常是互相交雜在一起的，死時是由較大的異熟果先報，而不是另一方面的業果色或定果色會消失掉。

如果由色界再往上前進，就是無色界了！所以色究竟天是色界頂。超過色究竟天再往上前進，或者在凡夫四禪的廣果天中往上前進，便進入無色界了。如果沒有證得無漏慧，便進不了四禪天上的五不還天。若是想要超過四禪天的廣果天，或是超過色究竟天，就得修證四空定，就是空無邊處等四種無色定，捨報後才能生到無色界中，就能超過色的邊際。超過色的邊際而生在無色界中，當然也是定果色，但仍然也有業果色；定果色與業果色重疊的道理，是跟色界天也有業果色的道理相同，只是暫時不現行。

講到這裡，前幾週曾經有人提問，那時我說要等到這個時候再來答覆的問題，這時就該答覆了。他問：「在《成唯識論》中說：『若更析之，便似空現，不名爲色，故說極微是色邊際。由此應知，諸有對色皆識變現，非極微成。』」也就是說，極微是物質的最微細層次，那時都是呈現圓相的；而極微就是色法的邊際，是物質的邊際，因爲極微是無法再細分的。然而極微是否常住不變？其實有其不同層面的道理。從凡夫有情不能入涅槃來說，極微絕對是不會變壞或減少的；不論有情輪轉生死多麼久，用掉多少的物質，然而物質始終不會減少，只是轉易存在的形態而已，原因就是極微的總數不變；所以從十方法界一切凡夫有情來說，極微是絕對不會減少或變壞的。因爲宇宙自從無始以來，四大極微就這樣不斷變易物質存在的形態，而組成各類物質的基礎（極微）卻不曾消滅，使有情擁有用不盡的物質。因爲這個緣故，說極微常住不滅，有的經論中是從這個道理而說極微常住不滅。

若是從另一方面來說，當解脫道的實證者入無餘涅槃時，他的如來藏所變現的那一分極微便會跟著滅失，所以極微色法其實也是有生滅性的；因爲極微是被所有法界中的有情如來藏共同變現出來的，當然也可依有情取涅槃入滅度而消滅該有的那一分極微。但是不需要有人成爲杞人而多所憂慮，耽心四大極微因此而日漸減少；因爲阿羅漢永遠都是極少數，諸佛所度的人多是菩薩；菩薩是不會入無餘涅槃的，而且成佛以後也是永遠不入無餘涅槃中，所以宇宙中的極微其實幾乎是不會減少的。而宇宙中的所有色法物質，固然全都是由四大極微組成，但四大極微卻都是由有情的如來藏所變現出來的，以此緣故，《成唯識論》中說：「**由此應知，諸有對色皆識變現，非極微成。**」這就是推究到最後的終極實相來說：宇宙中的一切可以使人面對或感覺出來的有對色，其實還是應該說是阿賴耶識所變現的，不該單說是四大極微所變現的，因爲四大極微不會自動合集爲山河大地或色身。

既然論中說：「應知，諸有對色皆識變現，非極微成。」問者舉出這一段論文來，接著問：「依內相分而言，此爲正理，但外相分五塵是依自心如來組合四大元素而成，故對外五塵而言是否應言外五塵非極微製成？是自心如來依緣組合四大而成？」這個問題，我剛才的解釋，諸位聽完就瞭解了，所以他這個說法也是正確的。意思是說，我們各人的色身，乃至色究竟天人的一萬六千由旬色身，全都是由自己的如來藏單獨變現出來，不是與別人共同變現出來的；而天界的一切天人各自擁有的宮殿，也是他們各自的自心如來所變現。但是身外的器世間、外面的山河大地等，則是由共業眾生的如來藏中的大種性自性，藉著共業作爲因緣來攝取虛空中的微塵，聚集起來成爲三千大千世界，當然也是由共業有情的如來藏阿賴耶識變現成的，所以物質世界的形成乃至天上的宮殿的形成，都是同樣的道理。這樣也就順便解釋了他所問的「爲什麼會有宇宙」的問題了。

【「復次阿難！從是有頂色邊際中，其間復有二種岐路：若於捨心發明智慧，慧光圓通便出塵界，成阿羅漢、入菩薩乘，如是一類名為迴心大阿羅漢。

若在捨心，捨厭成就；覺身為礙，銷礙入空，如是一類名為空處。諸礙既銷，無礙無滅，其中唯留阿賴耶識，全於末那、半分微細，如是一類名為識處。空色既亡，識心都滅；十方寂然，迥無攸往，如是一類名無所有處。識性不動，以滅窮研；於無盡中，發宣盡性，如存不存，若盡非盡；如是一類名為非想非非想處。此等窮空，不盡空理。從不還天、聖道窮者，如是一類名不迴心鈍阿羅漢。若從無想諸外道天窮空不歸，迷漏無聞，便入輪轉。阿難！是諸天上各各天人，則是凡夫業果酬答，答盡入輪。彼之天王即是菩薩遊三摩提，漸次增進，迴向聖倫所修行路。阿難！是四空天身心滅盡，定性現前，無業果色；從此逮終，名無色界。此皆不了妙覺明心，積妄發生，妄有三界，中間妄隨。七趣沈溺補特伽羅，各從其類。

講記：「復次阿難！從這個有頂天的色法邊際之中，在這裡面還有二種分岐的解脫路：若是於捨心中發明了智慧，智慧的光明圓滿通達時便可以出離六塵境界，成爲阿羅漢，然後轉入菩薩的法道中；像是這樣的一類四禪天人，名爲迴心轉入大乘法中的大阿羅漢。若是在捨心之中，由於捨心而使他對有色天界的厭惡得以成就；是因爲覺悟了知四禪天的色身會成爲解脫的障礙，於是接著銷滅色身的障礙而進入空無色身的境界，像這樣的一類凡夫天境名爲空處。種種的障礙既然已經銷亡而到達空無色處了，這時再也沒有色身來障礙出離三界的進程，但也不是斷滅空，在這時的境界中只留存阿賴耶識，以及完全的末那識和半分意識微細而住，像這樣的一類天境名爲識所住處。再進修以後，空處與色法既然都銷亡了，而且又把半分意識心的作用都滅除了；這時十方寂然，完全沒有一個想要前往安住的處所，像這樣的一類天境名爲無所有處。意識的自性不運作了，以此滅掉諸法而窮究深研；於意識無止盡之中，發明宣揚出滅盡諸法的自性，這時意識如同存在又如同不存在，似乎是滅盡而其實並非滅盡，像這樣的一類天境名爲非想非非想處。

這一類天境是窮究我空，但卻不是究竟窮盡我空的眞理。若是經歷了五不還天的次第而來到第四天中，才使自己的解脫聖道窮究徹底，像這樣的一類人名爲不迴心的鈍根阿羅漢。若是從無想天以及福生天、福愛天、廣果天等外道天窮究空理而不懂正確的歸向，迷惑於有漏法中而沒有多聞的功德，便墜入凡夫眾生的輪轉路途中。阿難！至於這一些色界天上各各不同的天人們，則是凡夫眾生基於定業果報的酬應答報，答報已盡時就會繼續進入輪轉過程中。然而色界諸天中的天王，其實就是菩薩們遊戲於三昧境界，逐漸依循著諸天次第而向上增進，是假藉禪定而迴向諸地聖位的菩薩們所修行的道路。阿難！這四空天眾生是把色界的身心全都滅盡，使四空定的自性現前了，以致於一時不會有業果色現前；從這個空處天來到最後的非想非非想天，已經達到三界的最終處，名爲無色界。這些世間的形成與存在，都是由於眾生不能了達勝妙眞覺光明的自心，積集各種妄想而發生了這些世間境界，以此緣故而虛妄地示現有三界世間存在，於是眾生便在三界中間虛妄地隨逐流轉。於是便有地獄、鬼道、畜生、人道、神仙、天道、修羅道等七趣沈溺於生死中的有情，各自隨從於他們所應生存的種類之中存在。

「復次阿難！從是有頂色邊際中，其間復有二種岐路：若於捨心發明智慧，慧光圓通便出塵界，成阿羅漢、入菩薩乘，如是一類名為迴心大阿羅漢。」

佛陀接著開示說，從這個有頂天的物質邊際天界中，在這裡面又有兩條分岐的道路。以前有人跟我爭執（當然，他是私下講的，並沒有當面來質疑我），說我說法錯誤。他說：「有頂是指三界頂，所以非非想天才能叫作有頂，老師怎麼可以說色究竟天是有頂？」我回答說：「《楞嚴經》中說色究竟天是有頂。」聽我回答的人後來有沒有把我的話傳給他呢？我並沒有查問。很多人不瞭解我，我說法時一定有根據，不會自己隨便想了就編出一種說法；因爲編出來的說法，既沒有聖教根據，也不是實證的法界眞相，遲早會被人家戳破。如果講錯了，有時候則是記錯了，我們就趕快修正，不必遮掩；承認自己講錯了，是解決事情的最好辦法。如果不肯承認，就得再編一百句謊話來遮蓋這一句無心的錯誤。不如乾脆承認：「可能我記錯了，我回去查一查。」查的結果若是眞的弄錯了，修正就行了，事情便解決了。

「有頂」有二種說法，一種是色界頂，因爲四空天雖然叫作三界頂—三界有之頂—但四空天並沒有外在的物質境界，純粹是自心意識所住的境界而已，並不是像色界天的每一天都有不同的境界層次，可以讓天人色身安住；所以若是說頂，當然應該是有物質的境界才能有高低的區別而說最上面的那個層次是頂，所以色究竟天可以說是「有頂」。因此「有頂」有兩個說法：有時阿羅漢的論中所說有頂是指非非想天，有時阿羅漢的論或菩薩的論中又說「有頂」是色究竟天。這一段經文中講的「有頂」是講色究竟天。所以「有頂聖」如果從二乘法來講，就是聲聞緣覺法中的阿羅漢、辟支佛；如果是從大乘法來講，那就是地上菩薩；他們能夠生到色究竟天去，那不叫到了色界頂而成爲「有頂聖」了嗎？至於 世尊，是一切「有頂聖」之師，超越一切「有頂聖」，故不在「有頂聖」範圍中。

當然，地上菩薩也都可以斷盡思惑，捨報時都能入無餘涅槃，只是想不想要斷盡思惑而已。但所有地上菩薩，未滿七地心以前都不斷除最後一分思惑，一定持續保留著，卻同時已在斷除思惑的習氣種子了。入地以後要等何時才必須斷除最後一分思惑的現行呢？是七地滿心。事實上初地菩薩就可以斷盡思惑現行了，但都不斷盡它，免得入涅槃，卻一直在修除習氣的種子。乃至到了第六地滿心時，不得不取證滅盡定，早就可以斷除最後一分思惑了，卻還是故意保留著，以免捨報時取無餘涅槃，所以都是留惑潤生。既然諸地菩薩都是留惑潤生，還必須斷除習氣種子，當然也是同時在修除性障的。若是不除性障的現行，怎麼能進入初地心中？又如地上菩薩修到六地心時，在滿心位不得不取證滅盡定，本來就可以成爲俱解脫的菩薩阿羅漢，卻還是保留著最後一分思惑，才能轉進七地心中，不會取無餘涅槃；在七地滿心位時，才斷除故意保留的最後一分思惑而轉入八地心中，這時三界愛的現行斷盡了，三界愛的習氣種子也已經同時斷盡了，只剩下異熟愚尚未斷盡；而異熟愚屬於所知障所攝，要到佛地才能斷盡。這個道理，諸位也應該稍加瞭解。

色界頂即是色法的邊際，住在色究竟天中的有頂聖，從色界頂進修佛法時有兩條分岐的道路，第一條是佛道的正路，後面另一條路是聲聞鈍根三果人的解脫正道。如果迴心的聲聞三果人從捨心之中，也就是於一切法都能捨離的心中，從這個捨心裡面發起顯現了智慧；說的是在色究竟天中聽聞報身佛說法，佛菩提道的智慧作用圓滿通達了，也就是發起如來藏金剛三昧的智慧了，就可以成爲阿羅漢，隨即轉入菩薩乘中勤修菩薩道，像這樣的一類人稱爲迴心大乘法的大阿羅漢。佛世的大迦葉、須菩提、舍利弗、目犍連、富樓那、迦旃延等人都是這一類人，但他們是在人間證得五不還天的境界以後，迴心成爲菩薩；不是死後生在五不還天中，然後才發明捨心而轉入菩薩乘中。

於捨心中發明智慧之後，智慧的光明圓滿通達，所說的「慧光」是指智慧的作用。當佛菩提的智慧作用圓滿通達時，就是說：從無煩天到色究竟天中的聲聞三果人，聽聞報身佛 盧舍那佛說大乘法以後，悟得如來藏而斷盡思惑了，於是成爲阿羅漢而迴心大乘法中。他能成爲阿羅漢，是因爲親證如來藏而斷除上四地無色界的思惑。色究竟天的上四地惑就是三界九品思惑中的最後四地迷惑，是對無色界四空天境界的虛妄有所不知而存在的無明。當三果人親聞報身佛說法時，能了知上四地的境界虛妄；又因爲聞佛說法實證了如來藏心，發起道種智所以出離了六塵境界，因此而說「慧光圓通便出塵界」；這時當然已經有能力滅除四空天等四地思惑了，於是成爲阿羅漢；又因實證如來藏而使「**慧光圓通**」，所以「**成阿羅漢、入菩薩乘**」，不入無餘涅槃了。

因爲四空天中都還有定境法塵的境界，依舊不離六塵，所以尚未「**出塵界**」。如果從捨心發明了智慧以後，慧光圓滿通達時，智慧的作用能斷除四空定中的定境法塵執著及微細我執，於是立時成爲阿羅漢；這時是隨時可以般涅槃的，可是他卻不取無餘涅槃，而基於實證如來藏的佛菩提智，了知自己若是進入無餘涅槃中，其中仍然是眼前所證的如來藏心；而如來藏心本來涅槃，不須自己滅了五陰才成就涅槃，所以他就轉入菩薩乘中成爲菩薩了。已經迴心入於大乘法中行菩薩道，這一類人就叫作迴心大阿羅漢。

換句話說，這一類三果人是因禍得福，在五不還天中值遇報身佛說法而成爲俱解脫的聲聞無學聖人，然後迴心進入大乘中來。這時他把四空天的境界也弄清楚了，因爲他的境界已經超越四空天了，所謂上地能知下地心，然後把以前對四空天的四地惑全部消除，這時就成爲迴心大乘的大阿羅漢，成爲俱解脫的菩薩。若是慧根猛利的菩薩，也可以由四禪天中的第三天廣果天，悟知眞實理而直接生在色究竟天中聞熏佛法，或者化現下來欲界天中的兜率陀天彌勒內院聽聞佛法，也可以從廣果天直接進入這個境界。但無想天中就不可能進入了，只能繼續流轉生死。所以，在四禪天中的福愛天境界時，有兩條岐路，那時千萬別進入無想天中；來到色究竟天中又有兩條岐路，其中一條是進入四空定的岐路，將會錯過快速成爲俱解脫的正路。應該在聞佛說法以後，了知四空天的虛妄性，直接證得阿羅漢果而迴心大乘，成爲俱解脫的菩薩，在五不還天中繼續進修佛菩提道，實證道種智，這才是正路。

……（講經前的當場答問，移轉到《正覺電子報》〈般若信箱〉，以廣利學人，此處容略。）繼續講《楞嚴經》，剛才答覆當場提出的問題，已經去掉一個鐘頭了，然而在這一個鐘頭的說法中，我想諸位應該也有很多的收穫才對（編案：這是二〇〇三年二月二十五日所說。當時爲攝受諸同修以免被楊先生等影響而退轉，故仍繼續維持講經前的現場臨時提問解答）。上週我們講到一七八頁第一行，說迴心大阿羅漢，是從鈍根三果人轉變成爲利根的大阿羅漢，所以入菩薩乘中。接下來說：

「**若在捨心，捨厭成就；覺身為礙，銷礙入空，如是一類名為空處。**」如果是在捨心中「捨」與「厭」都「成就」的人，就會走入岐路，轉入無色界中。有古德註解說，這是在無想天的天人轉來生在空處天中，這是錯誤的說法；因爲無想天的天人都是五陰我見中的色陰我見未斷、智慧不足的人，不可能轉進無色界來。因爲無想天的天人都想要保留色身在無想天中無覺無知，把意識心滅了，五百劫中並無意識心存在，不能增上智慧與定境，所以不會往上升進。因此無想天人未來天壽報盡以後，意識心重新出現時，半劫之中感覺上其實就如同兩個念頭，當意識心出現之後，天福享盡而沒有智慧及定力上的提升，一定會由於生天前所造的惡業而下墮。都是因爲在無想天中沒有覺知，無法作各種微細的觀行，當然是不能轉進的，所以古德那個註解是錯誤的。

話說這個「捨心」，是指四禪天中的廣果天，或者在色究竟天中的菩薩三果人，在「捨心」中成就捨與厭兩個法，於是覺知自己的色界天身其實是解脫三界生死的障礙。他觀察自己的色界天身會拘繫自己在三界中繼續生死而無法出離，所以樂意捨棄色界天身，厭惡色界天身；這時決定捨棄色界天身時，已能捨棄色界天身而銷滅了解脫於色界的障礙，生在無色界中，成爲空處的有情。

如果是在人間而不是已經往生到四禪天去，他在人間的四禪定境中安住很久以後，突然間一念生起而深入觀行；這樣子了知：「我現在住於第四禪定中，這個境界將會導致我捨報以後上生四禪天中；那時如果上生四禪天，就一定會被天身所拘束、繫縛，有了色界天身就無法出離色界。」這個人一定是曾經聞熏佛法，所以產生了這樣的正念。當他依這個正確的知見深入觀行成就時，一樣是捨心成就、厭心成就。以此緣故，在第四禪等持位中，如同色究竟天中的鈍根三果人一般，「銷礙入空」而進入空處定中。「銷礙入空」就是把色界天身銷滅掉，使障礙解脫的色界天身銷除掉，於是便進入空處定中，或是捨壽後生在無色界的空處。空處就是一般所講的空無邊處，就是進入無色界的第一天中。無色界總共有四天，第一天是空處，又名空無邊處，天人壽命二萬大劫，沒有身根。

「**諸礙既銷，無礙無滅，其中唯留阿賴耶識，全於末那、半分微細，如是一類名為識處。**」如果從空處天再向上進修，或者在人間修學禪定而證得空無邊處定境時，發覺自己已經離開色界天身的境界了，這時再也沒有色身來障礙出離三界的進程，就可以再往上升進識處之中。證得第四禪境界時，會覺察到色界天的天身在自己的欲界身中，這是從初禪時就可以覺察到的；若是學過正確的解脫道或佛菩提道時，當然知道應該捨棄天身而轉入無色界中，或者是利根人直接滅除無色界惑而成爲阿羅漢。

關於初禪天身，有一些人誤會了就說：「當你證得初禪時，就同時擁有一個廣大的初禪天身。」其實不對，初禪天身是與欲界人間的肉身重疊在一起的，是一樣大的；要等到捨壽生到初禪天中，天身才會是廣大的。當色界中的種種色法障礙已經銷亡了，這時會發覺到：自己現在所住的是已經沒有色界身的境界了，這時就是一切障礙消失而沒有遮障了，但也不是落到斷滅空中。事實上，一切世間都不可能落入斷滅空中，無始以來所有十方世界都沒有斷滅空的境界，只是有些斷見外道愚癡，才會主張人死了就是斷滅空。然而在法界中，不論誰認定死了以後就是斷滅空，而十方三界中卻永遠都不會有斷滅的境界。這位鈍根的三果人雖然把色界天身捨了，遠離四禪境界了，所以不再有物質的障礙了，但是事實上這仍然不是斷滅的境界，所以說「無礙無滅」，因爲意識覺知心還存在於定境中。

這時他在空處中再把所有色法上的存在全都遣除了，成爲「無礙無滅」的狀態，這時的境界就是「唯留阿賴耶識，全於末那、半分微細」，於是改住於識處中。鈍根的菩薩證入識處定中，可以看見定中只剩下阿賴耶識，全分的末那識以及半分的微細意識。若是聲聞三果人住在識處中，他就只能看見半分的微細意識，看不見末那識與阿賴耶識。所以，在四空天的第一天空處，以及四空天中的第二天識處，都同樣只剩下三個心：阿賴耶識、末那識、意識。因爲阿賴耶識是一切法的根本，永遠都不可能滅掉祂，所以阿賴耶識全分；接著「全於末那」，也就是說末那是全部存在的，祂的五個遍行心所法具足現前而不曾絲毫消失。「半分微細」則是指意識，這時的意識只剩下半分，而且是微細的。最粗糙的意識，是在人間的五塵境界中廝混的覺知心，最最粗糙的意識則是密宗雙身法中的樂空雙運境界。在識處中存在的意識覺知心只剩下半分，所以也是微細意識。爲什麼說是半分呢？因爲在空無邊處中，意識心是緣於空境，是緣於空無邊的境界相；那時覺知心所住的境界是無量亦無邊的空境；但是轉入識處時，是緣於意識心自己而不緣於外境，所以這時的意識很微細而且只剩下半分，所以說「半分微細」。

往往有一些外道並沒有這種定力，卻誇口說他們已經離開了這個境界，早就證得最高的非想非非想定。其實連欲界境界都還沒有離開，全都是騙人的。有很多人說：「我住在自心境界。」全都騙人！最基本的自心境界，是不緣於外六塵而安住於覺知心自己的境界中；眞正的住在自心境界中，則是過了空無邊處定，再往上進入識無邊處定，才是眞正離開了意識心所觸知的定境法塵境界，這時只緣於依定而生的意識自心法塵境界。假使有人不信，我們可以來證實一下，看看我爲什麼會這麼說？來證實爲什麼我說的才是正確的？當你住在初禪中，初禪中還是有覺有觀，意思是還會跟三塵接觸，當然還沒有離開外境。再說二禪吧，二禪的境界是無覺無觀（二禪前有個未到地定，叫作無覺有觀，我們現在且不說它）；二禪等至位中離開五塵而不住在外境了，可是二禪等至位中是不是還有定境法塵呢？還是有呀！有定境法塵時，是只有自己意識心的境界嗎？顯然不是；因爲定境中的法塵是與意識心相對的，所以不是意識心自己的境界。

到三禪、四禪時，都還是一樣有定境中的法塵，仍然不是完全緣於自心的境界。那麼到空無邊處時，是不是完全自心境界呢？當然也不是，因爲所緣的是心外虛空無量無邊，所以還是有定境中的法塵。既然還有定境中的空無邊處法塵境界，讓你緣於無量虛空，於是漸漸發覺自己的定心有些散失，就無法往上提升定力；這時應該往內心中收攝，不緣於空處而改緣於自識——緣於意識心自己——這時才算眞的離開定境法塵了。憑著定力而離開法塵以後還是落在意識心自己的境界中，並沒有超越意識心；但因爲已經離開相對的定境法塵行相了，所以意識剩下一半，而且心已經很微細了，所以叫作「半分微細」。這時是緣自而不緣境，所以「半分微細」。這樣的境界就是識處定境，又名識無邊處。所以識處就是指意識心自己的內心境界，當然名爲識處。

如果證得識處定境，不發願常住人間，那麼將來捨報之後由於喜歡定境，就會往生到識無邊處天。識處的壽命比空處再加一倍，是四萬大劫的壽命；住在那裡面是覺知心一心不亂，過完四萬大劫之後才會下墜人間。那你們有沒有人想要去？我才不想去，我如果在人間四萬大劫之後，可以修到很高的層次了，他卻還在識處天中一心不亂，都沒有長進呢！所以一切有智慧的人都不會往生去無色界。如果有人想要求取超越三界的境界，所以上生無色界中，這叫作往上求解脫，不是橫出三界，而是豎出三界。然而不論橫出或豎出，其實全都是橫出，全都是由於解脫的智慧而獲得解脫，定境只是作爲助緣而已，禪定本身不能使人出離三界生死。

「空色既亡，識心都滅；十方寂然，迥無攸往，如是一類名無所有處。」

當他到了識無邊處的境界，把空處的境界滅失了，以前在色界天中所擁有的色法也已經亡失了，如今再進一步把半分意識自己也滅掉了；這當然不是眞的滅掉了，而是自以爲滅掉了，其實只是不緣於意識自己而成爲無所有的境界，名爲無所有處。他知道應該滅除自己才能入涅槃，可是知見不正確或是觀行不徹底，所以沒有斷盡我執，這其實仍然是住在意識自心境界中，還有一個無所有的自覺存在。但他自以爲是「識心都滅」的涅槃了，其實只是意識心不動，住於無所有作意中。所以這時「十方寂然，迥無攸往」，事實上只是把意識覺知心對自己的了別性停止了，緣於無所有的作意而住。

這時「十方寂然」，完全沒有一個想要前往安住的處所，這是誤以爲不再攀緣自己了，以爲這樣就是捨了自己；但是，即使聽說意識是虛妄的，應該要捨棄，也仍然是還沒有斷我見，因爲他對意識的瞭解不夠徹底，所以還殘留著少分意識心存在，這就是我見還沒有確實斷除，所以他想：「我不攀緣自己，把自己全都放下了，就是解脫。」其實只是不返緣意識自己，而意識自己卻仍然存在不滅，所以仍然還在三界中，尙未出離三界而不能解脫生死苦。因此，他自以爲解脫時，意識仍然存在著，所以才會有「十方寂然」的心境自覺。住在「十方寂然」的境界中是寂靜而不曾想要前往何處安住的，所以「迥無攸往」。顯然意識心是還存在著，只是緣於無所有的作意罷了。這個無所有處，是無色界的第三天。無所有處天同樣是純精神的境界，意識覺知心依定力而住；這一天的壽命又比下一大多了兩萬大劫，所以他們的壽命有六萬大劫。

「識性不動，以滅窮研；於無盡中，發宣盡性，如存不存，若盡非盡；

如是一類名為非想非非想處。」接下來說意識心在無所有處中都不動轉，是住於無所有處中；但是後來還是會再起一個念，再探究自己住於無所有處中，是否什麼都沒有呢？若眞的是什麼都沒有，那麼無所有處中又是由誰知道無所有呢？又是由誰知道一切法都無呢？又是誰住在無所有處中呢？結果才很驚訝地發覺原來還是意識自我。原來無所有處中還是有意識自我存在，那可不行呀！那該怎麼辦呢？這過程就是以滅盡意識自己來窮究研討——「**以滅窮研**」；於是住在無所有處中，確定無所有處中還是有我。爲什麼無所有處還會有意識自我少分存在呢？都是因爲還有覺知性存在，只是不攀緣於空，也不攀緣於自己，而緣於無所有的境界；就這樣安住而使意識自己的覺知性繼續存在，這就不是眞正的滅失自己，仍然是有我，不是眞正的無我。

觀察清楚了，正在「**識性不動，以滅窮研**」時，終於想到一個辦法：我乾脆就把覺知捨了。他並不是要滅掉意識自我，而是誤認爲意識心的覺知性還存在，就是意識存在；如果把覺知性捨棄了，意識就是不存在了。於是他這麼捨棄覺知性以後，變成是在意識心無止盡的時空之中，自以爲是意識心止盡了。因爲在無所有處的時空中，意識心可以安住六萬大劫，所以他感覺意識覺知心的自己是無止盡的，所以這時就「於無盡中，發宣盡性」；就是把他所知的滅盡一切心的自性顯發出來，這時覺知心成爲「如存不存，若盡非盡」的狀態，而他就誤以爲這即是無餘涅槃的境界。所以他這時其實只是把覺知性丟棄，而意識覺知心其實仍然存在著，但他不知道意識自己事實上還存在著，卻自以爲是不存在了，所以「如存不存，若盡非盡」，這樣就轉入非想非非想處中。

爲何說是非想非非想呢？因爲他只是自以爲意識滅除了，其實意識心仍然存在，只是沒有反觀自己是否存在；所以在自己還存在的當下卻誤以爲自我已經不存在了，都是因爲把意識的作用停止於不觀的境界中，沒有使用覺知性，所以好似沒有覺知性存在了，已不了知自己是否存在了，因此稱爲「非想」。在阿含部經典中，佛說「想亦是知」；這時以爲是沒有覺知性存在了，所以說這個定境名爲「非想」。然而推究其實，這時仍然是有意識心存在的；只要還有意識心存在，就一定還有覺知，只是那時的覺知性太微細了，自己覺察不到而誤以爲是非想的境界；事實上則是覺知心還存在，只是不反觀覺知心自己是否還有覺知性在運作，所以又名爲「非非想」，也就是「非無知」的意思。把「非想」與「非非想」合稱時就名爲「非想非非想」。

非想非非想天人不能進入無餘涅槃中，原因就是無法眞的把我見斷除；也就是對意識自我究竟有哪些內容，他還沒有全部弄清楚，於是就還有微細的我見不能斷除，我執就一定會繼續存在。這時意識自以爲已經把覺知心自己滅了成爲無餘涅槃，但末那識卻還是緊緊抓著少分意識在非想非非想處中安住著，根本就沒有全部滅除。這時末那識依舊是全分存在而不曾絲毫滅失，依舊是抓著少分意識住在非想非非想處中，所以意識與末那識還是存在，仍然不是無餘涅槃。正因爲自己感覺好像識陰全部都滅盡了，所以叫作「若盡」；其實並沒有滅盡，所以又說「非盡」。這時依舊是由阿賴耶識執持著全分末那識與少分意識，就名之爲「非想非非想處」，仍然還在三界中。

超越非想非非想處的俱解脫阿羅漢的證境，是住在滅盡定中；滅盡定又名滅受想定，是把意識滅盡，並且進而把末那識的五遍行心所法中，滅除了受與想二個心所法，才能成爲滅盡定；捨報時才能滅盡十八界自己而成爲無餘涅槃，永離三界生死苦。但是在非想非非想處中，不但末那識的五遍行心所法都還完整存在，所以意根還是全分存在，成爲「全於末那」；而意識也還沒有滅盡，還不如眠熟位中意識滅盡呢！這都是由於我見沒有完全斷盡所致。一切外道修定的行者，不論是佛世或現代，最高的修證就只能到非想非非想定爲止，就以爲是住在涅槃中，就這樣安住。當我們探討現代的外道修定者，或是佛門中的大法師們以定爲禪而精修了一世，其實是連初禪都沒有實證的，更別說是證涅槃了。設使有人證得非想非非想定了，死後生在非想非非想天中，這一安住就是八萬大劫；整整八萬大劫之中，意識雖然存在，卻對自己不覺不知，不可能修道也不可能生起解脫的智慧。就這樣住在無色界中八萬大劫，將來捨壽下來時，正好去當毛毛蟲，吃飽了睡，睡飽了吃；然後還是吃飽了睡，睡飽了吃，只有這樣的境界與非想非非想處的境界比較類似；時節到了牠就開始化生的過程，住在蛹中不知不覺，然後成爲昆蟲，想要再回來人道，可就困難重重了。

「**此等窮空，不盡空理。從不還天、聖道窮者，如是一類名不迴心鈍阿羅漢。**」這一類天境中的有情都是想要窮究我空的道理，但卻不是能夠究盡我空眞理的人，總是「**不盡空理**」，所以窮究到最後的結果，仍然落在意識心中，正是凡夫的典型。即使是經歷了五不還天的境界而來到第四天中，才使自己的解脫聖道窮究到徹底的人，終於確實可以解脫三界生死了，也仍然是佛所說的不迴心鈍根阿羅漢。若是眞正有智慧的聲聞三果人，在五不還天中與菩薩們常在一起，不斷探討三乘菩提時，是應該早就會認知無餘涅槃中仍然是如來藏，而如來藏是本來自性清淨涅槃的，無餘涅槃中仍然是如來藏的本來涅槃，那又何須再滅盡蘊處界自己而入無餘涅槃中？於是就在滅盡我執而成爲阿羅漢以後，就立即迴心大乘不取涅槃，開始行菩薩道了，這才是利根人。但竟然還有三果人在色究竟天以下的四天之中成爲阿羅漢以後，還不懂得迴心大乘入菩薩道，次第求證佛果，所以當然要被 世尊斥爲「鈍阿羅漢」。

在不還天中聞佛說法而把解脫聖道的眞實理，加以窮究到最後時，我執斷盡而成爲阿羅漢，就是「從不還天、聖道窮者」。這一類人，有一部分人是住在五不還天的下四天中，從不還天中想要取證俱解脫果，不必再往上生在無色界中，他的聖道在這裡就已經窮究到底了，所以斷盡我執而成爲不迴心的「鈍阿羅漢」。爲什麼會成爲「不迴心鈍阿羅漢」？因爲他一心想要入無餘涅槃，不願意像菩薩一樣在還沒有離開隔陰之迷時，就發願繼續不斷受生在人間救護眾生而受種種苦。俱解脫阿羅漢如果不修五神通，一樣是不離隔陰之迷的；菩薩也一樣，這種道理是三乘相通的。所以如果已經成爲俱解脫聖者，若還不修五神通，就沒有宿命通，就無法離開隔陰之迷。

因此，入地以後得要在三地滿心位前，具足證得四禪八定、四無量心、五神通，以此緣故而發起三昧樂意生身，所以三地滿心時就離開隔陰之迷了，而且永不會再退失五神通。這樣的三地滿心菩薩發願再來，比較三地未滿心的以下諸地菩薩，誰比較值得欽佩？應該是下地菩薩。因爲你若是已經離開隔陰之迷，做什麼事情都可以自己預先決定，所以對未來世都已了然於胸，當然沒有未知之憾。然而未滿三地心之前，都還有胎昧，對未來世並無所知，只知道還是在自己的如來藏中受生、出生、重新悟入、重新弘化；但是心中早已知道五濁惡世眾生根器很差，而你還是願意重新受生再來，你就是很值得我尊敬的菩薩。所以我寧可恭敬三地以下的菩薩們，對四地、五地滿心的菩薩們，雖然一樣恭敬仰望；卻覺得未滿三地心的菩薩們，眞是勇氣可嘉、令人敬佩。

所以，還沒有離開隔陰之迷的初地菩薩們，願意長期繼續再來人間受生，讓凡夫與外道繼續糟蹋毀謗；即使是無根毀謗都願意忍受，他就是願意再來救護學佛人，才剛聽 佛陀吩咐說：「你再去人間一趟。」他就立即再入胎受生前來人間，沒有第二句話。我就是讚歎恭敬這樣的人，雖然他看起來跟凡夫一樣，既沒有神通，也沒有具足四禪八定，卻是我最讚歎恭敬的菩薩。有許多祖師們則不然，看見人間眾生這麼難度，於是努力修定及發起種智，就想要去五不還天中。去到那邊也不必修什麼神通，五不還天中的異熟果報就是自然會有五神通，自然就會有輪寶可以去他方世界，可是在人間時什麼都沒有呀！但是如果悲心特重的菩薩，一定不會有異議，不論是 佛陀或觀世音菩薩、文殊師利菩薩來吩咐說：「**你再去人間走一趟。**」他立刻就來，沒有第二句話，這就是悲心特重。大多數的菩薩們，是沒有這種強烈悲心的；所以古時證悟的祖師那麼多，他們如今都到哪裡去了？

而鈍根和利根之間是相差很大的，鈍根人就是慧學不好，你爲他教導很多法義，他不容易聽懂，就算聽懂了也無法融會貫通；於是學了很久以後，這個法還是這個法，那個法還是那個法，無法融會貫通起來。如果明心以後再持續聽我講經，時間久了眞的能融會貫通，絕對不會再來對我說：「**這心眞如門、心生滅門，是兩種心。**」因爲我早就依論解說過了：「**一心有二門。**」你如果前後貫通了，就不會像楊先生他們一樣背地裡向我放話說：「**心眞如門是講佛地眞如，心生滅門是指阿賴耶識，是由佛地眞如出生阿賴耶識，所以阿賴耶識是生滅心。**」就不會像他們一樣產生很多的問題出來。

所以菩薩眾中一樣有鈍根與利根，各不相同。每一個人過去世修學佛法以來有多少劫，是瞞不了家裡人的。修學佛法以來已經很多劫的人，一定會腳踏實地，絕對不會好高騖遠，必定會一步一步按部就班實學實修。新學菩薩卻常常會打妄想，才剛剛明心就妄想：「我已經是初地了。」才剛剛見性，就妄想：「我已經成佛了。」這都表示他是新學菩薩。一旦妄想不成功時，就會轉向有境界法中炫耀籠罩別人，自以為是增上升進，其實都是下墜而反墮意識境界中，重新再成為凡夫，卻又已經犯了大妄語業。所以大家學佛時，一定要很小心！千萬別生起慢心。而鈍根或利根，並不是只看這一世，新學或久學也不是只看這一世；而是要看過去世學佛時間的長久或短暫，這都會在悟後從心性中顯現出來，瞞不了家裡人的。這一段經文中說的「不迴心鈍阿羅漢」，走上了這一條岐路，多花費了二十萬大劫以後才能進入無餘涅槃，但別人早在二十萬大劫前就從五不還天中成為阿羅漢而迴心大乘又成為大菩薩了。

「**若從無想諸外道天窮空不歸，迷漏無聞，便入輪轉。**」接下來說：若是從無想天以及四禪天等凡夫外道天中「**窮空不歸**」的天人，都是「**迷漏無聞**」的外道凡夫或佛門凡夫，以定為禪而不懂三乘菩提的智慧差別，走上修定的路子，誤以為那就是學佛、學聲聞解脫，「**便入輪轉**」。這是講凡夫而不是鈍根阿羅漢，也就是誤入第一條岐路的愚人。第二條岐路還算是好的，雖然多耽擱了無色界四空天的二十萬大劫時間才取涅槃；但第一條岐路是在福愛天中走錯了路頭，不是走向廣果天再上生五不還天，卻是走向無想天中。無想天是外道天，一切生在無想天中的外道天人，都是「窮空不歸」；都是願意把覺知心自我滅盡，可是少聞寡慧的緣故，恐怕因此而落入斷滅空中，一定要執取一個色身安住於無想天中，認為這樣永無時間限制而長時間安住下來，就是無餘涅槃，成為無想天外道。

在人間證得無想定的人，如果有福德因緣遇到眞善知識，其實是最容易度的人。因爲一般人可以捨色身而不能捨覺知心，覺知心是最難捨的；可是他能夠捨覺知心，只是爲了恐怕落入斷滅空，才把色界中的無想天身留著。所以這種人其實是容易度的，但問題是這類人通常沒有福德因緣遇到眞正的善知識爲他解說眞正的涅槃法，所以他就「窮空不歸」；最後把自己覺知心滅了，剩下一個色界天身在無想天中安住，永遠空下去，就沒有辦法使覺知心早早回來修學正知見。這類人都不曉得要用意識心去作觀行，不知道要把意識我見以及意根的我執除掉，所以都是「迷漏無聞」的凡夫。這種人能降伏見惑、思惑，但是沒有辦法斷除；伏而不斷就像巨石壓草，使雜草暫時不生長；可是石頭有一天會被移開來，那就等於是無想天的境界失掉了，於是煩惱雜草又茂盛地增長起來；也就是我見、我執煩惱又出現了，所以「**便入輪轉**」。眞的很冤枉，很不容易才修到無想天中，最後還是不離輪轉，又重新回到人間來，上上下下載浮載沈幾十劫，才終於修到無想天中，全都是無謂的生命浪費。

後面經文中說的滅除五陰成就解脫或佛菩提道，還有很多的岐路，所以成佛絕對不是很容易的。千萬別輕易聽信別人說的「見性成佛」，你又不是最後身菩薩位來受生於人間，憑什麼一見性就可以成佛？千萬別跟著人家大妄語。所以我說眼見佛性分明的人，才只是十住位中的第十住滿心菩薩，還不是佛，連入地的資格都還沒有呢！因此，學佛時眞的應該要有智慧，不可「**迷漏無聞**」，一定要多聞熏習，不要得少爲足。即使想要永遠住在眼前這個層次中安分守己，既不謗法，也不否定一切法；但是未來總有一天，還是會起心動念思惟：「**我老是安住在這裡幹什麼呢？**」還是會起心動念，最後還是會走上成佛之路，所以後面所有的岐路永遠都無法避開，都會遭遇而面對它。既然如此，就應該廣求多聞，然後再加以簡擇判斷。

「**阿難！是諸天上各各天人，則是凡夫業果酬答，答盡入輪。彼之天王即是菩薩遊三摩提，漸次增進，迴向聖倫所修行路。**」佛又開示說，以上所說的這一些天界，也就是諸天之中的「各各天人」，都屬於凡夫的「業果酬答」，所以不單單是禪定的果報色身，還是有業果的。世尊明說初禪天以上、四禪天以下的諸天及四空天的所有天人，全都是凡夫的「業果酬答」。也就是說他們沒有辦法證悟三乘菩提，所以在外道法中證得禪定而可以生在色界天的人，都是外道法中的聖人；但是從佛法三乘菩提的實證來看，他們全都是凡夫。所以不論是基督教、天主教的天主，或是回教的天主，全都一樣是凡夫天。既然都是凡夫天，他們的生天其實就是「業果酬答」；當業果都酬答完了以後，當然又繼續下墮輪迴，所以「答盡入輪」。

所有證得禪定的外道們，由於都沒有親證三乘菩提，他們都是把修定誤會爲修證無餘涅槃，所以有外道把初禪當作涅槃，乃至把四禪當作涅槃，這就是外道五現涅槃中的前四種。至於層次最低的，則是有外道把欲界貪欲境界當作涅槃，所以阿含中說有外道將欲界中現前享受五欲的境界，指稱爲現前不生不滅的涅槃境界；依附於佛門而存在的密宗，正是這種外道，是五現涅槃中的最低層次，遠不如證得初禪乃至四禪的外道們，卻反過來宣稱他們比顯教中實證佛果的 釋迦佛境界更高，眞是荒唐透頂。當然也有外道以爲四空天的境界就是涅槃，因爲這個緣故，他們就無法離開輪迴。

至於這些外道天中的各天天王，其實都是大菩薩們遊戲三昧「遊三摩提」，要像這樣的菩薩才能稱爲遊戲三昧。在人間住持佛法的菩薩們遊戲人間時，都是很辛苦的，都是以苦爲樂的；因爲把妙法送給眾生，但是還會有不知恩的眾生反過來無根毀謗；然而菩薩也得接受，不能起心動念想要報復。所以菩薩遊戲世間，有的人眞是遊得不亦樂乎，譬如去諸天當天王；但若是來到人間度眾時，這種遊戲人間可就不好玩了。爲什麼說是由大菩薩們來擔任諸天的天王呢？這也得要有菩薩願意做這件事情，因爲擔任天王時，道業增長會比較緩慢。所以初地菩薩可以去當四王天的天王，二地的菩薩可以去當忉利天的天王，六地菩薩可以當他化自在天的天王，七地菩薩可以當初禪天天王，乃至十地菩薩可以當四禪天的天王。所以諸天天王的位子，大多是由大菩薩們擔任。

但是請問諸位：如果你在人間成爲初地、二地菩薩，你要不要去欲界天當天王呢？（眾答：不要。）爲什麼不要？去那邊當天王，大家都恭敬服侍你，還嫌不好？（眾答：不好。）確實不好！因爲道業的增進將會很緩慢，每天都有忙不完的事。當天王是每天都要理事的，當然很忙。可是來人間當菩薩，好不好？（眾答：好！）好？我告訴你們，不久就會退心了！如果你不是眞的久學菩薩，一定不久就會退失悲心了，因爲要被人類忘恩負義一再糟蹋。可是爲什麼還是要說「好」呢？因爲被人家糟蹋，自己才能成長；被人家糟蹋一次，就檢討自己一次：「**我現在是行退？或是念退？還是位退呢？**」每一次加以檢討，你都會發覺自己一次比一次進步。

而且人間是短劫，天上是長劫，一出一入，成佛的速度是相差很大的；如果成佛越早，就能利益更多的衆生。也許有人說：「**早成佛，晚成佛，還不是一樣？畢竟還是會成佛。**」但這就已顯示他的悲心不夠，因爲眼見衆生不斷地被誤導，竟然沒有想要趕快成佛來利益更多衆生，所以他是悲心不夠的菩薩。因此還是要鼓勵大家早成佛，越早成佛就能越快利益更多衆生。不過你求越早成佛，諸天天王都沒有人會阻止你，因爲他們都覺得天王的寶座沒有人會搶，都很安心——假使有時機緣不巧而由外道凡夫當上了某一天的天王時。只有天魔波旬會不斷地搗蛋，而且永不休止。所以這裡面也是各有利弊，在這利弊之間要怎樣權衡得失，就看諸位自己的智慧去判斷了。

因此說，十地各階位中的大菩薩們，可能去當欲界六天或者四禪四天的天王，但也不一定都有菩薩去擔任。所以多數是地上菩薩去當天王，有時卻不一定；然而大部分時候都是由菩薩去擔任的，因此 世尊說：「**彼之天王即**

是菩薩遊三摩提，」那都是菩薩遊戲三昧。但是絕對不會有聲聞阿羅漢或者辟支佛去天界當天王，因爲他們沒有無生法忍，沒有大威德；而且他們都急著入涅槃，都沒有意願。即使有意願，也無法擔任；譬如他們如果去忉利天中當天王，進了善法堂，人家要請示佛菩提道的法義時，能爲人解說嗎？所以阿羅漢與辟支佛都不會去當天王。因爲具有方便善巧的諸天天王都必須要有無生法忍，所以他沒有資格；如果菩薩要去天界當天王，一定要有無生法忍才有資格。若有菩薩願意去當天王，然後在那個天王位子上「**漸次增進**」，繼續往上進修；而以他住持某一天的天王福德，在天界繼續弘揚佛法，再以這個福德「**迴向聖倫所修行路**」。

所以我說，台灣的釋印順等人主張人間佛教，排除天界的佛教，認爲天界沒有佛法；從 世尊這一段聖教中，你們就知道他實在錯得離譜了，怪不得這些六識論的應成派中觀師們，全都刻意否定《楞嚴經》；因爲本經主張有如來藏可證，也主張天界有佛法在弘傳，與他們的論調相反。偏偏本經中說的如來藏心，他們又無法親證，所以乾脆推翻掉，誣謗成僞經就天下太平了！而且他們也眞的太平了幾十年，如今我出來證明本經是眞正的勝妙經典，不是僞經，他們以後可就不會怎麼太平了。如今看來，天界有沒有佛法呢？有呀！不過我將來在《阿含正義》書中，將不用大乘經典來證明天界有佛法，因爲他們都主張大乘經是後來的菩薩們編造的。既然他們只承認阿含，那我就用阿含來證明天界確實有佛法。（編案：《阿含正義》七輯都已出版。）

「**阿難！是四空天身心滅盡，定性現前，無業果色；從此逮終，名無色界。此皆不了妙覺明心，積妄發生，妄有三界，中間妄隨。七趣沈溺補特伽羅，各從其類。**」佛接著又作一個總結說：這四空天的有情都把色界身滅盡了，不再有色界身了；同時也把色界心滅盡了，所以無色定的定性現前了。因爲了知色界中的色陰—色界身眼等三根以及三塵及法處所攝色—等法是解脫的障礙，所以滅除色界身心，已經把色界天的「**身心滅盡**」了，才能使無色界中的四空定現前。既然四空定的定性現前了，生在四空天中了，所以純以禪定的異熟果而生在無色界中，成爲無色界有情；因此他們就住在無色定的境界中，所以業果色在他們住於無色界天的這一段期間都不會現行，稱爲「**無業果色**」。直到定性—無色定的定性—消失以後，他們的業果色才會再度現行，才會下生在人間或其餘處所中；所以在這一段期間裡，他們是沒有業果色的。

從空處到非想非非想處爲止，直到三界最後的處所，也就是三界的最究竟處所爲止，都叫作無色界。稱爲無色界的意思，是因爲這四天之中都沒有色身與色塵。然而沒有色身也沒有色塵，不能就把它作反面解釋而引申說：他們不論在什麼情況下都絕對沒有色身或色塵。因爲他們可以從四空天的境界中，化現一個色身來色界天中聽 佛說法；這是因爲天界的上地可以成就下地法，下地不能成就上地法。同樣的道理，下地菩薩不能解說上地菩薩的妙法，而上地菩薩能解說下地菩薩的妙法。所以四空天的天人若是鈍根菩薩或鈍根三果人，只要有因緣時，也可以化現色界天身來到色究竟天以下的四天之中聽聞 佛陀說法。這是說，如果無色界天的有情之中，若是有無生法忍種智以及解脫智慧，就有資格化現到色究竟天中聞 佛說法，如同欲界天人常常化現在人間來聞 佛說法一般。但如果沒有無生法忍或解脫智，就找不到色究竟天的所在，當然就不可能來到色界中聞 佛說法了。這其實也是異熟果的果報，不是由誰主宰故意要讓他們找不到。

所以說，這些無色界天的天人，他們都是由於不能了知「妙覺明心」如來藏的自性；因此而累積了無數的虛妄想，感生了三界中的種種不同世間，所以虛妄地出生欲界、色界、無色界等三界世間，然後就由各自不同的心性，出生在適合他們存在的世間裡；所有三界中的眾生，就在三界中間虛妄地追隨世間相，而在三界中間來來去去生死不停。當然，「**妙覺明心**」絕對不是講意根，也不是台灣的釋印順等人所講的粗意識或細意識，更不是學禪的錯悟者所講的離念靈知意識心；微妙而眞覺明了的心其實是第八識如來藏，只有祂的眞覺才是微妙而眞正的佛法中所說的本覺；所以如來藏才是眞正的清明心，永遠不被一切六塵污垢所染，所以叫作「**明心**」；而祂的眞覺是超脫於六塵之外，是本來就已「**出塵界**」的眞實心，所以說祂有「**妙覺**」，就合稱爲「**妙覺明心**」。

但是，這些天人並不瞭解這個微妙本覺明淨的如來藏心就是第八識阿賴耶，也不知道祂的所在與自性，所以累積了許多虛妄想；當這些虛妄想由無數眾生共同累積，也在無量劫中持續累積下來，然後就發起而出生了三界世間等境界；於是在妄有的三界世間生起了以後，各種不同心性的有情就會感應到與他們相應的世間，於是便在三界中虛妄地追隨不眞實的妄生妄滅的三界世間，不停地流轉生死。所以說，有什麼樣心性的有情，就會有什麼樣的世間形成，以供不同種類的有情受生，完成他們應該領受的業異熟果報，或是定異熟果報；因此三界世間就是這樣形成的，而不是本來就有的。

人間的地球是怎麼生出來的？是因爲我們這些共業有情的心性是適合

在地球上生活的，所以需要這樣的一個地球世界，於是共業有情的如來藏便感應而創造出地球世間；所以是由我們大家的如來藏共同感應創造出來的，不是由基督教的上帝耶和華所創造的。耶和華，連他自己的色身都創造不了，更別說是要創造別人的色身了！耶和華的天身還是由他的如來藏幫他創造的，而他所住的欲界天境界，也是由欲界天中的共業有情如來藏所創造的，不是他所創造的，耶和華只是被人編造出來籠罩無知的世間人而已。

由於這些道理，因此說「積妄發生，妄有三界」；都是累積各種有情虛妄想的緣故，於是由於這虛妄想而導致有情眾生的如來藏，共同虛妄地產生了三界。當三界虛妄地產生以後，在三界存在的期間裡，應該來出生在這個世界中的有緣眾生，就會出生在這個虛妄的世間裡，隨著三界世間的境界而輪轉不停。所以有人問：三界（或者說宇宙）是怎麼來的？宇宙三界就是這麼生出來的。地獄世間正是以某些眾生心中的地獄性為因，所以被如來藏生出來的；欲界世間也是以欲界眾生心中的欲愛心性為因而生出來的；同理，畜生世間由畜生心性為因而生出來，鬼道、天道、色界與無色界、五不還天的世間境界，全都是由於眾生的心性應該生存在那樣各各不同的世間裡，所以這些各不相同的世間便生出來了；宇宙就是這樣來的，三界世間就是這樣來的，都是由如來藏所創造出來的。

當三界世間出生以後「七趣沈溺補特伽羅」，七趣就是地獄、鬼道、畜生、人道、神仙、天道、修羅道等七類有情眾生，便隨著各自不同的心性而沈溺於互不相同的世間；全都是因爲各自不同的心性差異，各自受生於不同的三界世間中，一面受報也一面再造新業，所以說「七趣沈溺補特伽羅，各從其類」。所以，因果律的實現，不是由誰來主宰的，而是因爲心性是地獄性，所以死後就有業鏡現前徵驗，然後就往生到地獄道中。眾生若是鬼道的心性，死後就投胎到鬼道中去；若是畜生心性，死後就投生在畜生道中；如果心是人性，死後就生在人間成爲人類；乃至欲界天的心性、色界天的心性、無色界的心性，道理也都是一樣的。綜而言之，有什麼樣的心性，就會有什麼樣的世間；而眾生在證得如來藏心、證悟菩提以前，是不懂這些道理的，只能隨業受報而妄生妄死，沈溺於三界生死之中，「各從其類」。

【「復次阿難！是三界中復有四種阿修羅類。若於鬼道，以護法力成通入空，此阿修羅從卵而生，鬼趣所攝。若於天中降德貶墜，其所卜居鄰於日月，此阿修羅從胎而出，人趣所攝。有修羅王執持世界，力洞無畏，能與梵王及

天帝釋四天爭權；此阿修羅因變化有，天趣所攝。阿難！別有一分下劣修羅，生大海心、沈水穴口；旦遊虛空，暮歸水宿；此阿修羅因濕氣有，畜生趣攝。」】

講記：「復次，阿難！在這三界之中還有四種阿修羅種類。如果於鬼道之中，藉著護法的威德力而成就神通入於虛空中，這一類阿修羅是從卵中出生的，屬於鬼道有情所攝。如果是於諸天之中由於降低了自己的福德而被貶墜下來人間，當他們成爲阿修羅以後所居住的處所是相鄰於日月的，這一類阿修羅是從胎而出，歸於人類所攝。還有阿修羅王可以執持世界，威神之力洞達而無所畏懼，能與大梵天王及天帝釋提桓因等四天互爭權力；這一類阿修羅是因爲神通變化而出現的，歸於天道有情所攝。阿難！另外還有一分下劣的阿修羅，出生於大海心的沈水穴口，早上遊於虛空之中，晚上再回到大海水中睡覺，這一類阿修羅是因濕氣而出生的，歸於畜生一類所攝。」

「**復次阿難！是三界中復有四種阿修羅類。若於鬼道，以護法力成通入空，此阿修羅從卵而生，鬼趣所攝。**」在這一段經文中，佛又有新的開示。因爲前面有說到「七趣沈溺補特伽羅」，而這七趣眾生中的阿修羅道有情的由來，還沒有說明，所以就補說阿修羅世間出生的原因，但是這個阿修羅道又牽涉到金翅鳥，隨後再說。

在眾生所形成的三界世間之中，還有四種阿修羅有情。第一種是鬼道中的有情，本來只能在地面上行走來去，不能進入虛空中飛行；但因爲他們發心要護持佛教的正法，所以諸佛菩薩加持他們，使他們產生了比以前更大的神通力，所以能夠在虛空中飛行來去。這一種阿修羅是「從卵生」，從卵中出生以後，屬於「鬼趣所攝」。因此護法神大部分屬於鬼趣，除了地上菩薩來當護法，譬如 韋陀菩薩，而祂也同時擔任天王的角色；但一般的護法神大多屬於鬼趣的阿修羅，接觸佛法而發心護法。既然是從鬼趣阿修羅發心來當護法神，所以諸位如果哪一天定中或者有特殊因緣看見了護法神，別驚怪說護法神怎麼長成那個樣子，因爲他們本來就是那個樣子。

而護法神也得要學會安忍，若還不到必要階段時，不會動用激烈手段來對破法的佛弟子們做什麼；因爲通常是要交由業力執行，也就是要等到捨報的時候再來算帳，就像銀行一樣在年度終了時才算帳。而人的一生結束時就是年終到了，那時再來算帳。除非有很重大的必要，譬如有人想要殺害重要的弘法菩薩，否則他們不會立即採取激烈的動作；原則上是暗地裡安排一些事情，使破法者的惡事不能成就，或者阻止鬼神道眾生在暗地裡破壞菩薩的弘法工作；所以一般而言，護法神大多是做見證的動作。有事情時往往都是向破法的佛弟子點醒一下，並不會讓破法者立即死亡；可是往往有人眞的是劣根性，就必須採取嚴厲行動了。護法神確實也不好當，如果點得輕了根本沒有作用，點重了又被抱怨；所以護法神眞的不好當，我還是請大家也體諒一下他們的處境；他們一樣是受到戒律約束的，我在這裡得要爲他們講話。這就是說，這一類鬼趣所攝的阿修羅，發起善心時就來當護法神。

「**若於天中降德貶墜，其所卜居鄰於日月，此阿修羅從胎而出，人趣所攝。**」還有一種阿修羅，是本來住在欲界天中，但是因爲在天界時失德，是缺損德行，所以被貶墜了，欲界天中的法界定律就是這樣。生到天界時一定要維護自己的天德，如果缺損了自己的天德—失掉了天人應有的德行—就會被貶而不能再住於天界，這就是「**於天中降德貶墜**」。從欲界的四王天或忉利天中「**降德貶墜**」，當然就得生到人間來，於是在人間受胎出生，再加行修習而回復原有的神通境界，可以在日月天際飛來飛去，這就是人趣所攝的阿修羅，有時卻可以來往於四王天及忉利天。

「**有修羅王執持世界，力洞無畏，能與梵王及天帝釋四天爭權；此阿修羅因變化有，天趣所攝。**」還有一種阿修羅王，因爲對釋提桓因不服，有時會率領兵將去攻打四王天、忉利天，這在《阿含經》中也有記載。這一類阿修羅是因爲修習種種變化而超越人類境界，死後生於天界，但不歸四王天及忉利天所管轄，所以「**天趣所攝**」。這一類有情即是阿修羅王，他的威力很大，有能力執持世界，所以說他們可以捫摸日月，威力很強大，「**力洞無畏**」。既然無所畏懼，所以就會跟大梵天王以及忉利天、四王天戰爭，向諸天爭權。這一種阿修羅王，在《阿含經》中曾經講過，譬如鞞摩質多阿修羅王，或者譯爲毗摩質多羅阿修羅王，是在佛世時實際上存在過的阿修羅王。這種阿修羅王是「**因變化有**」，屬於天趣一類有情。這一類阿修羅王，本屬天道，但因爲無德而成爲阿修羅，所以「**天趣所攝**」，歸屬於欲界天一類。

「**阿難！別有一分下劣修羅，生大海心、沈水穴口；旦遊虛空，暮歸水宿；此阿修羅因濕氣有，畜生趣攝。**」另外還有一分阿修羅，這種阿修羅的層次很低，屬於濕生類的阿修羅。這種阿修羅出生於大海心中，是說在大海最深處有個水穴，那裡是海水最深最沈的地方；他們是在水穴口中出生，所以是濕生的阿修羅。這種阿修羅「**旦遊虛空**」，白天遊行於虛空中；「**暮歸水宿**」，到了晚上又回到大海心中眠宿。由於這種阿修羅是藉著濕氣而生的，並且屬於畜生類所攝，就是龍類有情，因爲脾氣暴躁所以屬於阿修羅類的有情。不知道諸位有沒有看過海龍王廟？海龍王就是濕生阿修羅的大王，都屬於阿修羅所攝。

龍與金翅鳥都有卵胎濕化四種高低層次，龍類的阿修羅有一個死對頭，就是金翅鳥，因為金翅鳥專門吃龍。當金翅鳥想要吃海龍時，就去煽海水，使海水分開，快速衝下去抓了龍，回去須彌山頂再吃。化生金翅鳥能吃卵胎濕化四種龍，但是胎生的金翅鳥就不能吃化生的龍，只能吃同一個層次的龍與較低層次的龍；比牠高層次的龍，牠是不能吃的。所以化生金翅鳥能吃一切龍，而卵生的金翅鳥就只能吃卵生的龍，其餘的化生龍、濕生龍、胎生龍，牠都吃不到。諸位對金翅鳥可能有些陌生，其實就是密宗常常在拜的孔雀明王。密宗把孔雀明王推到很高，其實只是畜生道的有情；凡是有大威德的大多數金翅鳥都是護持正法的，只有一些金翅鳥可能被密宗的說法迷惑，同時也在護持密宗。所以我們得要寫書教育社會大眾，經由廣泛流傳而使金翅鳥全都知道密宗是在破壞佛法而不是在弘揚佛法。

……（前面問題沒錄到。這是楊先生等人託人提出的質疑問題。2003.03.04）這一張發問中說得不太清楚，或者應該說是有一些文不對題。請大家先看這張圖，那個圓圈代表如來藏、代表阿賴耶識，乃至代表阿羅漢的第九識異熟識，也代表諸佛的第十識佛地眞如。其實八、九、十都是同一個識，只是同體異名，在不同的修證階段換個不同的名稱，並不是有三個心，所以不能主張八、九、十識並存。如來藏中有許多種子，這些種子現行時，譬如大種性自性現行時（其實這在《楞伽經詳解》中我都有講解過，你們有很多人明心以後都沒有很用心研讀。諸位一定要很用心去讀），因爲大種性自性現行時，就使我們有了色身。以前我也跟諸位講過，我們的色身不是由上帝創造，也不是由媽媽所創造的，而是我們自己的如來藏創造出來的。因爲如來藏的大種性自性有這種功能，所以創造了我們的色身，藉著母親的助緣，十月懷胎滿足了就出生了我們的有色之身。

色身有二種五根：五勝義根、五扶塵根。再加上色身的根身完好無缺，功能無損，所以如來藏中的六塵相分種子（當然我們的色身也是如來藏的相分種子所變現的，也屬於外相分，山河大地則是跟共業有情的如來藏共同變現出來的外相分），在五色根接觸到外相分六塵時，如來藏就變生出覺知心所能接觸而了知的六塵相分，所以十八界中的六塵當然全都是內相分。身外也有六塵相分，但有情覺知心不可能直接觸知外相分六塵；要先經由如來藏大種性自性創造了色身，有了五勝義根、五扶塵根完好無缺，由這五根與意根接觸外面的六塵，然後如來藏才能領受外相分六塵，隨即對應變現出身中完全一樣的六塵，這個內相分的六塵才是我們覺知心所領受的六塵。

但過程並不是這麼簡單，是先有意根與五色根；六根具足以後，如來藏藉六根領受外相分六塵，才能在勝義根中對現內相分六塵；有了內相分六塵，五勝義根與意根六根接觸內相分六塵以後，六識種子才能從如來藏心中流注出來，才會有我們的見聞覺知；當六識現行時才能夠了知六塵的內容，這時已經是六識再加上意根並存了，所以清醒位中總共有七個轉識，有了七轉識就會產生五十一個心所有法。這七轉識加上第八識如來藏本身的心所法現行運作，總共有五十一個心所有法；這五十一個心所法可以歸類為六種：五遍行、五別境、善十一、根本煩惱六個、隨煩惱二十個，再加上四個不定法，也就是悔、眠、尋、伺等四法，總共是五十一個心所法。由色身、七轉識、五十一個心所法合起來並行運作，如來藏配合著在其中運作支持，便產生了十一種色法，然後就有心不相應行法二十四個，最後才能顯示六種無為法，這就是百法明門的主要意涵。因為有八識心王，才會有種種世間法，所以我們就能見色聞聲乃至知法；有了世間法五陰，就能有婆羅門、沙門出現，大家都來探討出世間法；所以最後因緣成熟時，就有最後身菩薩示現在人間成佛，為我們傳授三乘菩提等法義。所以一定是先出現修證外道婆羅門等修行法門，弘傳到大家的心性善良而懂得求解脫時，才算是因緣成熟了，才會有菩薩來人間成佛教導，才會有佛教沙門出現於人間；然後才會有眞正的出世間無爲法傳授給大眾，於是百法明門中的六無爲等法就出現在人間了。

這意思是說，如來藏含藏的種子有生滅性，然而如來藏心體無生滅，無妨心中的種子不斷現行而有生滅的現象，但是種子卻始終沒有增減而只有替換。如來藏心體自身始終清淨涅槃，從來不會改易；而祂含藏的善法種子是本有的，惡法種子、有爲法種子、有漏法種子也是本有；經由不斷地生死，有漏法種子在世間法中熏習以後就不斷地增長；但是經由修行改正以後就會漸漸消滅，當有漏法種消滅一分時，無漏法種就隨著增加一分，一出一進互相替換而沒有增減。如果種子會有增減，就不應該說諸佛與眾生平等平等；而且還會引生出很多的問題，並且會不斷引生更多問題而無法停止，所以種子是無增無減的。

種子雖無增減，但是會有不同種類的增減；當無漏法種增長時，會使有漏法種相對消滅，一出一進以後還是一樣不增不減的，最後還是平衡的。就好像會計原則一樣，有借即有貸、有貸即有借，經過一番借貸以後，雙方一定是平衡的，否則就表示記帳時出差錯了。這意思是說，如果沒有如來藏的種子不斷地現行生滅，就不會有三界世間的種種有爲法相在三界中出現；所以如來藏本身一定要函蓋生滅門，若不函蓋生滅門，就不可能出生眾生。如果在如來藏二門之中單取一門，一定會出問題；所以不能單取心眞如門，也不能單取心生滅門。

如果他們單取心眞如門，就會成爲如來藏中的種子都不生滅；種子既不流注生滅，他們連一剎那都活不了，別說是活一小時、一天乃至一百年。所以如來藏一定要有種子的流注生滅不斷，才能夠有眾生，才能夠有諸佛菩薩在人間示現度化眾生；而我們也才能夠修學佛法，所以一定要有心生滅門所說的種子變換流注。換句話說，若是如他們所說只有心眞如門而沒有心生滅門，他們連色身都不可能存在了，那麼七轉識還能現行嗎？那時意根也是無所能爲的。縱使意根存在時也是無所能爲，因爲沒有如來藏的心生滅門所造作的種子流注生滅功能，那麼五十一個心所法就全部消失而不能存在；那時意根也不能存在了，連同意識等六識都滅掉了，就會成爲無餘涅槃，那還能有眾生存在人間修行嗎？

所以說，不能單取心眞如門而排除心生滅門，不該誤會心生滅門的眞義而主張說：「因爲阿賴耶識有心生滅門，所以是生滅法。」然而，滅了十八界以後成爲無餘涅槃，那其實也還是心眞如門，但卻要由心生滅門中的十八界法來修行，要有阿賴耶識心中的種子流注生滅性，才能完成這些修行的；所以不該單取阿賴耶識的心生滅門，來否定說阿賴耶識心是生滅法。阿賴耶識的心眞如門必須與心生滅門同時具足存在，才是完整的大乘佛法，否則即是殘缺不全的佛法。當眾生在世間輪轉生死的過程當中，有種種的貪瞋癡慢疑等，雖然正是心生滅門；可是當眾生在輪轉的過程當中，他們的如來藏還是一樣「如眞如性」而不曾改變過，這就是心眞如門，所以一切菩薩的心眞如門是不能離開心生滅門而單獨存在的。

如來藏有自己的所緣法，七轉識也有各自的所緣法，然而所緣法各有異同；譬如無爲法並非如來藏之所緣，有爲法中有一部分爲如來藏所緣，有漏法則不是如來藏的所緣。而且所緣法有很多的差別，才會有親所緣緣、疏所緣緣的差異性，但這不是我現在有時間可以解說的。而我要說明的是，眾生在這些所緣當中生起種種攀緣，所以生起貪瞋癡慢疑，被無明所籠罩而輪轉生死；但是在輪轉生死的過程中，又不斷地造惡業，正在造惡業的同時，如來藏依舊還是「如眞如性」，是跟佛地眞如一樣地清淨，是心生滅與心眞如並存運作的，這樣才是眞正的「心眞如門」。

心眞如門是從橫面來說的，也就是如來藏存在的當下所顯示的眞實如如狀況。由心眞如門的解說，可以讓大眾理解：即使是一個極惡眾生，由於極惡法種流注出來而每天殺盜擄掠、殺人越貨、放火燒屋，無惡不作；但是他的如來藏阿賴耶識依舊還是清淨性而沒有染汙性，心體是清淨不變的，是在心生滅相中顯示了心眞如相，這樣才是眞正的心眞如門。但心眞如門這樣顯現出來時，所含藏的七轉識種子卻是有漏的、煩惱的、不斷生滅的，所以心眞如門與心生滅門是「一心二門」而不可分割的。其實他們這個問題是不該在今天還提出來問的，因爲我在很多年前寫的《眞假開悟之簡易辨正法》中已經詳細表列出來了，其中所說的「有生滅、有變異，無生滅、無變異」等道理，破參明心的人若能詳細思惟理解了，今天就不會再有這種問題提出來請問。

你們已經明心破參的人，都要好好取來研讀一下；雖然我寫得非常簡略，但是函蓋面非常廣；你們要去研讀，然後思惟整理，弄清楚了以後，就不會再對《大乘起信論》的阿賴耶識一心有二門，產生這樣的嚴重誤解，就不會把祂當作二個心而在今晚提出來質問。由以上的解釋，你們就能知道：如果單取一門，比如說他們單取心眞如門，那麼他們的第八識眞如法性與無漏有爲法種，全都不能現行而不運作時，連色身都不可能存在了，七轉識也都不可能現行及運作了，也不再有五十一心所法了，世間出世間無爲法也全部消失而不能顯示了，那他們還能夠修學佛法嗎？當然不行。所以一定要有心生滅門才能有眾生存在，而心眞如門也是要依心生滅門才能顯示出來的。

到了佛地時，種子已經究竟清淨而不再變易了，但還是一樣繼續流注，而流注出來的種子全都是清淨的無漏有爲法，純粹是在利益眾生，所以還是有前後種子生滅的現象，只是因爲已經究竟清淨而不再變換改易，所以施設一個名稱爲「流注滅」。這個「滅」並不是說種子不再流注了，佛地無垢識的種子還是要繼續流注的，既有流注就有前後種子生滅的現象，所以還是需要有心生滅門。而「流注滅」不是在否定種子前後生滅流注的現象，而是說一切種子都已究竟清淨而不再有所變換取代。這個分際是必須弄清楚的，不該含混不清而自生其擾，導致迷惑而退轉，進而否定阿賴耶識的心生滅門。

必須是雙具心眞如門與心生滅門，必須是阿賴耶識具足一心二門，才能具足第八識所顯示的佛菩提妙義。如果不是這樣，就不具足第八識的法義。若是像他們那樣單取一門——認取心眞如門而否定心生滅門，那就只好住在無餘涅槃中；然而無餘涅槃沒有五陰自我，誰能修行佛法？又是誰能成佛？

都不可能！所以心眞如門一定要配合心生滅門，必須兩門具足時才能叫作阿賴耶識「一心」，才能圓滿《起信論》中所說的「一心二門」妙法。千萬不可以像楊先生他們把一個心分割成兩個，然後用這個心的其中一部分來否定同一個心的另一部分。就如同愚人把頭部與身體分割成兩個人，然後單取頭或身體，來否定其餘部分，這樣所造成的問題很嚴重；若是繼續衍生出來的問題，還會更多。所以我對這張圖的說明配合了那些文字，你們自己讀了就很清楚了。接著回歸到經文中來。（未完，詳續第十四輯中解說。）

佛菩提二主要道次第概要表——二道並修，以外無別佛法

佛菩提道——大菩提道

十信位修集信心 —— 一劫乃至一萬劫

遠波羅蜜多

資糧位

初住位修集布施功德（以財施爲主）。
二住位修集持戒功德。
三住位修集忍辱功德。
四住位修集精進功德。
五住位修集禪定功德。
六住位修集般若功德（熏習般若中觀及斷我見，加行位也）。

外門廣修六度萬行

見道位

七住位明心般若正觀現前，親證本來自性清淨涅槃。
八住位起於一切法現觀般若中道。漸除性障。
十住位眼見佛性，世界如幻觀成就。

一至十行位，於廣行六度萬行中，依般若中道慧，現觀陰處界猶如陽焰，至第十行滿心位，陽焰觀成就。

一至十迴向位熏習一切種智；修除性障，唯留最後一分思惑不斷。第十迴向滿心位成就菩薩道如夢觀。

內門廣修六度萬行

初地：第十迴向位滿心時，成就道種智一分（八識心王一一親證後，領受五法、三自性、七種第一義、七種性自性、二種無我法）復由勇發十無盡願，成通達位菩薩。復又永伏性障而不具斷，能證慧解脫而不取證，由大願故留惑潤生。此地主修法施波羅蜜多及百法明門。證「猶如鏡像」現觀，故滿初地心。

二地：初地功德滿足以後，再成就道種智一分而入二地；主修戒波羅蜜多及一切種智。滿心位成就「猶如光影」現觀，戒行自然清淨。

解脫道：二乘菩提

→ 斷三縛結，成初果解脫

→ 薄貪瞋癡，成二果解脫

→ 斷五下分結，成三果解脫

入地前的四加行令煩惱障現行悉斷，成四果解脫，留惑潤生。分段生死已斷，煩惱障習氣種子開始斷除，兼斷無始無明上煩惱。

近波羅蜜多 — 大波羅蜜多 — 圓滿波羅蜜多

修道位

三地：二地滿心再證道種智一分，故入三地。此地主修忍波羅蜜多及四禪八定、四無量心、五神通。能成就俱解脫果而不取證，留惑潤生。滿心位成就「猶如谷響」現觀及無漏妙定意生身。

四地：由三地再證道種智一分故入四地。主修精進波羅蜜多，於此土及他方世界廣度有緣，無有疲倦。進修一切種智，滿心位成就「如水中月」現觀。

五地：由四地再證道種智一分故入五地。主修禪定波羅蜜多及一切種智，斷除下乘涅槃貪。滿心位成就「變化所成」現觀。

六地：由五地再證道種智一分故入六地。此地主修般若波羅蜜多——依道種智現觀十二因緣一一有支及意生身化身，皆自心眞如變化所現，「非有似有」，成就細相觀，不由加行而自然證得滅盡定，成俱解脫大乘無學。

七地：由六地「非有似有」現觀，再證道種智一分故入七地。此地主修一切種智及方便波羅蜜多，由重觀十二有支一一支中之流轉門及還滅門一切細相，成就方便善巧，念念隨入滅盡定。滿心位證得「如犍闥婆城」現觀。

八地：由七地極細相觀成就故再證道種智一分而入八地。此地主修一切種智及願波羅蜜多。至滿心位純無相觀任運恆起，故於相土自在，滿心位復證「如實覺知諸法相意生身」故。

九地：由八地再證道種智一分故入九地。主修力波羅蜜多及一切種智，成就四無礙，滿心位證得「種類俱生無行作意生身」。

十地：由九地再證道種智一分故入此地。此地主修一切種智——智波羅蜜多。滿心位起大法智雲，及現起大法智雲所含藏種種功德，成受職菩薩。

等覺：由十地道種智成就故入此地。此地應修一切種智，圓滿等覺地無生法忍；於百劫中修集極廣大福德，以之圓滿三十二大人相及無量隨形好。

究竟位

妙覺：示現受生人間已斷盡煩惱障一切習氣種子，並斷盡所知障一切隨眠，永斷變易生死無明，成就大般涅槃，四智圓明。人間捨壽後，報身常住色究竟天利樂十方地上菩薩；以諸化身利樂有情，永無盡期，成就究竟佛道。

七地滿心斷除故意保留之最後一分思惑時，煩惱障所攝色、受、想三陰有漏習氣種子全部斷盡。 ←

煩惱障所攝行、識二陰無漏習氣種子任運漸斷，所知障所攝上煩惱任運漸斷。 ←

斷盡變易生死成就大般涅槃

圓滿成就究竟佛果

佛子蕭平實 謹製

（二〇〇九、〇二 修訂）

（二〇一二、〇二 增補）

佛教正覺同修會〈修學佛道次第表〉

第一階段

＊以憶佛及拜佛方式修習動中定力。
＊學第一義佛法及禪法知見。
＊無相拜佛功夫成就。
＊具備一念相續功夫—動靜中皆能看話頭。
＊努力培植福德資糧，勤修三福淨業。

第二階段

＊參話頭，參公案。
＊開悟明心，一片悟境。
＊鍛鍊功夫求見佛性。
＊眼見佛性〈餘五根亦如是〉親見世界如幻，成就如幻觀。
＊學習禪門差別智。
＊深入第一義經典。
＊修除性障及隨分修學禪定。
＊修證十行位陽焰觀。

第三階段

＊學一切種智真實正理—楞伽經、解深密經、成唯識論…。
＊參究末後句。
＊解悟末後句。
＊透牢關—親自體驗所悟末後句境界，親見實相，無得無失。
＊救護一切衆生迴向正道。護持了義正法，修證十迴向位如夢觀。
＊發十無盡願，修習百法明門，親證猶如鏡像現觀。
＊修除五蓋，發起禪定。持一切善法戒。親證猶如光影現觀。
＊進修四禪八定、四無量心、五神通。進修大乘種智，求證猶如谷響現觀。

佛教正覺同修會 共修現況 及 招生公告　2019/02/18

一、共修現況：（請在共修時間來電，以免無人接聽。）

台北正覺講堂 103 台北市承德路三段 277 號九樓 捷運淡水線圓山站旁
Tel..**總機** 02-25957295（晚上）（**分機：九樓**辦公室 10、11；知客櫃檯 12、13。 **十樓**知客櫃檯 15、16；書局櫃檯 14。 **五樓**辦公室 18；知客櫃檯 19。**二樓**辦公室 20；知客櫃檯 21。）
Fax..25954493

第一講堂　台北市承德路三段 277 號九樓

禪淨班：週一晚班、週三晚班、週四晚班、週五晚班、週六下午班、週六上午班（共修期間二年半，全程免費。皆須報名建立學籍後始可參加共修，欲報名者詳見本公告末頁。）

進階班：週一晚班、週三晚班、週四晚班、週五晚班（禪淨班結業後轉入共修）。

增上班：瑜伽師地論詳解：每月單數週之週末 17.50～20.50。平實導師講解，2003 年 2 月開講至今，預計 2019 年圓滿，僅限已明心之會員參加。

禪門差別智：每月第一週日全天　平實導師主講（事冗暫停）。

不退轉法輪經詳解　本經所說妙法極爲甚深難解，時至末法，已然無有知者；而其甚深絕妙之法，流傳至今依舊多人可證，顯示佛法眞是義學而非玄談，其中甚深極妙令人拍案稱絕之第一義諦妙義。已於 2019 年元月底開講，由平實導師詳解。每逢周二晚上開講，第一至第六講堂都可同時聽聞，歡迎菩薩種性學人，攜眷共同參與此殊勝法會現場聞法，不限制聽講資格。本會學員憑上課證進入第一至第四講堂聽講，會外學人請以身分證件換證進人聽講（此爲大樓管理處安全管理規定之要求，敬請諒解）；第五及第六講堂（B1、B2）對外開放，不需出示任何證件，請由大樓側門直接進入。

第二講堂　台北市承德路三段 267 號十樓。

禪淨班：週一晚上班。

進階班：週三晚班、週四晚班、週五晚班、週六下午班。禪淨班結業後轉入共修。

不退轉法輪經詳解：平實導師講解。每週二 18.50~20.50 影像音聲即時傳輸

第三講堂　台北市承德路三段 277 號五樓。

禪淨班：週六下午班。

進階班：週一晚班、週三晚班、週四晚班、週五晚班。

不退轉法輪經詳解：平實導師講解。每週二 18.50~20.50 影像音聲即時傳輸

第四講堂　台北市承德路三段 267 號二樓。

進階班：週一晚上班、週三晚上班、週四晚上班（禪淨班結業後轉入共修）。

不退轉法輪經詳解：平實導師講解。每週二 18.50~20.50 影像音聲即時傳輸

第五、第六講堂

念佛班　每週日晚上，第六講堂共修（B2），一切求生極樂世界的三寶弟子皆可參加，不限制共修資格。

進階班：週一晚班、週三晚班、週四晚班。

不退轉法輪經詳解：平實導師講解。每週二 18.50~20.50 影像音聲即時傳輸。第五、第六講堂為**開放式講堂**，不需以身分證件換證即可進入聽講，台北市承德路三段 267 號地下一樓、地下二樓。每逢週二晚上講經時段開放給會外人士自由聽經，請由大樓側面梯階逕行進入聽講。**聽講者請尊重講者的著作權及肖像權，請勿錄音錄影，以免違法；若有錄音錄影被查獲者，將依法處理。**

正覺祖師堂　大溪區美華里信義路 650 巷坑底 5 之 6 號（台 3 號省道 34 公里處 妙法寺對面斜坡道進入）電話 03-3886110　傳眞 03-3881692 本堂供奉 克勤圓悟大師，專供會員每年四月、十月各三次精進禪三共修，兼作本會出家菩薩掛單常住之用。除禪三時間以外，公元 2018 年前每逢單月第一週之週日 9:00~17:00 開放會內、外人士參訪，當天並提供午齋結緣，自公元 2019 年後開放參訪日期請參見本會公告。教內共修團體或道場，得另申請其餘時間作團體參訪，務請事先與常住確定日期，以便安排常住菩薩接引導覽，亦免妨礙常住菩薩之日常作息及修行。

桃園正覺講堂（第一、第二講堂）：桃園市介壽路 286、288 號 10 樓（陽明運動公園對面）電話：03-3749363（請於共修時聯繫，或與台北聯繫）

禪淨班：週一晚上班（1）、週一晚上班（2）、週三晚上班、週四晚上班、週五晚上班。

進階班：週四晚班、週五晚班、週六上午班。

增上班：雙週六晚上班（增上重播班）。

不退轉法輪經詳解：平實導師講解。每週二晚上，以台北正覺講堂所錄 DVD 放映；歡迎會外學人共同聽講，不需出示身分證件。

新竹正覺講堂　新竹市東光路 55 號二樓之一　電話 03-5724297（晚上）

第一講堂：

禪淨班：週一晚上班、週五晚上班、週六上午班。

進階班：週三晚上班、週四晚上班（由禪淨班結業後轉入共修）。

增上班：單週六晚上班。雙週六晚上班（重播班）。

不退轉法輪經詳解：平實導師講解。每週二晚上，以台北正覺講堂所錄 DVD 放映。歡迎會外學人共同聽講，不需出示身分證件。

第二講堂：

禪淨班：週三晚上班、週四晚上班。

不退轉法輪經詳解：每週二晚上與第一講堂同步播放講經 DVD。

第三、第四講堂：裝修完畢，即將開放。

台中正覺講堂　04-23816090（晚上）

第一講堂　台中市南屯區五權西路二段 666 號 13 樓之四（國泰世華銀行樓上。鄰近縣市經第一高速公路前來者，由五權西路交流道可以快速到達，大樓旁有停車場，對面有素食館）。

禪淨班：週三晚上班、週四晚上班。

進階班：週一晚上班、週六上午班（由禪淨班結業後轉入共修）。

增上班：增上班：單週六晚上班。雙週六晚上班（重播班）。

不退轉法輪經詳解：平實導師講解。每週二晚上，以台北正覺講堂所錄 DVD 放映。歡迎會外學人共同聽講，不需出示身分證件。

第二講堂　台中市南屯區五權西路二段 666 號 4 樓

禪淨班：週一晚上班、週三晚上班、週六上午班。

進階班：週五晚上班（由禪淨班結業後轉入共修）。

不退轉法輪經詳解：每週二晚上與第一講堂同步播放講經 DVD。

第三講堂、第四講堂：台中市南屯區五權西路二段 666 號 4 樓。

嘉義正覺講堂　嘉義市友愛路 288 號八樓之一　電話：05-2318228

第一講堂：

禪淨班：週一晚上班、週四晚上班、週五晚上班、週六上午班。

進階班：週三晚上班（由禪淨班結業後轉入共修）。

增上班：單週六晚上班。雙週六晚上班（重播班）。

不退轉法輪經詳解：平實導師講解。每週二晚上，以台北正覺講堂所錄 DVD 放映。歡迎會外學人共同聽講，不需出示身分證件。

第二講堂　嘉義市友愛路 288 號八樓之二。

台南正覺講堂

第一講堂　台南市西門路四段 15 號 4 樓。06-2820541（晚上）

禪淨班：週一晚上班、週三晚上班、週四晚上班、週五晚上班、週六下午班。

增上班：增上班：單週六晚上班。雙週六晚上班（重播班）。

不退轉法輪經詳解：平實導師講解。每週二晚上，以台北正覺講堂所錄 DVD 放映。歡迎會外學人共同聽講，不需出示身分證件。

第二講堂　台南市西門路四段 15 號 3 樓。

不退轉法輪經詳解：每週二晚上與第一講堂同步播放講經 DVD。

第三講堂　台南市西門路四段 15 號 3 樓。

進階班：週三晚上班、週四晚上班、週六上午班（由禪淨班結業後轉入共修）。

不退轉法輪經詳解：每週二晚上與第一講堂同步播放講經 DVD。

高雄正覺講堂　高雄市新興區中正三路 45 號五樓 07-2234248（晚上）

第一講堂（五樓）：

禪淨班：週一晚班、週三晚班、週四晚班、週五晚班、週六上午班。

增上班：單週週末下午，以台北增上班課程錄成 DVD 放映之，限已明心之會員參加。

不退轉法輪經詳解：平實導師講解。每週二晚上，以台北正覺講堂所錄 DVD 放映。歡迎會外學人共同聽講，不需出示身分證件。

第二講堂（四樓）：

進階班：週三晚上班、週四晚上班、週六上午班（由禪淨班結業後轉入共修）。

不退轉法輪經詳解：每週二晚上與第一講堂同步播放講經 DVD。

第三講堂（三樓）：

進階班：週四晚班（由禪淨班結業後轉入共修）。

香港正覺講堂　☆**已遷移新址**☆

九龍觀塘，成業街 10 號，電訊一代廣場 27 樓 E 室。

（觀塘地鐵站 B1 出口，步行約 4 分鐘）。電話：(852) 23262231

英文地址：Unit E，27th Floor, TG Place, 10 Shing Yip Street, Kwun Tong, Kowloon

禪淨班：雙週六下午班 14:30-17:30，已經額滿。
雙週日下午班 14:30-17:30。
單週六下午班 14:30-17:30，已經額滿。

進階班：雙週五晚上班（由禪淨班結業後轉入共修）。

增上班：單週週末上午，以台北增上班課程錄成 DVD 放映之。

增上重播班：雙週週末上午，以台北增上班課程錄成 DVD 放映之。

不退轉法輪經詳解：平實導師講解。雙週六 19:00-21:00，以台北正覺講堂所錄 DVD 放映；歡迎會外學人共同聽講，不需出示身分證件。

美國洛杉磯正覺講堂　☆**已遷移新址**☆

825 S. Lemon Ave Diamond Bar, CA 91789 U.S.A.
Tel. (909) 595-5222（請於週六 9:00~18:00 之間聯繫）
Cell. (626) 454-0607

禪淨班：每逢週末 15：30~17：30 上課。

進階班：每逢週末上午 10：00~12：00 上課。

不退轉法輪經詳解：平實導師講解。每週六下午 13：00~15：00 以台北所錄 DVD 放映。歡迎各界人士共享第一義諦無上法益，不需報名。

二、招生公告 本會台北講堂及全省各講堂、香港講堂，每逢**四月、十月**下旬開新班，每週共修一次（每次二小時。開課日起三個月內仍可插班）；但美國洛杉磯共修處之禪淨班得隨時插班共修。各班共修期間皆爲二年半，全程免費，欲參加者請向本會函索報名表（各共修處皆於共修時間方有人執事，非共修時間請勿電詢或前來洽詢、請書），或直接從本會官方網站(http://www.enlighten.org.tw/newsflash/class)或成佛之道網站下載報名表。共修期滿時，若經報名禪三審核通過者，可參加四天三夜之禪三精進共修，有機會明心、取證如來藏，發起般若實相智慧，成爲實義菩薩，脫離凡夫菩薩位。

三、新春禮佛祈福 農曆**年假**期間停止共修：自農曆新年前七天起停止共修與弘法，正月 8 日起回復共修、弘法事務。新春期間正月初一～初七 9.00～17.00 開放台北講堂、正月初一~初三開放桃園、新竹、台中、嘉義、台南、高雄講堂，以及大溪禪三道場（正覺祖師堂），方便會員供佛、祈福及會外人士請書。美國洛杉磯共修處之休假時間，請逕詢該共修處。

密宗四大派修雙身法，是外道性力派的邪法；又以生滅的識陰作為常住法，是常見外道，是假的藏傳佛教。

西藏覺囊巴以他空見弘揚第八識如來藏勝法，才是真藏傳佛教

佛教正覺同修會　弘法行事表

2019/02/18

1、**禪淨班**　以無相念佛及拜佛方式修習動中定力，實證一心不亂功夫。傳授解脫道正理及第一義諦佛法，以及參禪知見。共修期間：二年六個月。每逢四月、十月開新班，詳見招生公告表。

2、**進階班**　禪淨班畢業後得轉入此班，進修更深入的佛法，期能證悟明心。各地講堂各有多班，繼續深入佛法、增長定力，悟後得轉入增上班修學道種智，期能證得無生法忍。

3、**增上班 瑜伽師地論**詳解　詳解論中所言凡夫地至佛地等 17 師之修證境界與理論，從凡夫地、聲聞地……宣演到諸地所證無生法忍、一切種智之眞實正理。由平實導師開講，每逢一、三、五週之週末晚上開示，僅限已明心之會員參加。2003 年二月開講至今，預定 2019 年講畢。

4、**不退轉法輪經**詳解　本經所說妙法極爲甚深難解，時至末法，已然無有知者；而其甚深絕妙之法，流傳至今依舊多人可證，顯示佛法眞是義學而非玄談，其中甚深極妙令人拍案稱絕之第一義諦妙義。已於 2019 年元月底開講，由平實導師詳解。不限制聽講資格。

5、**精進禪三**　主三和尚：平實導師。於四天三夜中，以克勤圓悟大師及大慧宗杲之禪風，施設機鋒與小參、公案密意之開示，幫助會員剋期取證，親證不生不滅之眞實心——人人本有之如來藏。每年四月、十月各舉辦三個梯次；平實導師主持。僅限本會會員參加禪淨班共修期滿，報名審核通過者，方可參加。並選擇會中定力、慧力、福德三條件皆已具足之已明心會員，給以指引，令得眼見自己無形無相之佛性遍佈山河大地，眞實而無障礙，得以肉眼現觀世界身心悉皆如幻，具足成就如幻觀，圓滿十住菩薩之證境。

6、**阿含經**詳解　選擇重要之阿含部經典，依無餘涅槃之實際而加以詳解，令大眾得以現觀諸法緣起性空，亦復不墮斷滅見中，顯示經中所隱說之涅槃實際—如來藏—確實已於四阿含中隱說；令大眾得以聞後觀行，確實斷除我見乃至我執，證得**見到**眞現觀，乃至**身證**……等眞現觀；已得大乘或二乘見道者，亦可由此聞熏及聞後之觀行，除斷我所之貪著，成就慧解脫果。由平實導師詳解。不限制聽講資格。

7、**解深密經**詳解　重講本經之目的，在於令諸已悟之人明解大乘法道之成佛次第，以及悟後進修一切種智之內涵，確實證知三種自性性，並得據此證解七眞如、十眞如等正理。每逢週二 18.50~20.50 開示，由平實導師詳解。將於《**不退轉法輪經**》講畢後開講。不限制聽講資格。

8、**成唯識論**詳解　詳解一切種智眞實正理，詳細剖析一切種智之微細深妙廣大正理；並加以舉例說明，使已悟之會員深入體驗所證如來藏之微密行相；及證驗見分相分與所生一切法，皆由如來藏—阿賴耶識—直接或展轉而生，因此證知一切法無我，證知無餘涅槃之本際。將於增上班《瑜伽師地論》講畢後，由平實導師重講。僅限已明心之會員參加。

9、**精選如來藏系經典**詳解　精選如來藏系經典一部，詳細解說，以此完全印證會員所悟如來藏之眞實，得入不退轉住。另行擇期詳細解說之，由平實導師講解。僅限已明心之會員參加。

10、**禪門差別智**　藉禪宗公案之微細淆訛難知難解之處，加以宣說及剖析，以增進明心、見性之功德，啓發差別智，建立擇法眼。每月第一週日全天，由平實導師開示，僅限破參明心後，復又眼見佛性者參加（事冗暫停）。

11、**枯木禪**　先講智者大師的《小止觀》，後說《釋禪波羅蜜》，詳解四禪八定之修證理論與實修方法，細述一般學人修定之邪見與岔路，及對禪定證境之誤會，消除枉用功夫、浪費生命之現象。已悟般若者，可以藉此而實修初禪，進入大乘通教及聲聞教的三果心解脫境界，配合應有的大福德及後得無分別智、十無盡願，即可進入初地心中。親教師：平實導師。未來緣熟時將於正覺寺開講。不限制聽講資格。

註：本會例行年假，自 2004 年起，改爲每年農曆新年前七天開始停息弘法事務及共修課程，農曆正月 8 日回復所有共修及弘法事務。新春期間（每日 9.00~17.00）開放台北講堂，方便會員禮佛祈福及會外人士請書。大溪區的正覺祖師堂，開放參訪時間，詳見〈正覺電子報〉或成佛之道網站。本表得因時節因緣需要而隨時修改之，不另作通知。

佛教正覺同修會　贈閱書籍 目錄

2018/10/20

1.**無相念佛**　平實導師著　回郵 36 元
2.**念佛三昧修學次第**　平實導師述著　回郵 52 元
3.**正法眼藏—護法集**　平實導師述著　回郵 76 元
4.**真假開悟簡易辨正法&佛子之省思**　平實導師著　回郵 26 元
5.**生命實相之辨正**　平實導師著　回郵 31 元
6.**如何契入念佛法門**（**附：印順法師否定極樂世界**）平實導師著　回郵 26 元
7.**平實書箋**—答元覽居士書　平實導師著　回郵 52 元
8.**三乘唯識**—如來藏系經律彙編　平實導師編　回郵 80 元
（精裝本　長 27 cm　寬 21 cm　高 7.5 cm　重 2.8 公斤）
9.**三時繫念全集**—修正本　回郵掛號 52 元（長 26.5 cm×寬 19 cm）
10.**明心與初地**　平實導師述　回郵 31 元
11.**邪見與佛法**　平實導師述著　回郵 36 元
12.**甘露法雨**　平實導師述　回郵 36 元
13.**我與無我**　平實導師述　回郵 36 元
14.**學佛之心態**—修正錯誤之學佛心態始能與正法相應　孫正德老師著　回郵52元
附錄：平實導師著**《略說八、九識並存…等之過失》**
15.**大乘無我觀**—《悟前與悟後》別說　平實導師述著　回郵 36 元
16.**佛教之危機**—中國台灣地區現代佛教之真相（附錄：公案拈提六則）
平實導師著　回郵 52 元
17.**燈　影**—燈下黑（覆「求教後學」來函等）　平實導師著　回郵 76 元
18.**護法與毀法**—覆上平居士與徐恒志居士網站毀法二文
張正圜老師著　回郵 76 元
19.**淨土聖道**—兼評**選擇本願念佛**　正德老師著　**由正覺同修會購贈**　回郵 52 元
20.**辨唯識性相**—對「紫蓮心海《辯唯識性相》書中否定阿賴耶識」之回應
正覺同修會 台南共修處法義組 著　回郵 52 元
21.**假如來藏**—對法蓮法師《如來藏與阿賴耶識》書中否定阿賴耶識之回應
正覺同修會 台南共修處法義組 著　回郵 76 元
22.**入不二門**—公案拈提集錦 第一輯（於平實導師公案拈提諸書中選錄約二十則，
合輯爲一冊流通之）平實導師著　回郵 52 元
23.**真假邪說**—西藏密宗索達吉喇嘛《破除邪說論》真是邪說
釋正安法師著　上、下冊回郵各 52 元
24.**真假開悟**—真如、如來藏、阿賴耶識間之關係　平實導師述著　回郵 76 元
25.**真假禪和**—辨正釋傳聖之謗法謬說　孫正德老師著　回郵 76 元

26.**眼見佛性**—駁慧廣法師眼見佛性的含義文中謬說
游正光老師著　回郵 52 元
27.**普門自在**—公案拈提集錦 第二輯（於平實導師公案拈提諸書中選錄約二十則，合輯爲一冊流通之）平實導師著　回郵 52 元
28.**印順法師的悲哀**—以現代禪的質疑為線索　恒毓博士著　回郵 52 元
29.**識蘊真義**—現觀識蘊內涵、取證初果、親斷三縛結之具體行門。
—依《成唯識論》及《惟識述記》正義，略顯安慧《大乘廣五蘊論》之邪謬
平實導師著　回郵 76 元
30.**正覺電子報** 各期紙版本　免附回郵　每次最多函索三期或三本。
(已無存書之較早各期，不另增印贈閱)
31.**現代人應有的宗教觀**　蔡正禮老師 著　回郵31 元
32.**遠惑趣道**—正覺電子報般若信箱問答錄　第一輯　回郵52 元
33.**遠惑趣道**—正覺電子報般若信箱問答錄　第二輯　回郵52 元
34.**確保您的權益**—器官捐贈應注意自我保護　游正光老師 著　回郵31 元
35.**正覺教團電視弘法三乘菩提 DVD 光碟（一）**
由正覺教團多位親教師共同講述錄製 DVD 8 片，MP3 一片，共 9 片。有二大講題：一爲「三乘菩提之意涵」，二爲「學佛的正知見」。內容精闢，深入淺出，精彩絕倫，幫助大眾快速建立三乘法道的正知見，免被外道邪見所誤導。有志修學三乘佛法之學人不可不看。(製作工本費 100 元，回郵 52 元)
36.**正覺教團電視弘法 DVD 專輯（二）**
總有二大講題：一爲「三乘菩提之念佛法門」，一爲「學佛正知見(第二篇)」，由正覺教團多位親教師輪番講述，內容詳細闡述如何修學念佛法門、實證念佛三昧，以及學佛應具有的正確知見，可以幫助發願往生西方極樂淨土之學人，得以把握往生，更可令學人快速建立三乘法道的正知見，免於被外道邪見所誤導。有志修學三乘佛法之學人不可不看。(一套 17 片，工本費 160 元。回郵 76 元)
37.**喇嘛性世界**—揭開假藏傳佛教譚崔瑜伽的面紗　張善思 等人合著
由正覺同修會購贈　回郵 52 元
38.**假藏傳佛教的神話**—性、謊言、喇嘛教　張正玄教授編著
由正覺同修會購贈　回郵 52 元
39.**隨 緣**—理隨緣與事隨緣　平實導師述　回郵 52 元。
40.**學佛的覺醒**　正枝居士 著　回郵 52 元
41.**導師之真實義**　蔡正禮老師 著　回郵 31 元
42.**淺談達賴喇嘛之雙身法**—兼論解讀「密續」之達文西密碼
吳明芷居士 著　回郵 31 元
43.**魔界轉世**　張正玄居士 著　回郵 31 元
44.**一貫道與開悟**　蔡正禮老師 著　回郵 31 元
45.**博愛**—愛盡天下女人　正覺教育基金會 編印　回郵 36 元

46.**意識虛妄經教彙編**—實證解脫道的關鍵經文　正覺同修會編印　回郵36元
47.**邪箭囈語**—破斥藏密外道多識仁波切《破魔金剛箭雨論》之邪說
陸正元老師著　上、下冊回郵各52元
48.**真假沙門**—依 佛聖教闡釋佛教僧寶之定義
蔡正禮老師著　俟正覺電子報連載後結集出版
49.**真假禪宗**—藉評論釋性廣《印順導師對變質禪法之批判
及對禪宗之肯定》以顯示真假禪宗
附論一：凡夫知見 無助於佛法之信解行證
附論二：世間與出世間一切法皆從如來藏實際而生而顯
余正偉老師著　俟正覺電子報連載後結集出版　回郵未定

★ 上列贈書之郵資，係台灣本島地區郵資，大陸、港、澳地區及外國地區，請另計酌增（大陸、港、澳、國外地區之郵票不許通用）。尚未出版之書，請勿先寄來郵資，以免增加作業煩擾。

★ 本目錄若有變動，唯於後印之書籍及「成佛之道」網站上修正公佈之，不另行個別通知。

函索書籍請寄：佛教正覺同修會　103台北市承德路3段277號9樓
台灣地區函索書籍者請附寄郵票，無時間購買郵票者可以等值現金抵用，但不接受郵政劃撥、支票、匯票。大陸地區得以人民幣計算，國外地區請以美元計算（請勿寄來當地郵票，在台灣地區不能使用）。欲以掛號寄遞者，請另附掛號郵資。

親自索閱：正覺同修會各共修處。　★請於共修時間前往取書，餘時無人在道場，請勿前往索取；共修時間與地點，詳見書末正覺同修會共修現況表（以近期之共修現況表為準）。

註：正智出版社發售之局版書，請向各大書局購閱。若書局之書架上已經售出而無陳列者，請向書局櫃台指定洽購；若書局不便代購者，請於正覺同修會共修時間前往各共修處請購，正智出版社已派人於共修時間送書前往各共修處流通。 郵政劃撥購書及 大陸地區 購書，請詳別頁正智出版社發售書籍目錄最後頁之說明。

成佛之道 網站：http://www.a202.idv.tw　正覺同修會已出版之結緣書籍，多已登載於 成佛之道 網站，若住外國、或住處遙遠，不便取得正覺同修會贈閱書籍者，可以從本網站閱讀及下載。　書局版之《宗通與說通》亦已上網，台灣讀者可向書局洽購，售價300元。《狂密與眞密》第一輯~第四輯，亦於 2003.5.1.全部於本網站登載完畢；台灣地區讀者請向書局洽購，每輯約400頁，售價300元（網站下載紙張費用較貴，容易散失，難以保存，亦較不精美）。

＊＊假藏傳佛教修雙身法，非佛教＊＊

正智出版社 籌募弘法基金發售書籍目錄　2019/05/01

1.**宗門正眼**—公案拈提 第一輯 重拈　平實導師著　500 元
因重寫內容大幅度增加故，字體必須改小，並增爲 576 頁 主文 546 頁。比初版更精彩、更有內容。初版《禪門摩尼寶聚》之讀者，可寄回本公司免費調換新版書。免附回郵，亦無截止期限。（2007 年起，每冊附贈本公司精製公案拈提〈超意境〉CD 一片。市售價格 280 元，多購多贈。）

2.**禪淨圓融**　平實導師著　200 元（第一版舊書可換新版書。）

3.**真實如來藏**　平實導師著　400 元

4.**禪—悟前與悟後**　平實導師著　上、下冊，每冊 250 元

5.**宗門法眼**—公案拈提 第二輯　平實導師著　500 元
（2007 年起，每冊附贈本公司精製公案拈提〈超意境〉CD 一片）

6.**楞伽經詳解**　平實導師著　全套共 10 輯　每輯 250 元

7.**宗門道眼**—公案拈提 第三輯　平實導師著　500 元
（2007 年起，每冊附贈本公司精製公案拈提〈超意境〉CD 一片）

8.**宗門血脈**—公案拈提 第四輯　平實導師著　500 元
（2007 年起，每冊附贈本公司精製公案拈提〈超意境〉CD 一片）

9.**宗通與說通**—成佛之道 平實導師著 主文 381 頁 全書 400 頁售價 300 元

10.**宗門正道**—公案拈提 第五輯　平實導師著　500 元
（2007 年起，每冊附贈本公司精製公案拈提〈超意境〉CD 一片）

11.**狂密與真密 一～四輯**　平實導師著　西藏密宗是人間最邪淫的宗教，本質不是佛教，只是披著佛教外衣的印度教性力派流毒的喇嘛教。此書中將西藏密宗密傳之男女雙身合修樂空雙運所有祕密與修法，毫無保留完全公開，並將全部喇嘛們所不知道的部分也一併公開。內容比大辣出版社喧騰一時的《西藏慾經》更詳細。並且函蓋藏密的所有祕密及其錯誤的中觀見、如來藏見……等，藏密的所有法義都在書中詳述、分析、辨正。每輯主文三百餘頁　每輯全書約 400 頁　售價每輯 300 元

12.**宗門正義**—公案拈提 第六輯　平實導師著　500 元
（2007 年起，每冊附贈本公司精製公案拈提〈超意境〉CD 一片）

13.**心經密意**—心經與解脫道、佛菩提道、祖師公案之關係與密意　平實導師述　300 元

14.**宗門密意**—公案拈提 第七輯　平實導師著　500 元
（2007 年起，每冊附贈本公司精製公案拈提〈超意境〉CD 一片）

15.**淨土聖道**—兼評「選擇本願念佛」　正德老師著　200 元

16.**起信論講記**　平實導師述著　共六輯　每輯三百餘頁　售價各 250 元

17.**優婆塞戒經講記**　平實導師述著 共八輯 每輯三百餘頁 售價各 250 元

18.**真假活佛**—略論附佛外道盧勝彥之邪說（對前岳靈犀網站主張「盧勝彥是證悟者」之修正）　正犀居士（岳靈犀）著　流通價 140 元

19.**阿含正義**—唯識學探源　平實導師著　共七輯　每輯 300 元

20.**超意境** CD 以平實導師公案拈提書中超越意境之頌詞，加上曲風優美的旋律，錄成令人嚮往的超意境歌曲，其中包括正覺發願文及平實導師親自譜成的黃梅調歌曲一首。詞曲雋永，殊堪翫味，可供學禪者吟詠，有助於見道。內附設計精美的彩色小冊，解說每一首詞的背景本事。每片 280 元。【每購買公案拈提書籍一冊，即贈送一片。】

21.**菩薩底憂鬱** CD 將菩薩情懷及禪宗公案寫成新詞，並製作成超越意境的優美歌曲。 1.主題曲〈菩薩底憂鬱〉，描述地後菩薩能離三界生死而迴向繼續生在人間，但因尚未斷盡習氣種子而有極深沈之憂鬱，非三賢位菩薩及二乘聖者所知，此憂鬱在七地滿心位方才斷盡；本曲之詞中所說義理極深，昔來所未曾見；此曲係以優美的情歌風格寫詞及作曲，聞者得以激發嚮往諸地菩薩境界之大心，詞、曲都非常優美，難得一見；其中勝妙義理之解說，已印在附贈之彩色小冊中。 2.以各輯公案拈提中直示禪門入處之頌文，作成各種不同曲風之超意境歌曲，值得玩味、參究；聆聽公案拈提之優美歌曲時，請同時閱讀內附之印刷精美說明小冊，可以領會超越三界的證悟境界；未悟者可以因此引發求悟之意向及疑情，眞發菩提心而邁向求悟之途，乃至因此眞實悟入般若，成眞菩薩。 3.正覺總持咒新曲，總持佛法大意；總持咒之義理，已加以解說並印在隨附之小冊中。本 CD 共有十首歌曲，長達 63 分鐘。每盒各附贈二張購書優惠券。每片 280 元。

22.**禪意無限** CD 平實導師以公案拈提書中偈頌寫成不同風格曲子，與他人所寫不同風格曲子共同錄製出版，幫助參禪人進入禪門超越意識之境界。盒中附贈彩色印製的精美解說小冊，以供聆聽時閱讀，令參禪人得以發起參禪之疑情，即有機會證悟本來面目而發起實相智慧，實證大乘菩提般若，能如實證知般若經中的眞實意。本 CD 共有十首歌曲，長達 69 分鐘，每盒各附贈二張購書優惠券。每片 280 元。

23.**我的菩提路**第一輯　釋悟圓、釋善藏等人合著　售價 300 元

24.**我的菩提路**第二輯　郭正益、張志成等人合著　售價 300 元

25.**我的菩提路**第三輯　王美伶等人合著　售價 300 元

26.**我的菩提路**第四輯　陳晏平等人合著　售價 300 元

27.**鈍鳥與靈龜**—考證後代凡夫對大慧宗杲禪師的無根誹謗。
平實導師著　共 458 頁　售價 350 元

28.**維摩詰經講記**　平實導師述　共六輯　每輯三百餘頁　售價各 250 元

29.**真假外道**—破劉東亮、杜大威、釋證嚴常見外道見　正光老師著　200 元

30.**勝鬘經講記**—兼論印順《勝鬘經講記》對於《勝鬘經》之誤解。
平實導師述　共六輯　每輯三百餘頁　售價 250 元

31.**楞嚴經講記**　平實導師述　共 **15** 輯，每輯三百餘頁　售價 300 元

32.**明心與眼見佛性**—駁慧廣〈蕭氏「眼見佛性」與「明心」之非〉文中謬說
正光老師著　共 448 頁　售價 300 元

33.**見性與看話頭** 黃正倖老師 著，本書是禪宗參禪的方法論。
內文 375 頁，全書 416 頁，售價 300 元。

34.**達賴真面目**—玩盡天下女人 白正偉老師 等著 中英對照彩色精裝大本 800 元

35.**喇嘛性世界**—揭開假藏傳佛教譚崔瑜伽的面紗 張善思 等人著 200 元

36.**假藏傳佛教的神話**—性、謊言、喇嘛教 正玄教授編著 200 元

37.**金剛經宗通** 平實導師述 共九輯 每輯售價 250 元。

38.**空行母**—性別、身分定位，以及藏傳佛教。
珍妮·坎貝爾著 呂艾倫 中譯 售價 250 元

39.**末代達賴**—性交教主的悲歌 張善思、呂艾倫、辛燕編著 售價 250 元

40.**霧峰無霧**—給哥哥的信 辨正釋印順對佛法的無量誤解
游宗明 老師著 售價 250 元

41.**第七意識與第八意識？**—穿越時空「超意識」
平實導師述 每冊 300 元

42.**黯淡的達賴**—失去光彩的諾貝爾和平獎
正覺教育基金會編著 每冊 250 元

43.**童女迦葉考**—論呂凱文〈佛教輪迴思想的論述分析〉之謬。
平實導師 著 定價 180 元

44.**人間佛教**—實證者必定不悖三乘菩提
平實導師 述，定價 400 元

45.**實相經宗通** 平實導師述 共八輯 每輯 250 元

46.**真心告訴您(一)**—達賴喇嘛在幹什麼？
正覺教育基金會編著 售價 250 元

47.**中觀金鑑**—詳述應成派中觀的起源與其破法本質
孫正德老師著 分爲上、中、下三冊，每冊 250 元

48.**藏傳佛教要義**—《狂密與真密》之簡體字版 平實導師 著 上、下冊
僅在大陸流通 每冊 300 元

49.**法華經講義** 平實導師述 共二十五輯 每輯 300 元

50.**西藏「活佛轉世」制度**—附佛、造神、世俗法
許正豐、張正玄老師合著 定價 150 元

51.**廣論三部曲** 郭正益老師著 定價 150 元

52.**真心告訴您(二)**—達賴喇嘛是佛教僧侶嗎？
—補祝達賴喇嘛八十大壽
正覺教育基金會編著 售價 300 元

53.**次法**—實證佛法前應有的條件
張善思居士著 分爲上、下二冊，每冊 250 元

54.**涅槃**—解說四種涅槃之實證及內涵 平實導師著 上、下冊 各 350 元

55.**山法**—西藏關於他空與佛藏之根本論
篤補巴·喜饒堅贊著 傑弗里·霍普金斯英譯
張火慶教授、張志成、呂艾倫等中譯 精裝大本 1200 元

56.**假鋒虛焰金剛乘**—揭示顯密正理，兼破索達吉師徒《般若鋒兮金剛焰》
釋正安法師著 簡體字版 即將出版 售價未定
57.**廣論之平議**—宗喀巴《菩提道次第廣論》之平議 正雄居士著
約二或三輯 俟正覺電子報連載後結集出版 書價未定
58.**救護佛子向正道**—對印順法師中心思想之綜合判攝
游宗明老師著 書價未定
59.**菩薩學處**—菩薩四攝六度之要義 陸正元老師著 出版日期未定。
60.**八識規矩頌**詳解 ○○居士 註解 出版日期另訂 書價未定。
61.**印度佛教史**—法義與考證。依法義史實評論印順《印度佛教思想史、佛教史地考論》之謬說 正偉老師著 出版日期未定 書價未定
62.**中國佛教史**—依中國佛教正法史實而論。 ○○老師 著 書價未定。
63.**中論正義**—釋龍樹菩薩《中論》頌正理。
孫正德老師著 出版日期未定 書價未定
64.**中觀正義**—註解平實導師《中論正義頌》。
○○法師（居士）著 出版日期未定 書價未定
65.**佛藏經講記** 平實導師述 將於2019年7月31日出版 共21輯，每二個月出版一輯，每輯300元。
66.**阿含經講記**—將選錄四阿含中數部重要經典全經講解之，講後整理出版。
平實導師述 約二輯 每輯300元 出版日期未定
67.**寶積經講記** 平實導師述 每輯三百餘頁 優惠價300元 出版日期未定
68.**解深密經講記** 平實導師述 約四輯 將於重講後整理出版
69.**成唯識論略解** 平實導師著 五～六輯 每輯300元 出版日期未定
70.**修習止觀坐禪法要講記** 平實導師述 每輯三百餘頁
將於正覺寺建成後重講、以講記逐輯出版 出版日期未定
71.**無門關**—《無門關》公案拈提 平實導師著 出版日期未定
72.**中觀再論**—兼述印順《中觀今論》謬誤之平議。正光老師著 出版日期未定
73.**輪迴與超度**—佛教超度法會之真義。
○○法師（居士）著 出版日期未定 書價未定
74.**《釋摩訶衍論》平議**—對偽稱龍樹所造《釋摩訶衍論》之平議
○○法師（居士）著 出版日期未定 書價未定
75.**正覺發願文**註解—以真實大願為因 得證菩提
正德老師著 出版日期未定 書價未定
76.**正覺總持咒**—佛法之總持 正圜老師著 出版日期未定 書價未定
77.**三自性**—依四食、五蘊、十二因緣、十八界法，說三性三無性。
作者未定 出版日期未定
78.**道品**—從三自性說大小乘三十七道品 作者未定 出版日期未定
79.**大乘緣起觀**—依四聖諦七真如現觀十二緣起 作者未定 出版日期未定
80.**三德**—論解脫德、法身德、般若德。 作者未定 出版日期未定
81.**真假如來藏**—對印順《如來藏之研究》謬說之平議 作者未定 出版日期未定
82.**大乘道次第** 作者未定 出版日期未定 書價未定

83.**四緣**—依如來藏故有四緣。　作者未定　出版日期未定
84.**空之探究**—印順《空之探究》謬誤之平議　作者未定 出版日期未定
85.**十法義**—論阿含經中十法之正義　作者未定　出版日期未定
86.**外道見**—論述外道六十二見　作者未定　出版日期未定

正智出版社有限公司 書籍介紹

禪淨圓融：言淨土諸祖所未曾言，示諸宗祖師所未曾示；禪淨圓融，另闢成佛捷徑，兼顧自力他力，闡釋淨土門之速行易行道，亦同時揭櫫聖教門之速行易行道；令廣大淨土行者得免緩行難證之苦，亦令聖道門行者得以藉著淨土速行道而加快成佛之時劫。乃前無古人之超勝見地，非一般弘揚禪淨法門典籍也，先讀爲快。平實導師著 200元。

宗門正眼—**公案拈提**第一輯：繼承克勤圜悟大師碧巖錄宗旨之禪門鉅作。先則舉示當代大法師之邪說，消弭當代禪門大師鄉愿之心態，摧破當今禪門「世俗禪」之妄談；次則旁通教法，表顯宗門正理；繼以道之次第，消弭古今狂禪；後藉言語及文字機鋒，直示宗門入處。悲智雙運，禪味十足，數百年來難得一睹之禪門鉅著也。平實導師著 500元（原初版書《禪門摩尼寶聚》，改版後補充爲五百餘頁新書，總計多達二十四萬字，內容更精彩，並改名爲《宗門正眼》，讀者原購初版《禪門摩尼寶聚》皆可寄回本公司免費換新，免附回郵，亦無截止期限）（2007年起，凡購買公案拈提第一輯至第七輯，每購一輯皆贈送本公司精製公案拈提〈超意境〉CD一片，市售價格280元，多購多贈）。

禪—悟前與悟後：本書能建立學人悟道之信心與正確知見，圓滿具足而有次第地詳述禪悟之功夫與禪悟之內容，指陳參禪中細微淆訛之處，能使學人明自眞心、見自本性。若未能悟入，亦能以正確知見辨別古今中外一切大師究係眞悟？或屬錯悟？便有能力揀擇，捨名師而選明師，後時必有悟道之緣。一旦悟道，遲者七次人天往返，便出三界，速者一生取辦。學人欲求開悟者，不可不讀。　平實導師著。上、下冊共500元，單冊250元。

眞實如來藏：如來藏眞實存在，乃宇宙萬有之本體，並非印順法師、達賴喇嘛等人所說之「唯有名相、無此心體」。如來藏是涅槃之本際，是一切有智之人竭盡心智、不斷探索而不能得之生命實相；是古今中外許多大師自以爲悟而當面錯過之生命實相。如來藏即是阿賴耶識，乃是一切有情本自具足、不生不滅之眞實心。當代中外大師於此書出版之前所未能言者，作者於本書中盡情流露、詳細闡釋。眞悟者讀之，必能增益悟境、智慧增上；錯悟者讀之，必能檢討自己之錯誤，免犯大妄語業；未悟者讀之，能知參禪之理路，亦能以之檢查一切名師是否眞悟。此書是一切哲學家、宗教家、學佛者及欲昇華心智之人必讀之鉅著。　平實導師著　售價400元。

宗門法眼——**公案拈提**第二輯：列舉實例，闡釋土城廣欽老和尚之悟處；並直示這位不識字的老和尚妙智橫生之根由，繼而剖析禪宗歷代大德之開悟公案，解析當代密宗高僧卡盧仁波切之錯悟證據，並例舉當代顯宗高僧、大居士之錯悟證據（凡健在者，爲免影響其名聞利養，皆隱其名）。藉辨正當代名師之邪見，向廣大佛子指陳禪悟之正道，彰顯宗門法眼。悲勇兼出，強捋虎鬚；慈智雙運，巧探驪龍；摩尼寶珠在手，直示宗門入處，禪味十足；若非大悟徹底，不能爲之。禪門精奇人物，允宜人手一冊，供作參究及悟後印證之圭臬。本書於2008年4月改版，增寫為大約500頁篇幅，以利學人研讀參究時更易悟入宗門正法，以前所購初版首刷及初版二刷舊書，皆可免費換取新書。平實導師著 500元（2007年起，凡購買公案拈提第一輯至第七輯，每購一輯皆贈送本公司精製公案拈提〈超意境〉CD一片，市售價格280元，多購多贈）。

宗門道眼——**公案拈提**第三輯：繼宗門法眼之後，再以金剛之作略、慈悲之胸懷、犀利之筆觸，舉示寒山、拾得、布袋三大士之悟處，消弭當代錯悟者對於寒山大士……等之誤會及誹謗。亦舉出民初以來與虛雲和尚齊名之蜀郡鹽亭袁煥仙夫子——南懷瑾老師之師，其「悟處」何在？並蒐羅許多眞悟祖師之證悟公案，顯示禪宗歷代祖師之睿智，指陳部分祖師、奧修及當代顯密大師之謬悟，作爲殷鑑，幫助禪子建立及修正參禪之方向及知見。假使讀者閱此書已，一時尚未能悟，亦可一面加功用行，一面以此宗門道眼辨別眞假善知識，避開錯誤之印證及歧路，可免大妄語業之長劫慘痛果報。欲修禪宗之禪者，務請細讀。平實導師著 售價500元（2007年起，凡購買公案拈提第一輯至第七輯，每購一輯皆贈送本公司精製公案拈提〈超意境〉CD一片，市售價格280元，多購多贈）。

楞伽經詳解：本經是禪宗見道者印證所悟眞僞之根本經典，亦是禪宗見道者悟後起修之依據經典；故達摩祖師於印證二祖慧可大師之後，將此經典連同佛鉢祖衣一併交付二祖，令其依此經典佛示金言、進入修道位，修學一切種智。由此可知此經對於眞悟之人修學佛道，是非常重要之一部經典。此經能破外道邪說，亦破佛門中錯悟名師之謬說，亦破禪宗部分祖師之狂禪：不讀經典、一向主張「一悟即成究竟佛」之謬執。並開示愚夫所行禪、觀察義禪、攀緣如禪、如來禪等差別，令行者對於三乘禪法差異有所分辨；亦糾正禪宗祖師古來對於如來禪之誤解，嗣後可免以訛傳訛之弊。此經亦是法相唯識宗之根本經典，禪者悟後欲修一切種智而入初地者，必須詳讀。　平實導師著，全套共十輯，已全部出版完畢，每輯主文約320頁，每冊約352頁，定價250元。

宗門血脈—**公案拈提**第**四**輯：末法怪象—許多修行人自以爲悟，每將無念靈知認作眞實；崇尚二乘法諸師及其徒眾，則將外於**如來藏之緣起性空**—無因論之無常空、斷滅空、一切法空—錯認爲 佛所說之般若空性。這兩種現象已於當今海峽兩岸及美加地區顯密大師之中普遍存在；人人自以爲悟，心高氣壯，便敢寫書解釋祖師證悟之公案，大多出於意識思惟所得，言不及義，錯誤百出，因此誤導廣大佛子同陷大妄語之地獄業中而不能自知。彼等書中所說之悟處，其實處處違背第一義經典之聖言量。彼等諸人不論是否身披袈裟，都非佛法宗門血脈，或雖有禪宗法脈之傳承，亦只徒具形式；猶如螟蛉，非眞血脈，未悟得根本眞實故。禪子欲知佛、祖之眞血脈者，請讀此書，便知分曉。平實導師著，主文452頁，全書464頁，定價500元（2007年起，凡購買公案拈提第一輯至第七輯，每購一輯皆贈送本公司精製公案拈提〈超意境〉CD一片，市售價格280元，多購多贈）。

宗通與說通：古今中外，錯誤之人如麻似粟，每以常見外道所說之靈知心，認作眞心；或妄想虛空之勝性能量爲眞如，或錯認物質四大元素藉冥性（靈知心本體）能成就吾人色身及知覺，或認初禪至四禪中之了知心爲不生不滅之涅槃心。此等皆非通宗者之見地。復有錯悟之人一向主張「宗門與教門不相干」，此即尚未通達宗門之人也。其實宗門與教門互通不二，宗門所證者乃是眞如與佛性，教門所說者乃說宗門證悟之眞如佛性，故教門與宗門不二。本書作者以宗教二門互通之見地，細說「宗通與說通」，從初見道至悟後起修之道、細說分明；並將諸宗諸派在整體佛教中之地位與次第，加以明確之教判，學人讀之即可了知佛法之梗概也。欲擇明師學法之前，允宜先讀。平實導師著，主文共381頁，全書392頁，只售成本價300元。

宗門正道—公案拈提第五輯：修學大乘佛法有二果須證—解脫果及大菩提果。二乘人不證大菩提果，唯證解脫果；此果之智慧，名爲聲聞菩提、緣覺菩提。大乘佛子所證二果之菩提果爲佛菩提，故名大菩提果，其慧名爲一切種智—函蓋二乘解脫果。然此大乘二果修證，須經由禪宗之宗門證悟方能相應。而宗門證悟極難，自古已然；其所以難者，咎在古今佛教界普遍存在三種邪見：1.以修定認作佛法，2.以無因論之緣起性空—否定涅槃本際如來藏以後之一切法空作爲佛法，3.以常見外道邪見（離語言妄念之靈知性）作爲佛法。如是邪見，或因自身正見未立所致，或因邪師之邪教導所致，或因無始劫來虛妄熏習所致。若不破除此三種邪見，永劫不悟宗門眞義、不入大乘正道，唯能外門廣修菩薩行。平實導師於此書中，有極爲詳細之說明，有志佛子欲摧邪見、入於內門修菩薩行者，當閱此書。主文共496頁，全書512頁。售價500元（2007年起，凡購買公案拈提第一輯至第七輯，每購一輯皆贈送本公司精製公案拈提〈超意境〉CD一片，市售價格280元，多購多贈）。

狂密與眞密：密教之修學，皆由有相之觀行法門而入，其最終目標仍不離顯教經典所說第一義諦之修證；若離顯教第一義經典、或違背顯教第一義經典，即非佛教。西藏密教之觀行法，如灌頂、觀想、遷識法、寶瓶氣、大聖歡喜雙身修法、喜金剛、無上瑜伽、大樂光明、樂空雙運等，皆是印度教兩性生生不息思想之轉化，自始至終皆以如何能運用交合淫樂之法達到全身受樂爲其中心思想，純屬欲界五欲的貪愛，不能令人超出欲界輪迴，更不能令人斷除我見；何況大乘之明心與見性，更無論矣！故密宗之法絕非佛法也。而其明光大手印、大圓滿法教，又皆同以常見外道所說離語言妄念之無念靈知心錯認爲佛地之眞如，不能直指不生不滅之眞如。西藏密宗所有法王與徒眾，都尚未開頂門眼，不能辨別眞僞，以依人不依法、依密續不依經典故，不肯將其上師喇嘛所說對照第一義經典，純依密續之藏密祖師所說爲準，因此而誇大其證德與證量，動輒謂彼祖師上師爲究竟佛、爲地上菩薩；如今台海兩岸亦有自謂其師證量高於 釋迦文佛者，然觀其師所述，猶未見道，仍在觀行即佛階段，尚未到禪宗相似即佛、分證即佛階位，竟敢標榜爲究竟佛及地上法王，誑惑初機學人。凡此怪象皆是狂密，不同於眞密之修行者。近年狂密盛行，密宗行者被誤導者極眾，動輒自謂已證佛地眞如，自視爲究竟佛，陷於大妄語業中而不知自省，反謗顯宗眞修實證者之證量粗淺；或如義雲高與釋性圓…等人，於報紙上公然誹謗眞實證道者爲「騙子、無道人、人妖、癩蛤蟆…」等，造下誹謗大乘勝義僧之大惡業；或以外道法中有爲有作之甘露、魔術……等法，誑騙初機學人，狂言彼外道法爲眞佛法。如是怪象，在西藏密宗及附藏密之外道中，不一而足，舉之不盡，學人宜應愼思明辨，以免上當後又犯毀破菩薩戒之重罪。密宗學人若欲遠離邪知邪見者，請閱此書，即能了知密宗之邪謬，從此遠離邪見與邪修，轉入眞正之佛道。

平實導師著 共四輯 每輯約400頁（主文約340頁）每輯售價300元。

宗門正義—公案拈提第六輯：佛教有六大危機，乃是藏密化、世俗化、膚淺化、學術化、宗門密意失傳、悟後進修諸地之次第混淆；其中尤以宗門密意之失傳，爲當代佛教最大之危機。由宗門密意失傳故，易令世尊本懷普被錯解，易令 世尊正法被轉易爲外道法，以及加以淺化、世俗化，是故宗門密意之廣泛弘傳與具緣佛弟子，極爲重要。然而欲令宗門密意之廣泛弘傳予具緣之佛弟子者，必須同時配合錯誤知見之解析、普令佛弟子知之，然後輔以公案解析之直示入處，方能令具緣之佛弟子悟入。而此二者，皆須以公案拈提之方式爲之，方易成其功、竟其業，是故平實導師續作宗門正義一書，以利學人。 全書500餘頁，售價500元（2007年起，凡購買公案拈提第一輯至第七輯，每購一輯皆贈送本公司精製公案拈提〈超意境〉CD一片，市售價格280元，多購多贈）。

心經密意—心經與解脫道、佛菩提道、祖師公案之關係與密意。二乘菩提所證之解脫道，實依第八識心之斷除煩惱障現行而立解脫之名；大乘菩提所證之佛菩提道，實依親證第八識如來藏之涅槃性、清淨自性、及其中道性而立般若之名；禪宗祖師公案所證之眞心，即是此第八識如來藏；是故三乘佛法所修所證之三乘菩提，皆依此如來藏心而立名也。此第八識心，即是《心經》所說之心也。證得此如來藏已，即能漸入大乘佛菩提道，亦可因證知此心而了知二乘無學所不能知之無餘涅槃本際，是故《心經》之密意，與三乘佛菩提之關係極爲密切、不可分割，三乘佛法皆依此心而立名故。今者平實導師以其所證解脫道之無生智及佛菩提之般若種智，將《心經》與解脫道、佛菩提道、祖師公案之關係與密意，以演講之方式，用淺顯之語句和盤托出，發前人所未言，呈三乘菩提之眞義，令人藉此《心經密意》一舉而窺三乘菩提之堂奧，迴異諸方言不及義之說；欲求眞實佛智者、不可不讀！主文317頁，連同跋文及序文…等共384頁，售價300元。

宗門密意—公案拈提第七輯：佛教之世俗化，將導致學人以信仰作爲學佛，則將以感應及世間法之庇祐，作爲學佛之主要目標，不能了知學佛之主要目標爲親證三乘菩提。大乘菩提則以般若實相智慧爲主要修習目標，以二乘菩提解脫道爲附帶修習之標的；是故學習大乘法者，應以禪宗之證悟爲要務，能親入大乘菩提之實相般若智慧中故，般若實相智慧非二乘聖人所能知故。此書則以台灣世俗化佛教之三大法師，說法似是而非之實例，配合眞悟祖師之公案解析，提示證悟般若之關節，令學人易得悟入。平實導師著，全書五百餘頁，售價500元（2007年起，凡購買公案拈提第一輯至第七輯，每購一輯皆贈送本公司精製公案拈提〈超意境〉CD一片，市售價格280元，多購多贈）。

淨土聖道—兼評日本本願念佛：佛法甚深極廣，般若玄微，非諸二乘聖僧所能知之，一切凡夫更無論矣！所謂一切證量皆歸淨土是也！是故大乘法中「聖道之淨土、淨土之聖道」，其義甚深，難可了知；乃至眞悟之人，初心亦難知也。今有正德老師眞實證悟後，復能深探淨土與聖道之緊密關係，憐憫眾生之誤會淨土實義，亦欲利益廣大淨土行人同入聖道，同獲淨土中之聖道門要義，乃振奮心神、書以成文，今得刊行天下。主文279頁，連同序文等共301頁，總有十一萬六千餘字，正德老師著，成本價200元。

起信論講記：詳解大乘起信論**心生滅門**與**心眞如門**之眞實意旨，消除以往大師與學人對起信論所說**心生滅門**之誤解，由是而得了知眞心如來藏之非常非斷中道正理；亦因此一講解，令此論以往隱晦而被誤解之眞實義，得以如實顯示，令大乘佛菩提道之正理得以顯揚光大；初機學者亦可藉此正論所顯示之法義，對大乘法理生起正信，從此得以眞發菩提心，眞入大乘法中修學，世世常修菩薩正行。平實導師演述，共六輯，都已出版，每輯三百餘頁，售價各250元。

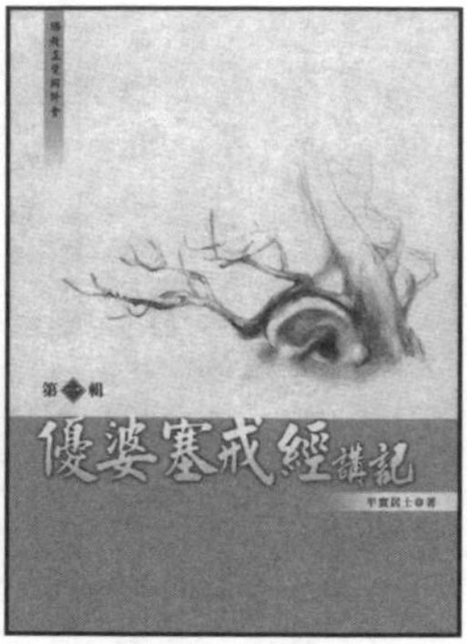

優婆塞戒經講記：本經詳述在家菩薩修學大乘佛法，應如何受持菩薩戒？對人間善行應如何看待？對三寶應如何護持？應如何正確地修集此世後世證法之福德？應如何修集後世「行菩薩道之資糧」？並詳述第一義諦之正義：五蘊非我非異我、自作自受、異作異受、不作不受……等深妙法義，乃是修學大乘佛法、行菩薩行之在家菩薩所應當了知者。出家菩薩今世或未來世登地已，捨報之後多數將如華嚴經中諸大菩薩，以在家菩薩身而修行菩薩行，故亦應以此經所述正理而修之，配合《楞伽經、解深密經、楞嚴經、華嚴經》等道次第正理，方得漸次成就佛道；故此經是一切大乘行者皆應證知之正法。平實導師講述，每輯三百餘頁，售價各250元；共八輯，已全部出版。

真假活佛——略論附佛外道盧勝彥之邪說：人人身中都有眞活佛，永生不滅而有大神用，但眾生都不了知，所以常被身外的西藏密宗假活佛籠罩欺瞞。本來就眞實存在的眞活佛，才是眞正的密宗無上密！諾那活佛因此而說禪宗是大密宗，但藏密的所有活佛都不知道、也不曾實證自身中的眞活佛。本書詳實宣示眞活佛的道理，舉證盧勝彥的「佛法」不是眞佛法，也顯示盧勝彥是假活佛，直接的闡釋第一義佛法見道的眞實正理。眞佛宗的所有上師與學人們，都應該詳細閱讀，包括盧勝彥個人在內。正犀居士著，優惠價140元。

阿含正義——唯識學探源：廣說四大部《阿含經》諸經中隱說之眞正義理，一一舉示佛陀本懷，令阿含時期初轉法輪根本經典之眞義，如實顯現於佛子眼前。並提示末法大師對於阿含眞義誤解之實例，一一比對之，證實唯識增上慧學確於原始佛法之阿含諸經中已隱覆密意而略說之，證實 世尊確於原始佛法中已曾密意而說第八識如來藏之總相；亦證實 世尊在四阿含中已說此藏識是名色十八界之因、之本—證明如來藏是能生萬法之根本心。佛子可據此修正以往受諸大師（譬如西藏密宗應成派中觀師：印順、昭慧、性廣、大願、達賴、宗喀巴、寂天、月稱、……等人）誤導之邪見，建立正見，轉入正道乃至親證初果而無困難；書中並詳說三果所證的**心解脫**，以及四果**慧解脫**的親證，都是如實可行的具體知見與行門。全書共七輯，已出版完畢。平實導師著，每輯三百餘頁，售價300元。

超意境CD：以平實導師公案拈提書中超越意境之頌詞，加上曲風優美的旋律，錄成令人嚮往的超意境歌曲，其中包括正覺發願文及平實導師親自譜成的黃梅調歌曲一首。詞曲雋永，殊堪翫味，可供學禪者吟詠，有助於見道。內附設計精美的彩色小冊，解說每一首詞的背景本事。每片280元。【每購買公案拈提書籍一冊，即贈送一片。】

鈍鳥與靈龜：鈍鳥及靈龜二物，被宗門證悟者說爲二種人：前者是精修禪定而無智慧者，也是以定爲禪的愚癡禪人；後者是或有禪定、或無禪定的宗門證悟者，凡已證悟者皆是靈龜。但後來被人虛造事實，用以嘲笑大慧宗杲禪師，說他雖是靈龜，卻不免被天童禪師預記「患背」痛苦而亡：「**鈍鳥離巢易，靈龜脫殼難。**」藉以貶低大慧宗杲的證量；同時又將天童禪師實證如來藏的證量，曲解爲意識境界的離念靈知。自從大慧禪師入滅以後，錯悟凡夫對他的不實毀謗就一直存在著，不曾止息，並且捏造的假事實也隨著年月的增加而越來越多，終至編成「鈍鳥與靈龜」的假公案、假故事。本書是考證大慧與天童之間的不朽情誼，顯現這件假公案的虛妄不實；更見大慧宗杲面對惡勢力時的正直不阿，亦顯示大慧對天童禪師的至情深義，將使後人對大慧宗杲的誣謗至此而止，不再有人誤犯毀謗賢聖的惡業。書中亦舉出大慧與天童二師的證悟內容，證明宗門的所悟確以第八識如來藏爲標的，詳讀之後必可改正以前被錯悟大師誤導的參禪知見，日後必定有助於實證禪宗的開悟境界，得階大乘眞見道位中，即是實證般若之賢聖。全書459頁，售價350元。

我的菩提路第一輯：凡夫及二乘聖人不能實證的佛菩提證悟，末法時代的今天仍然有人能得實證，由正覺同修會釋悟圓、釋善藏法師等二十餘位實證如來藏者所寫的見道報告，已爲當代學人見證宗門正法之絲縷不絕，證明大乘義學的法脈仍然存在，爲末法時代求悟般若之學人照耀出光明的坦途。由二十餘位大乘見道者所繕，敘述各種不同的學法、見道因緣與過程，參禪求悟者必讀。全書三百餘頁，售價300元。

我的菩提路第二輯：由郭正益老師等人合著，書中詳述彼等諸人歷經各處道場學法，一一修學而加以檢擇之不同過程以後，因閱讀正覺同修會、正智出版社書籍而發起抉擇分，轉入正覺同修會中修學；乃至學法及見道之過程，都一一詳述之。其中張志成等人係由前現代禪轉進正覺同修會，張志成原爲現代禪副宗長，以前未閱本會書籍時，曾被人藉其名義著文評論 平實導師（詳見《宗通與說通》辨正及《眼見佛性》書末附錄…等）；後因偶然接觸正覺同修會書籍，深覺以前聽人評論平實導師之語不實，於是投入極多時間閱讀本會書籍、深入思辨，詳細探索中觀與唯識之關聯與異同，認爲正覺之法義方是正法，深覺相應；亦解開多年來對佛法的迷雲，確定應依八識論正理修學方是正法。乃不顧面子，毅然前往正覺同修會面見平實導師懺悔，並正式學法求悟。今已與其同修王美伶（亦爲前現代禪傳法老師），同樣證悟如來藏而證得法界實相，生起實相般若眞智。此書中尚有七年來本會第一位眼見佛性者之見性報告一篇，一同供養大乘佛弟子。全書四百頁，售價300元。

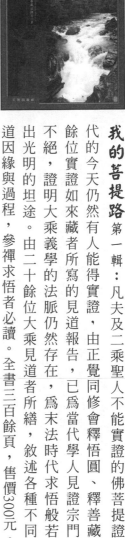

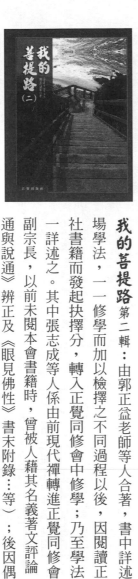

我的菩提路第三輯：由王美伶老師等人合著。自從正覺同修會成立以來，每年夏初、冬初都舉辦精進禪三共修，藉以助益會中同修們得以證悟明心發起般若實相智慧；凡已實證而被平實導師印證者，皆書具見道報告用以證明佛法之眞實可證而非玄學，證明佛法並非純屬思想、理論而無實質，是故每年都能有人證明正覺同修會的「實證佛教」主張並非虛語。特別是眼見佛性一法，自古以來中國禪宗祖師實證者極寡，較之明心開悟的證境更難令人信受；至2017年初，正覺同修會中的證悟明心者已近五百人，然而其中眼見佛性者至今唯十餘人爾，可謂難能可貴，是故明心後欲冀眼見佛性者實屬不易。黃正倖老師是懸絕七年無人見性後的第一人，她於2009年的見性報告刊於本書的第二輯中，爲大眾證明佛性確實可以眼見；其後七年之中求見性者都屬解悟佛性而無人眼見，幸而又經七年後的2016冬初，以及2017夏初的禪三，復有三人眼見佛性，希冀鼓舞四眾佛子求見佛性之大心，今則具載一則於書末，顯示求見佛性之事實經歷，供養現代佛教界欲得見性之四眾弟子。全書四百頁，售價300元。

我的菩提路第四輯：由陳晏平等人著。中國禪宗祖師往往有所謂「見性」之言，所言多屬看見如來藏具有能令人發起成佛之自性，並非《大般涅槃經》中如來所說之眼見佛性。眼見佛性者，於親見佛性之時，即能於山河大地眼見自己佛性，亦能於他人身上眼見自己佛性及對方之佛性，如是境界無法爲尚未實證者解釋；勉強說之，縱使眞實明心證悟之人聞之，亦只能以自身明心之境界想像之，但不論如何想像多屬非量，能有正確之比量者亦是稀有，故說眼見佛性極爲困難。眼見佛性之人若所見極分明時，在所見佛性之境界下所眼見之山河大地、自己五蘊身心皆是虛幻，自有異於明心者之解脫功德受用，此後永不思證二乘涅槃，必定邁向成佛之道而進入第十住位中，已超第一阿僧祇劫三分有一，可謂之爲超劫精進也。今又有明心之後眼見佛性之人出於人間，將其明心及後來見性之報告，連同其餘證悟明心者之精彩報告一同收錄於此書中，供養眞求佛法實證之四眾佛子。全書380頁，售價300元。

楞嚴經講記：楞嚴經係密教部之重要經典，亦是顯教中普受重視之經典；經中宣說明心與見性之內涵極爲詳細，將一切法都會歸如來藏及佛性—妙眞如性；亦闡釋佛菩提道修學過程中之種種魔境，以及外道誤會涅槃之狀況，旁及三界世間之起源。然因言句深澀難解，法義亦復深妙寬廣，學人讀之普難通達，是故讀者大多誤會，不能如實理解佛所說之明心與見性內涵，亦因是故多有悟錯之人引爲開悟之證言，成就大妄語罪。今由平實導師詳細講解之後，整理成文，以易讀易懂之語體文刊行天下，以利學人。全書十五輯，全部出版完畢。每輯三百餘頁，售價每輯300元。

勝鬘經講記：如來藏爲三乘菩提之所依，若離如來藏心體及其含藏之一切種子，即無三界有情及一切世間法，亦無二乘菩提緣起性空之出世間法；本經詳說無始無明、一念無明皆依如來藏而有之正理，藉著詳解煩惱障與所知障間之關係，令學人深入了知二乘菩提與佛菩提相異之妙理；聞後即可了知佛菩提之特勝處及三乘修道之方向與原理，邁向攝受正法而速成佛道的境界中。平實導師講述，共六輯，每輯三百餘頁，售價各250元。

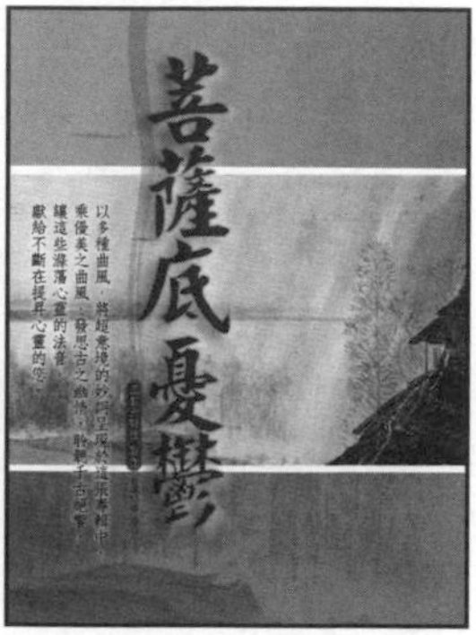

菩薩底憂鬱CD將菩薩情懷及禪宗公案寫成新詞，並製作成超越意境的優美歌曲。1.主題曲〈菩薩底憂鬱〉，描述地後菩薩能離三界生死而迴向繼續生在人間，但因尚未斷盡習氣種子而有極深沈之憂鬱，非三賢位菩薩及二乘聖者所知，此憂鬱在七地滿心位方才斷盡；本曲之詞中所說義理極深，昔來所未曾見；此曲係以優美的情歌風格寫詞及作曲，聞者得以激發嚮往諸地菩薩境界之大心，詞、曲都非常優美，難得一見；其中勝妙義理之解說，已印在附贈之彩色小冊中。2.以各輯公案拈提中直示禪門入處之頌文，作成各種不同曲風之超意境歌曲，值得玩味、參究；聆聽公案拈提之優美歌曲時，請同時閱讀內附之印刷精美說明小冊，可以領會超越三界的證悟境界；未悟者可以因此引發求悟之意向及疑情，眞發菩提心而邁向求悟之途，乃至因此眞實悟入般若，成眞菩薩。3.正覺總持咒新曲，總持佛法大意；總持咒之義理，已加以解說並印在隨附之小冊中。本CD共有十首歌曲，長達63分鐘，附贈二張購書優惠券。每片280元。

禪意無限CD平實導師以公案拈提書中偈頌寫成不同風格曲子，與他人所寫不同風格曲子共同錄製出版，幫助參禪人進入禪門超越意識之境界。盒中附贈彩色印製的精美解說小冊，以供聆聽時閱讀，令參禪人得以發起參禪之疑情，即有機會證悟本來面目，實證大乘菩提般若。本CD共有十首歌曲，長達69分鐘，每盒各附贈二張購書優惠券。每片280元。

明心與眼見佛性：本書細述明心與眼見佛性之異同，同時顯示了中國禪宗破初參明心與重關眼見佛性二關之間的關聯；書中又藉法義辨正而旁述其他許多勝妙法義，讀後必能遠離佛門長久以來積非成是的錯誤知見，令讀者在佛法的實證上有極大助益。也藉慧廣法師的謬論來教導佛門學人回歸正知正見，遠離古今禪門錯悟者所墮的意識境界，非唯有助於斷我見，也對未來的開悟明心實證第八識如來藏有所助益，是故學禪者都應細讀之。游正光老師著　共448頁　售價300元

見性與看話頭：黃正倖老師的《見性與看話頭》於《正覺電子報》連載完畢，今結集出版。書中詳說禪宗看話頭的詳細方法，並細說看話頭與眼見佛性的關係，以及眼見佛性者求見佛性前必須具備的條件。本書是禪宗實修者追求明心開悟時參禪的方法書，也是求見佛性者作功夫時必讀的方法書，內容兼顧眼見佛性的理論與實修之方法，是依實修之體驗配合理論而詳述，條理分明而且極為詳實、周全、深入。本書內文375頁，全書416頁，售價300元。

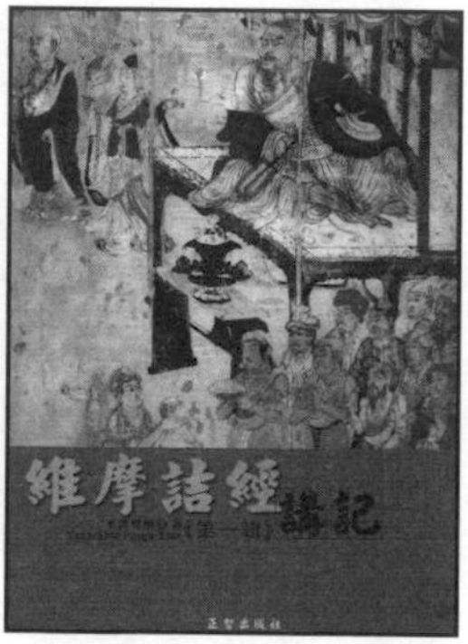

維摩詰經講記：本經係 世尊在世時，由等覺菩薩維摩詰居士藉疾病而演說之大乘菩提無上妙義，所說函蓋甚廣，然極簡略，是故今時諸方大師與學人讀之悉皆錯解，何況能知其中隱含之深妙正義，是故普遍無法爲人解說；若強爲人說，則成依文解義而有諸多過失。今由平實導師公開宣講之後，詳實解釋其中密意，令維摩詰菩薩所說大乘不可思議解脫之深妙正法得以正確宣流於人間，利益當代學人及與諸方大師。書中詳實演述大乘佛法深妙不共二乘之智慧境界，顯示諸法之中絕待之實相境界，建立大乘菩薩妙道於永遠不敗不壞之地，以此成就護法偉功，欲冀永利娑婆人天。已經宣講圓滿整理成書流通，以利諸方大師及諸學人。全書共六輯，每輯三百餘頁，售價各250元。

真假外道：本書具體舉證佛門中的常見外道知見實例，並加以教證及理證上的辨正，幫助讀者輕鬆而快速的了知常見外道的錯誤知見，進而遠離佛門內外的常見外道知見，因此即能改正修學方向而快速實證佛法。游正光老師著 。成本價200元。

金剛經宗通：三界唯心，萬法唯識，是成佛之修證內容，是諸地菩薩之所修；般若則是成佛之道（實證三界唯心、萬法唯識）的入門，若未證悟實相般若，即無成佛之可能，必將永在外門廣行菩薩六度，永在凡夫位中。然而實相般若的發起，全賴實證萬法的實相；若欲證知萬法的眞相，則必須探究萬法之所從來，則須實證自心如來—金剛心如來藏，然後現觀這個金剛心的金剛性、眞實性、如如性、清淨性、涅槃性、能生萬法的自性性、本住性，名爲證眞如；進而現觀三界六道唯是此金剛心所成，人間萬法須藉八識心王和合運作方能現起。如是實證《華嚴經》的「三界唯心、萬法唯識」以後，由此等現觀而發起實相般若智慧，繼續進修第十住位的如幻觀、第十行位的陽焰觀、第十迴向位的如夢觀，再生起增上意樂而勇發十無盡願，方能滿足三賢位的實證，轉入初地；自知成佛之道而無偏倚，從此按部就班、次第進修乃至成佛。第八識自心如來是般若智慧之所依，般若智慧的修證則要從實證金剛心自心如來開始；《金剛經》則是解說自心如來之經典，是一切三賢位菩薩所應進修之實相般若經典。這一套書，是將平實導師宣講的《金剛經宗通》內容，整理成文字而流通之；書中所說義理，迥異古今諸家依文解義之說，指出大乘見道方向與理路，有益於禪宗學人求開悟見道，及轉入內門廣修六度萬行。講述完畢後結集出版，總共9輯，每輯約三百餘頁，售價各250元。

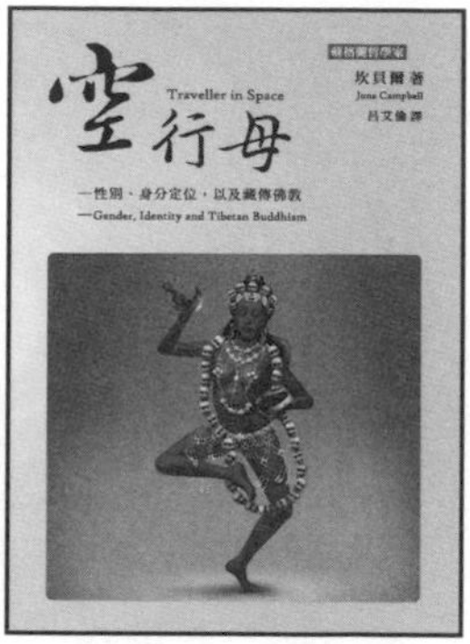

空行母—性別、身分定位，以及藏傳佛教：本書作者爲蘇格蘭哲學家，因爲嚮往佛教深妙的哲學內涵，於是進入當年盛行於歐美的假藏傳佛教密宗，擔任卡盧仁波切的翻譯工作多年以後，被邀請成爲卡盧的空行母（又名佛母、明妃），開始了她在密宗裡的實修過程；後來發覺在密宗雙身法中的修行，其實無法使自己成佛，也發覺密宗對女性岐視而處處貶抑，並剝奪女性在雙身法中擔任一半角色時應有的身分定位。當她發覺自己只是雙身法中被喇嘛利用的工具，沒有獲得絲毫應有的尊重與基本定位時，發現了密宗的父權社會控制女性的本質；於是作者傷心地離開了卡盧仁波切與密宗，但是卻被恐嚇不許講出她在密宗裡的經歷，也不許她說出自己對密宗的教義與教制下對女性剝削的本質，否則將被咒殺死亡。後來她去加拿大定居，十餘年後方才擺脫這個恐嚇陰影，下定決心將親身經歷的實情及觀察到的事實寫下來並且出版，公諸於世。出版之後，她被流亡的達賴集團人士大力攻訐，誣指她爲精神狀態失常、說謊……等。但有智之士並未被達賴集團的政治操作及各國政府政治運作吹捧達賴的表相所欺，使她的書銷售無阻而又再版。正智出版社鑑於作者此書是親身經歷的事實，所說具有針對「藏傳佛教」而作學術研究的價值，也有使人認清假藏傳佛教剝削佛母、明妃的男性本位實質，因此洽請作者同意中譯而出版於華人地區。珍妮．坎貝爾女士著，呂艾倫 中譯，每冊250元。

霧峰無霧—給哥哥的信：本書作者藉兄弟之間信件往來論義，略述佛法大義；並以多篇短文辨義，舉出釋印順對佛法的無量誤解證據，並一一給予簡單而清晰的辨正，令人一讀即知。久讀、多讀之後即能認清楚釋印順的六識論見解，與眞實佛法之牴觸是多麼嚴重；於是在久讀、多讀之後，於不知不覺之間提升了對佛法的極深入理解，正知正見就在不知不覺間建立起來了。當三乘佛法的正知見建立起來之後，對於三乘菩提的見道條件便將隨之具足，於是聲聞解脫道的見道也就水到渠成；接著大乘見道的因緣也將次第成熟，未來自然也會有親見大乘菩提之道的因緣，悟入大乘實相般若也將自然成功，自能通達般若系列諸經而成實義菩薩。作者居住於南投縣霧峰鄉，自喻見道之後不復再見霧峰之霧，故鄉原野美景一一明見，於是立此書名爲《霧峰無霧》；讀者若欲撥霧見月，可以此書爲緣。游宗明 老師著 售價250元。

假藏傳佛教的神話—性、謊言、喇嘛教：本書編著者是由一首名叫「阿姊鼓」的歌曲爲緣起，展開了序幕，揭開假藏傳佛教—喇嘛教—的神秘面紗。其重點是蒐集、摘錄網路上質疑「喇嘛教」的帖子，以揭穿「假藏傳佛教的神話」爲主題，串聯成書，並附加彩色插圖以及說明，讓讀者們瞭解西藏密宗及相關人事如何被操作爲「神話」的過程，以及神話背後的眞相。作者：張正玄教授。售價200元。

達賴真面目—玩盡天下女人：假使您不想戴綠帽子，請記得詳細閱讀此書；假使您不想讓好朋友戴綠帽子，請您將此書介紹給您的好朋友。假使您想保護家中的女性，也想要保護好朋友的女眷，請記得將此書送給家中的女性和好友的女眷都來閱讀。本書爲印刷精美的大本彩色中英對照精裝本，爲您揭開達賴喇嘛的眞面目，內容精彩不容錯過，爲利益社會大眾，特別以優惠價格嘉惠所有讀者。編著者：白志偉等。大開版雪銅紙彩色精裝本。售價800元。

喇嘛性世界—揭開假藏傳佛教譚崔瑜伽的面紗：這個世界中的喇嘛，號稱來自世外桃源的香格里拉，穿著或紅或黃的喇嘛長袍，散布於我們的身邊傳教灌頂，吸引了無數的人嚮往學習；這些喇嘛虔誠地爲大眾祈福，手中拿著寶杵（金剛）與寶鈴（蓮花），口中唸著咒語：「唵．嘛呢．叭咪．吽……」，咒語的意思是說：「我至誠歸命金剛杵上的寶珠伸向蓮花寶穴之中」！「喇嘛性世界」是什麼樣的「世界」呢？本書將爲您呈現喇嘛世界的面貌。當您發現眞相以後，您將會唸：「噢！喇嘛．性．世界，譚崔性交嘛！」作者：張善思、呂艾倫。售價200元。

末代達賴—性交教主的悲歌：簡介從藏傳僞佛教（喇嘛教）的修行核心—性力派男女雙修，探討達賴喇嘛及藏傳僞佛教的修行內涵。書中引用外國知名學者著作、世界各地新聞報導，包含：歷代達賴喇嘛的祕史、達賴六世修雙身法的事蹟，以及《時輪續》中的性交灌頂儀式……等；達賴喇嘛書中開示的雙修法、達賴喇嘛的黑暗政治手段；達賴喇嘛所領導的寺院爆發喇嘛性侵兒童；新聞報導《西藏生死書》作者索甲仁波切性侵女信徒、澳洲喇嘛秋達公開道歉、美國最大假藏傳佛教組織領導人邱陽創巴仁波切的性氾濫，等等事件背後眞相的揭露。作者：張善思、呂艾倫、辛燕。售價250元。

第七意識與第八意識？—穿越時空「超意識」　「三界唯心，萬法唯識」是佛教中應該實證的聖教，也是《華嚴經》中明載而可以實證的法界實相。唯心者，三界一切境界、一切諸法唯是一心所成就，即是每一個有情的第八識如來藏，不是意識心。唯識者，即是人類各各都具足的八識心王——眼識、耳鼻舌身意識、意根、阿賴耶識，第八阿賴耶識又名如來藏，人類五陰相應的萬法，莫不由八識心王共同運作而成就，故說萬法唯識。依聖教量及現量、比量，都可以證明意識是二法因緣生，是由第八識藉意根與法塵二法爲因緣而出生，又是夜夜斷滅不存之生滅心，即無可能反過來出生第七識意根、第八識如來藏，當知不可能從生滅性的意識心中，細分出恆審思量的第七識意根，更無可能細分出恆而不審的第八識如來藏。本書是將演講內容整理成文字，細說如是內容，並已在〈正覺電子報〉連載完畢，今彙集成書以廣流通，欲幫助佛門有緣人斷除意識我見，跳脫於識陰之外而取證聲聞初果；嗣後修學禪宗時即得不墮外道神我之中，得以求證第八識金剛心而發起般若實智。平實導師　述，每冊300元。

黯淡的達賴—失去光彩的諾貝爾和平獎：本書舉出很多證據與論述，詳述達賴喇嘛不爲世人所知的一面，顯示達賴喇嘛並不是眞正的和平使者，而是假借諾貝爾和平獎的光環來欺騙世人；透過本書的說明與舉證，讀者可以更清楚的瞭解，達賴喇嘛是結合暴力、黑暗、淫欲於喇嘛教裡的集團首領，其政治行爲與宗教主張，早已讓諾貝爾和平獎的光環染污了。本書由財團法人正覺教育基金會寫作、編輯，由正覺出版社印行，每冊250元。

人間佛教—實證者必定不悖三乘菩提　「大乘非佛說」的講法似乎流傳已久，卻只是日本人企圖擺脫中國正統佛教的影響，而在明治維新時期才開始提出來的說法；台灣佛教、大陸佛教的淺學無智之人，由於未曾實證佛法而迷信日本人錯誤的學術考證，錯認爲這些別有用心的日本佛學考證的講法爲天竺佛教的眞實歷史；甚至還有更激進的反對佛教者提出「釋迦牟尼佛並非眞實存在，只是後人捏造的假歷史人物」，竟然也有少數人願意跟著「學術」的假光環而信受不疑，於是開始有一些佛教界人士造作了反對中國佛教而推崇南洋小乘佛教的行爲，使佛教的信仰者難以檢擇，導致一般大陸人士開始轉入基督教的盲目迷信中。在這些佛教及外教人士之中，也就有一分人根據此邪說而大聲主張「大乘非佛說」的謬論，這些人以「人間佛教」的名義來抵制中國正統佛教，公然宣稱中國的大乘佛教是由聲聞部派佛教的凡夫僧所創造出來的。這樣的說法流傳於台灣及大陸佛教界凡夫僧之中已久，卻非眞正的佛教歷史中曾經發生過的事，只是繼承六識論的聲聞法中凡夫僧依自己的意識境界立場，純憑臆想而編造出來的妄想說法，卻已經影響許多無智之凡夫僧俗信受不移。本書則是從佛教的經藏法義實質及實證的現量內涵本質立論，證明大乘佛法本是佛說，是從《阿含正義》尚未說過的不同面向來討論「人間佛教」的議題，證明「大乘眞佛說」。閱讀本書可以斷除六識論邪見，迴入三乘菩提正道發起實證的因緣；也能斷除禪宗學人學禪時普遍存在之錯誤知見，對於建立參禪時的正知見有很深的著墨。平實導師 述，內文488頁，全書528頁，定價400元。

童女迦葉考——**論呂凱文〈佛教輪迴思想的論述分析〉之謬**　童女迦葉是佛世率領五百大比丘遊行於人間的歷史事實，是以童貞行而依止菩薩戒弘化於人間的大菩薩，不依別解脫戒（聲聞戒）來弘化於人間。這是大乘佛教與聲聞佛教同時存在於佛世的歷史明證，證明大乘佛教不是從聲聞法中分裂出來的部派佛教的產物，卻是聲聞佛教分裂出來的部派佛教聲聞凡夫僧所不樂見的史實；於是古今聲聞法中的凡夫都欲加以扭曲而作詭說，更是末法時代高聲大呼「大乘非佛說」的六識論聲聞凡夫極力想要扭曲的佛教史實之一，於是想方設法扭曲迦葉菩薩爲聲聞僧，以及扭曲迦葉童女爲比丘僧等荒謬不實之論著便陸續出現，古時聲聞僧寫作的《分別功德論》是最具體之事例，現代之代表作則是呂凱文先生的〈佛教輪迴思想的論述分析〉論文。鑑於如是假藉學術考證以籠罩大眾之不實謬論，未來仍將繼續造作及流竄於佛教界，繼續扼殺大乘佛教學人法身慧命，必須舉證辨正之，遂成此書。平實導師 著，每冊180元。

中觀金鑑——**詳述應成派中觀的起源與其破法本質**　學佛人往往迷於中觀學派之不同學說，被應成派與自續派所迷惑；修學般若中觀二十年後自以爲實證般若中觀了，卻仍不曾入門，甫聞實證般若中觀者之所說，則茫無所知，迷惑不解；隨後信心盡失，不知如何實證佛法；凡此，皆因惑於這二派中觀學說所致。自續派中觀所說同於常見，以意識境界立爲第八識如來藏之境界，應成派所說則同於斷見，但又同立意識爲常住法，故亦具足斷常二見。今者孫正德老師有鑑於此，乃將起源於密宗的應成派中觀學說，追本溯源，詳考其來源之外，亦一一舉證其立論內容，詳加辨正，令密宗雙身法祖師以識陰境界而造之應成派中觀學說本質，詳細呈現於學人眼前，令其維護雙身法之目的無所遁形。若欲遠離密宗此二大派中觀謬說，欲於三乘菩提有所進道者，允宜具足閱讀並細加思惟，反覆讀之以後將可捨棄邪道返歸正道，則於般若之實證即有可能，證後自能現觀如來藏之中道境界而成就中觀。本書分上、中、下三冊，每冊250元，已全部出版完畢。

實相經宗通：學佛之目的在於實證一切法界背後之實相，禪宗稱之爲本來面目或本地風光，佛菩提道中稱之爲實相法界；此實相法界即是金剛藏，又名佛法之祕密藏，即是能生有情五陰、十八界及宇宙萬有（山河大地、諸天、三惡道世間）的第八識如來藏，又名阿賴耶識心，即是禪宗祖師所說的眞如心，此心即是三界萬有背後的實相。證得此第八識心時，自能瞭解般若諸經中隱說的種種密意，即得發起實相般若——實相智慧。每見學佛人修學佛法二十年後仍對實相般若茫然無知，亦不知如何入門，茫無所趣；更因不知三乘菩提的互異互同，是故越是久學者對佛法越覺茫然，都肇因於尚未瞭解佛法的全貌，亦未瞭解佛法的修證內容即是第八識心所致。本書對於修學佛法者所應實證的實相境界提出明確解析，並提示趣入佛菩提道的入手處，有心親證實相般若的佛法實修者，宜詳讀之，於佛菩提道之實證即有下手處。平實導師述著，共八輯，全部出版完畢，每輯成本價250元。

真心告訴您（一）——達賴喇嘛在幹什麼？ 這是一本報導篇章的選集，更是「破邪顯正」的暮鼓晨鐘。「破邪」是戳破假象，說明達賴喇嘛及其所率領的密宗四大派法王、喇嘛們，弘傳的佛法是仿冒的佛法；他們是假藏傳佛教，是坦特羅(譚崔性交)外道法和藏地崇奉鬼神的苯教混合成的「喇嘛教」，推廣的是以所謂「無上瑜伽」的男女雙身法冒充佛法的假佛教，詐財騙色誤導眾生，常常造成信徒家庭破碎、家中兒少失怙的嚴重後果。「顯正」是揭櫫眞相，指出眞正的藏傳佛教只有一個，就是覺囊巴，傳的是 釋迦牟尼佛演繹的第八識如來藏妙法，稱爲他空見大中觀。正覺教育基金會即以此古今輝映的如藏正法正知見，在眞心新聞網中逐次報導出來，將箇中原委「眞心告訴您」，如今結集成書，與想要知道密宗眞相的您分享。售價250元。

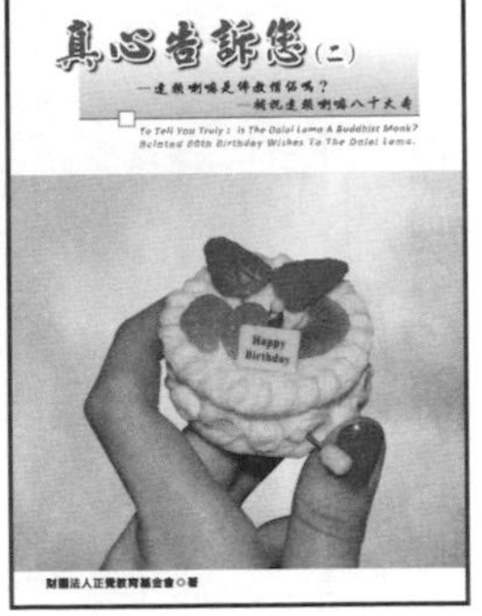

真心告訴您（二）——達賴喇嘛是佛教僧侶嗎？補祝達賴喇嘛八十大壽：這是一本針對當今達賴喇嘛所領導的喇嘛教，冒用佛教名相、於師徒間或師兄姊間，實修男女邪淫，而從佛法三乘菩提的現量與聖教量，揭發其謊言與邪術，證明達賴及其喇嘛教是仿冒佛教的外道，是「假藏傳佛教」。藏密四大派教義雖有「八識論」與「六識論」的表面差異，然其實修之內容，皆共許「無上瑜伽」四部灌頂爲究竟「成佛」之法門，也就是共以男女雙修之邪淫法爲「即身成佛」之密要，雖美其名曰「欲貪爲道」之「金剛乘」，並誇稱其成就超越於（應身佛）釋迦牟尼佛所傳之顯教般若乘之上；然詳考其理論，則或以意識離念時之粗細心爲第八識如來藏，或以中脈裡的明點爲第八識如來藏，或如宗喀巴與達賴堅決主張第六意識爲常恆不變之眞心者，分別墮於外道之常見與斷見中；全然違背 佛說能生五蘊之如來藏的實質。售價300元。

西藏「活佛轉世」制度——附佛、造神、世俗法：歷來關於喇嘛教活佛轉世的研究，多針對歷史及文化兩部分，於其所以成立的理論基礎，較少系統化的探討。尤其是此制度是否依據「佛法」而施設？是否合乎佛法眞實義？現有的文獻大多含糊其詞，或人云亦云，不曾有明確的闡釋與如實的見解。因此本文先從活佛轉世的由來，探索此制度的起源、背景與功能，並進而從活佛的尋訪與認證之過程，發掘活佛轉世的特徵，以確認「活佛轉世」在佛法中應具足何種果德。定價150元。

法華經講義：此書爲平實導師始從2009/7/21演述至2014/1/14之講經錄音整理所成。世尊一代時教，總分五時三教，即是華嚴時、聲聞緣覺教、般若教、種智唯識教、法華時；依此五時三教區分爲藏、通、別、圓四教。本經是最後一時的圓教經典，圓滿收攝一切法教於本經中，是故最後的圓教聖訓中，特地指出無有三乘菩提，其實唯有一佛乘；皆因眾生愚迷故，方便區分爲三乘菩提以助眾生證道。世尊於此經中特地說明如來示現於人間的唯一大事因緣，便是爲有緣眾生「開、示、悟、入」諸佛的所知所見——第八識如來藏妙眞如心，並於諸品中隱說「妙法蓮花」如來藏心的密意。然因此經所說甚深難解，眞義隱晦，古來難得有人能窺堂奧；平實導師以知如是密意故，特爲末法佛門四眾演述《妙法蓮華經》中各品蘊含之密意，使古來未曾被古德註解出來的「此經」密意，如實顯示於當代學人眼前。乃至〈藥王菩薩本事品〉、〈妙音菩薩品〉、〈觀世音菩薩普門品〉、〈普賢菩薩勸發品〉中的微細密意，亦皆一併詳述之，開前人所未曾言之密意，示前人所未見之妙法。最後乃至以〈法華大義〉而總其成，全經妙旨貫通始終，而依佛旨圓攝於一心如來藏妙心，厥爲曠古未有之大說也。平實導師述，共有25輯。每輯300元。

涅槃——解說四種涅槃之實證及內涵：眞正學佛之人，首要即是見道，由見道故方有涅槃之實證，證涅槃者方能出生死，但涅槃有四種：二乘聖者的有餘涅槃、無餘涅槃，以及大乘聖者的本來自性清淨涅槃、佛地的無住處涅槃。大乘聖者實證本來自性清淨涅槃，入地前再取證二乘涅槃，然後起惑潤生捨離二乘涅槃，繼續進修而在七地心前斷盡三界愛之習氣種子，依七地無生法忍之具足而證得念念入滅盡定；八地後進斷異熟生死，直至妙覺地下生人間成佛，具足四種涅槃，方是眞正成佛。此理古來少人言，以致誤會涅槃正理者比比皆是，今於此書中廣說四種涅槃、如何實證之理、實證前應有之條件，實屬本世紀佛教界極重要之著作，令人對涅槃有正確無訛之認識，然後可以依之實行而得實證。本書共有上下二冊，每冊各四百餘頁，對涅槃詳加解說，每冊各350元。

佛藏經講義：本經說明爲何佛菩提難以實證之原因，都因往昔無數阿僧祇劫前的邪見所致，引生此世求證時之業障而難以實證。即以諸法實相詳細解說，繼之以念佛品、念法品、念僧品，說明諸佛之實質；然後以淨戒品之說明，期待佛弟子四眾堅持清淨戒而轉化心性，並以往古品的實例說明，教導四眾務必滅除邪見轉入正見中，然後以了戒品的說明和囑累品的付囑，期望末法時代的佛門四眾弟子皆能清淨知見而得以實證。平實導師於此經中有極深入的解說，總共21輯，每輯300元，自《法華經講義》流通完畢後開始發行。

解深密經講記：本經係 世尊晚年第三轉法輪，宣說地上菩薩所應熏修之唯識正義經典，經中所說義理乃是大乘一切種智增上慧學，以阿陀那識—如來藏—阿賴耶識爲主體。禪宗之證悟者，若欲修證初地無生法忍乃至八地無生法忍者，必須修學《楞伽經、解深密經》所說之八識心王一切種智；此二經所說正法，方是眞正成佛之道；印順法師否定第八識如來藏之後所說萬法緣起性空之法，是以誤會後之二乘解脫道取代大乘眞正成佛之道，尚且不符二乘解脫道正理，亦已墮於斷滅見中，不可謂爲成佛之道也。平實導師曾於本會郭故理事長往生時，於喪宅中從首七開始宣講，於每一七各宣講三小時，至第十七而快速略講圓滿，作爲郭老之往生佛事功德，迴向郭老早證八地、速返娑婆住持正法。茲爲今時後世學人故，將擇期重講《解深密經》，以淺顯之語句講畢後，將會整理成文，用供證悟者進道；亦令諸方未悟者，據此經中佛語正義，修正邪見，依之速能入道。平實導師述著，全書輯數未定，每輯三百餘頁，將於未來重講完畢後逐輯出版。

阿含經講記——**小乘解脫道之修證**：數百年來，南傳佛法所說證果之不實，所說解脫道之虛妄，所弘解脫道法義之世俗化，皆已少人知之；從南洋傳入台灣與大陸之後，所說法義虛謬之事，亦復少人知之；今時台灣全島印順系統之法師居士，多不知南傳佛法數百年來所說解脫道之義理已然偏斜、已然世俗化、已非眞正之二乘解脫正道，猶極力推崇與弘揚。彼等南傳佛法近代所謂之證果者多非眞實證果者，譬如阿迦曼、葛印卡、帕奧禪師、一行禪師……等人，悉皆未斷我見故。近年更有台灣南部大願法師，高抬南傳佛法之二乘修證行門爲「捷徑究竟解脫之道」者，然而南傳佛法縱使眞修實證，得成阿羅漢，至高唯是二乘菩提解脫之道，絕非究竟解脫，無餘涅槃中之實際尚未得證故，法界之實相尚未了知故，習氣種子待除故，一切種智未實證故，焉得謂爲「究竟解脫」？即使南傳佛法近代眞有實證之阿羅漢，尚且不及三賢位中之七住明心菩薩本來自性清淨涅槃智慧境界，則不能知此賢位菩薩所證之無餘涅槃實際，仍非大乘佛法中之見道者，何況普未實證聲聞果乃至未斷我見之人？謬充證果已屬逾越，更何況是誤會二乘菩提之後，以未斷我見之凡夫知見所說之二乘菩提解脫偏斜法道，焉可高抬爲「究竟解脫」？而且自稱「捷徑之道」？又妄言解脫之道即是成佛之道，完全否定般若實智、否定三乘菩提所依之如來藏心體，此理大大不通也！平實導師爲令修學二乘菩提欲證解脫果者，普得迴入二乘菩提正見、正道中，是故選錄四阿含諸經中，對於二乘解脫道法義有具足圓滿說明之經典，預定未來十年內將會加以詳細講解，令學佛人得以了知二乘解脫道之修證理路與行門，庶免被人誤導之後，未證言證，干犯道禁，成大妄語，欲升反墮。本書首重斷除我見，以助行者斷除我見而實證初果爲著眼之目標，若能根據此書內容，配合平實導師所著《識蘊眞義》《阿含正義》內涵而作實地觀行，實證初果非爲難事，行者可以藉此三書自行確認聲聞初果爲實際可得現觀成就之事。此書中除依二乘經典所說加以宣示外，亦依斷除我見等之證量，及大乘法中道種智之證量，對於意識心之體性加以細述，令諸二乘學人必定得斷我見、常見，免除三縛結之繫縛。次則宣示斷除我執之理，欲令升進而得薄貪瞋痴，乃至斷五下分結…等。平實導師述，共二冊，每冊三百餘頁。每輯300元。

修習止觀坐禪法要講記：修學四禪八定之人，往往錯會禪定之修學知見，欲以無止盡之坐禪而證禪定境界，卻不知修除性障之行門才是修證四禪八定不可或缺之要素，故智者大師云「性障初禪」；性障不除，初禪永不現前，云何修證二禪等？又：行者學定，若唯知數息，而不解六妙門之方便善巧者，欲求一心入定，未到地定極難可得，智者大師名之爲「事障未來」：障礙未到地定之修證。又禪定之修證，不可違背二乘菩提及第一義法，否則縱使具足四禪八定，亦不能實證涅槃而出三界。此諸知見，智者大師於《修習止觀坐禪法要》中皆有闡釋。作者平實導師以其第一義之見地及禪定之實證證量，曾加以詳細解析。將俟正覺寺竣工啓用後重講，不限制聽講者資格；講後將以語體文整理出版。欲修習世間定及增上定之學者，宜細讀之。平實導師述著。

★聲明★

本公司於2015/01/01開始調整本目錄中部分書籍之售價，以因應各項成本的持續增加。

喇嘛教修外道雙身法，墮識陰境界，非佛教

弘揚如來藏他空見的覺囊派才是真正藏傳佛教

總經銷： 飛鴻 國際行銷股份有限公司
231 新北市新店區中正路 501 之 9 號 2 樓
Tel.02－82186688（五線代表號） Fax.02-82186458、82186459

零售：1.**全台連鎖經銷書局：**
三民書局、誠品書局、何嘉仁書店
敦煌書店、紀伊國屋、金石堂書局、建宏書局
諾貝爾圖書城、墊腳石圖書文化廣場

2.**台北市：**佛化人生 **大安區**羅斯福路 3 段 325 號 6 樓之 4　台電大樓對面
3.**新北市：**春大地書店 **蘆洲區**中正路 117 號
4.**桃園市：**御書堂 **龍潭區**中正路 123 號
5.**新竹市：**大學書局 **東區**建功路 10 號
6.**台中市：**瑞成書局 **東區**雙十路 1 段 4 之 33 號
佛教詠春書局 **南屯區**永春東路 884 號
文春書店 **霧峰區**中正路 1087 號
7.**彰化市：**心泉佛教文化中心 南瑤路 286 號
8.**高雄市：**政大書城 **苓雅區**光華路 148-83 號
明儀書局 **三民區**明福街 2 號
青年書局 **苓雅區**青年一路 141 號
9.**宜蘭市：**金隆書局　中山路 3 段 43 號
10.**台東市：**東普佛教文物流通處 博愛路 282 號
11.**其餘鄉鎮市經銷書局：**請電詢總經銷**飛鴻**公司。
12.**大陸地區請洽：**

香港：樂文書店
旺角店 :香港九龍旺角西洋菜街 62 號 3 樓
電話 : (852) 2390 3723　email: luckwinbooks@gmail.com
銅鑼灣店 :香港銅鑼灣駱克道 506 號 2 樓
電話 : (852) 2881 1150　email: luckwinbs@gmail.com

廈門：廈門外圖臺灣書店有限公司
地址：廈門市思明區湖濱南路809 號 廈門外圖書城3 樓 郵編：361004
電話：0592-5061658（臺灣地區請撥打 86-592-5061658）
E-mail：JKB118@188.COM

13.**美國：世界日報圖書部：**紐約圖書部　電話 7187468889#6262
洛杉磯圖書部　電話 3232616972#202

14.**國內外地區網路購書：**
正智出版社 書香園地　http://books.enlighten.org.tw/
（書籍簡介、經銷書局可直接聯結下列網路書局購書）
三民 網路書局　http://www.sanmin.com.tw
誠品 網路書局　http://www.eslitebooks.com

博客來 網路書局　http://www.books.com.tw
金石堂 網路書局　http://www.kingstone.com.tw
飛鴻 網路書局　http://fh6688.com.tw

附註：1.請儘量向各經銷書局購買：郵政劃撥需要八天才能寄到（本公司在您劃撥後第四天才能接到劃撥單，次日寄出後第二天您才能收到書籍，此六天中可能會遇到週休二日，是故共需八天才能收到書籍）若想要早日收到書籍者，請劃撥完畢後，將劃撥收據貼在紙上，旁邊寫上您的姓名、住址、郵區、電話、買書詳細內容，直接傳眞到本公司 02-28344822，並來電 02-28316727、28327495 確認是否已收到您的傳眞，即可提前收到書籍。 **2**.因台灣每月皆有五十餘種宗教類書籍上架，書局書架空間有限，故唯有新書方有機會上架，通常每次只能有一本新書上架；本公司出版新書，大多上架不久便已售出，若書局未再叫貨補充者，書架上即無新書陳列，則請直接向書局櫃台訂購。 **3**.若書局不便代購時，可於晚上共修時間向正覺同修會各共修處請購（共修時間及地點，詳閱**共修現況表**。每年例行年假期間請勿前往請書，年假期間請見共修現況表）。 **4**.郵購：郵政劃撥帳號 19068241。 **5**.正覺同修會會員購書都以八折計價（戶籍台北市者爲一般會員，外縣市爲護持會員）都可獲得優待，欲一次購買全部書籍者，可以考慮入會，節省書費。入會費一千元（第一年初加入時才需要繳），年費二千元。**6.尚未出版之書籍，請勿預先郵寄書款與本公司，謝謝您！** **7**.若欲一次購齊本公司書籍，或同時取得正覺同修會贈閱之全部書籍者，請於正覺同修會共修時間，親到各共修處請購及索取；**台北市讀者**請洽：103 台北市承德路三段 267 號 10 樓（捷運淡水線 圓山站旁）請書時間：週一至週五爲 18.00~21.00，第一、三、五週週六爲 10.00~21.00，雙週之週六爲 10.00~18.00 請購處專線電話：25957295-分機 14（於請書時間方有人接聽）。

敬告大陸讀者：

大陸讀者購書、索書捷徑（尚未在大陸出版的書籍，以下二個途徑都可以購得，電子書另包括結緣書籍）：

1.**廈門外國圖書公司**：廈門市思明區湖濱南路 809 號 廈門外圖書城 3F
郵編：361004 電話：0592-5061658 網址：
http://www.xibc.com.cn/

2.**電子書**：正智出版社有限公司及正覺同修會在台灣印行的各種局版書、結緣書，已有『**正覺電子書**』陸續上線中，提供讀者於手機、平板電腦上購書、下載、閱讀正智出版社、正覺同修會及正覺教育基金會所出版之電子書，詳細訊息敬請參閱『正覺電子書』專頁：
http://books.enlighten.org.tw/ebook

關於平實導師的書訊，請上網查閱：
成佛之道 http://www.a202.idv.tw
正智出版社 書香園地 http://books.enlighten.org.tw/

中國網採訪佛教正覺同修會、正覺教育基金會訊息：

http://big5.china.com.cn/gate/big5/fangtan.china.com.cn/2014-06/19/content_32714638.htm

http://pinpai.china.com.cn/

★ 正智出版社有限公司售書之稅後盈餘，全部捐助財團法人正覺寺籌備處、佛教正覺同修會、正覺教育基金會，供作弘法及購建道場之用；懇請諸方大德支持，功德無量。

★ 聲 明 ★

本社於 2015/01/01 開始調整本目錄中部分書籍之售價，以因應各項成本的持續增加。

＊ 喇嘛教修外道雙身法、墮識陰境界，非佛教 ＊

＊ 弘揚如來藏他空見的覺囊派才是真正藏傳佛教 ＊

換書及道歉公告

《法華經講義》第十三輯，因謄稿、印製等相關人員作業疏失，導致該書中的經文及內文用字將「**親近**」誤植成「清淨」。茲爲顧及讀者權益，自 2017/8/30 開始免費調換新書；敬請所有讀者將以前所購第十三輯初版首刷及二刷本，攜回或寄回本社免費換新，或請自行更正其中的錯誤之處；郵寄者之回郵由本社負擔，不需寄來郵票。同時對因此而造成讀者閱讀、以及換書的困擾及不便，在此向所有讀者致上最誠懇的歉意，祈請讀者大眾見諒！錯誤更正說明如下：

一、第 256 頁第 10 行~第 14 行：【就是先要具備「**法親近處**」、「**眾生親近處**」；法**親近**處就是在實相之法有所實證，如果在實相法上有所實證，他在二乘菩提中自然也能有所實證，以這個作爲第一個**親近**處——第一個基礎。然後還要有第二個基礎，就是瞭解應該如何善待眾生；對於眾生不要有排斥或者是貪取之心，平等觀待而攝受、親近一切有情。以這兩個**親近**處作爲基礎，來實行其他三個安樂行法。】。

二、第 268 頁第 13 行：【具足了那兩個「**親近處**」，使你能夠在末法時代，如實而圓滿的演述《法華經》時，那麼你作這個夢，它就是如理作意的，完全符合邏輯去完成這個過程，就表示你那個晚上，在那短短的一場夢中，已經度了不少眾生了。】

正智出版社有限公司 敬啓

售後服務──換書啓事（免附回郵） 2017/12/05

《楞伽經詳解》第三輯初版免費調換新書啓事：茲因 平實導師弘法早期尚未回復往世全部證量，有些法義接受他人的說法，寫書當時並未察覺而有二處（同一種法義）跟著誤說，如今發現已將之修正。茲爲顧及讀者權益，已開始免費調換新書；敬請所有讀者將以前所購第三輯（不論第幾刷），攜回或寄回本公司免費換新；郵寄者之回郵由本公司負擔，不需寄來郵票。因此而造成讀者閱讀、以及換書的不便，在此向所有讀者致上萬分的歉意，祈請讀者大眾見諒！

《楞嚴經講記》第 14 輯初版首刷本免費調換新書啓事：本講記第 14 輯出版前因 平實導師諸事繁忙，未將之重新閱讀而只改正校對時發現的錯別字，故未能發覺十年前所說法義有部分錯誤，於第 15 輯付印前重閱時才發覺第 14 輯中有部分錯誤尚未改正。今已重新審閱修改並已重印完成，煩請所有讀者將以前所購第 14 輯初版首刷本，寄回本公司免費換新（初版二刷本無錯誤），本公司將於寄回新書時同時附上您寄書來換新時的郵資，並在此向所有讀者致上最誠懇的歉意。

《心經密意》初版書免費調換二版新書啓事：本書係演講錄音整理成書，講時因時間所限，省略部分段落未講。後於再版時補寫增加 13 頁，維持原價流通之。茲爲顧及初版讀者權益，自 2003/9/30 開始免費調換新書，原有初版一刷、二刷書籍，皆可寄來本公司換書。

《宗門法眼》已經增寫改版爲 464 頁新書，2008 年 6 月中旬出版。讀者原有初版之第一刷、第二刷書本，都可以寄回本公司免費調換改版新書。改版後之公案及錯悟事例維持不變，但將內容加以增說，較改版前更具有廣度與深度，將更能助益讀者參究實相。

換書者**免附回郵**，亦無截止期限；舊書請寄：111 台北郵政 73-151 號信箱 或 103 台北市承德路三段 267 號 10 樓 正智出版社有限公司。舊書若有塗鴨、殘缺、破損者，仍可換取新書；但缺頁之舊書至少應仍有五分之三頁數，方可換書。所有讀者不必顧念本公司是否有盈餘之問題，都請踴躍寄來換書；本公司成立之目的不是營利，只要能眞實利益學人，即已達到成立及運作之目的。若以郵寄方式換書者，免附回郵；並於寄回新書時，由本公司附上您寄來書籍時耗用的郵資。造成您不便之處，再次致上萬分的歉意。

正智出版社有限公司 啓

國家圖書館出版品預行編目資料

楞嚴經講記／平實導師述. —初版—
臺北市：正智，2009.11—　〔民98—　〕
冊；　公分

ISBN 978-986-6431-04-3（第1輯：平裝）
ISBN 978-986-6431-05-0（第2輯：平裝）
ISBN 978-986-6431-06-7（第3輯：平裝）
ISBN 978-986-6431-08-1（第4輯：平裝）
ISBN 978-986-6431-09-8（第5輯：平裝）
ISBN 978-986-6431-10-4（第6輯：平裝）
ISBN 978-986-6431-11-1（第7輯：平裝）
ISBN 978-986-6431-13-5（第8輯：平裝）
ISBN 978-986-6431-15-9（第9輯：平裝）
ISBN 978-986-6431-16-6（第10輯：平裝）
ISBN 978-986-6431-17-3（第11輯：平裝）
ISBN 978-986-6431-22-7（第12輯：平裝）
ISBN 978-986-6431-23-4（第13輯：平裝）
ISBN 978-986-6431-25-8（第14輯：平裝）
ISBN 978-986-6431-28-9（第15輯：平裝）

1.秘密部
221.94　　98019505

楞嚴經講記——第十三輯

著　述　者：平實導師
音文轉換：曾邱賢　劉惠莉
校　　對：章乃鈞　陳介源　蔡禮政　傅素嫻　王美伶
出　版　者：正智出版社有限公司
電話：〇二 28327495　28316727（白天）
傳眞：〇二 28344822
111台北郵政73-151號信箱
郵政劃撥帳號：一九〇六八二四一
正覺講堂：總機〇二 25957295（夜間）
總　經　銷：飛鴻國際行銷股份有限公司
231新北市新店區中正路501-9號2樓
電話：〇二 82186688（五線代表號）
傳眞：〇二 82186458　82186459
初版首刷：二〇一一年十一月三十日　二千冊
初版六刷：二〇一九年六月　二千冊
定　　價：三〇〇元